吉林少数民族丛书

2015年度吉林省社会科学基金项目（重点委托项目）

项目编号：2015WT5

吉林少数民族丛书

/朴松烈 主编

吉林朝鲜族

朴今海 编著

辽宁民族出版社

图书在版编目（CIP）数据

吉林朝鲜族 / 朴今海编著. —沈阳：辽宁民族出版社，2016.5

（吉林少数民族丛书 / 朴松烈主编）

ISBN 978-7-5497-1329-5

Ⅰ. ①吉… Ⅱ. ①朴… Ⅲ. ①朝鲜族—民族历史—吉林省 Ⅳ. ①K281.9

中国版本图书馆CIP数据核字（2016）第116132号

吉林朝鲜族

JILINCHAOXIANZU

出版发行者：辽宁民族出版社
地　　　址：沈阳市和平区十一纬路25号　邮编：110003
印　刷　者：辽宁新华印务有限公司
幅 面 尺 寸：180mm×250mm
印　　　张：17.75
字　　　数：290千字
出 版 时 间：2016年5月第1版
印 刷 时 间：2016年10月第1次印刷
责 任 编 辑：张学林
封 面 设 计：杜　江
责 任 校 对：吴丹宁

标准书号：ISBN 978-7-5497-1329-5
定　　价：54.00元

法律顾问：陈　光　　举报电话：024-23284336

邮购电话：024-23284335
如有印装质量问题，请与出版社联系调换　联系电话：024-23284340
网　　址：www.lnmzcbs.com　淘宝网店：lnmz2013.taobao.com

《吉林少数民族丛书》编辑委员会

孙运来　　　　　　　　吉林省民族宗教研究中心研究员
吴克尧（锡伯族）　　　黑龙江省民族研究所研究员
李明智　　　　　　　　吉林省民族事务委员会办公室主任
王喜年　　　　　　　　吉林省民族事务委员会经济发展处处长
高长升　　　　　　　　吉林省民族事务委员会文教处处长

学术顾问/（按姓氏笔画为序）

丁　宏（回族）　　　　中国回族学会副会长兼秘书长
谷文双（回族）　　　　《黑龙江民族丛刊》常务副主编
朱立春　　　　　　　　吉林省社会科学院研究员
朱在宪（朝鲜族）　　　吉林省民族宗教研究中心研究员
刘小萌　　　　　　　　中国社会科学院研究员
那晓波（鄂温克族）　　《黑龙江社会科学》主编
苏赫巴鲁（蒙古族）　　吉林省文学艺术界联合会名誉主席
杨　军（回族）　　　　吉林大学教授
吴元丰（锡伯族）　　　中国第一历史档案馆研究员
张璇如　　　　　　　　吉林省民族宗教研究中心研究员
金中祥　　　　　　　　吉林省哲学社会科学规划基金办公室主任
金炳镐（朝鲜族）　　　中央民族大学教授
赵　杰（满族）　　　　北京大学教授
胡维革（蒙古族）　　　吉林东北亚出版传媒集团有限公司原总经理
施立学（满族）　　　　吉林省民俗学会理事长
曹保明　　　　　　　　吉林省民间文艺家协会主席
富育光（满族）　　　　吉林省民族宗教研究中心研究员

总 序

我们十分高兴地把《吉林少数民族丛书》推荐给各位读者。

这是迄今为止吉林省第一套全面、系统介绍全省少数民族的专著。它的问世，是吉林省民族学界在这一领域开拓性研究成果的展示，也为省内外读者了解吉林少数民族、关注吉林少数民族打开了一扇窗。

吉林省地处东北地区中部，东枕长白山林海雪原，中居松辽平原腹地，西连内蒙古科尔沁草原，松花江碧流贯穿其间。根据考古发现，距今7万年至1万年前，“榆树人”“安图人”“青山头人”就已生活在这片土地上。吉林是古代华夏、东胡、秽貊、肃慎四大族系交汇之地，东胡族系的乌桓、鲜卑、契丹、室韦、蒙古，秽貊族系的夫余、高句丽，肃慎族系的肃慎、挹娄、勿吉、靺鞨、女真、满洲等古代民族，都曾在吉林大地上演过一幕幕鲜活壮阔的历史剧。斗转星移，随着历史的演进，各民族不停地在历史长河中碰撞、融合、再生，有的民族延续至今，有的民族融入其他民族，形成新的民族共同体。时至今日，吉林省共有55个少数民族，其中人口较多的有朝鲜族、满族、蒙古族、回族、锡伯族等5个少数民族，并仍保留着东部满族、朝鲜族，西部蒙古族，中部及遍及全省的回族大杂居小聚居的民族分布格局。各民族共同组成了2700万人口的大家庭，共同开发了白山松水锦绣家园，共同创造了悠久的吉林历史、灿烂的吉林文化和独特的吉林民族风情，极大地丰富了中华民族文化宝库。

民族作为一个历史范畴，是人类社会发展到一定阶段的产物，有其产生、发展和消亡的客观规律。不同的地域风格，不同的民族背景，不同的历史传统，熔铸出不同品格的民族个性，也表现出各民族自身存在的独特价值。正如古人所说："凡民函五常之性。而其刚柔缓急，音声不同，系水土之风气，故谓之风。好恶取舍，动静无恒，随厥情欲，故谓之俗。"吉林省各少数民族，在漫长的历史长河中，在改造自然的活动过程中，形成了独具特色的民族历史、经济、文化形态，成为吉林地域特色文化的重要组成部分。

为了弘扬和保护吉林各民族传统文化，增强文化认同，建设各民族共有精神家园，吉林省民族事务委员会组织编写了《吉林少数民族丛书》，通过介绍今天吉林省境内5个人口较多少数民族的历史、政治、经济和文化发展，向世人展示这5个民族在吉林的概貌及其发展轨迹，阐述5个少数民族文化在整个中华民族文化中的地位、作用及其重要贡献，从而增进各民族相互了解，提高民族自尊心、自信心和自豪感，弘扬优秀的少数民族文化，为建设中国特色社会主义服务。

这套《吉林少数民族丛书》是一部面向广大干部群众的民族知识宣传普及读物。在编写过程中，编者牢牢地把握了促进民族关系和谐与增进民族团结、弘扬民族精神与传播地域特色文化、打好民族牌与推动地方经济社会发展、传承民族文化与保留民族记忆四项原则，务求用生动形象的笔墨，真实地记述吉林各民族的历史源流、人口变迁、社会生活、文学艺术、民族区域自治和历史人物等。值得称道的是，参加这套丛书撰写的，有不少是本民族的专家学者。他们通过对本民族历史文化的研究，不仅以自己对民族文化的熟悉和深刻理解弥补了文献资料和目前研究中的不足，周详细致地完成了本民族历史文化的描述，而且更体现了少数民族历史文化知识的推介对增强民族之间的了解、交流，丰富和推动吉林省民族研究所具有的作用和贡献。

习近平总书记在中央民族工作会议上指出：“民族团结是各族人民的生命线……各民族要相互了解、相互尊重、相互包容、相互欣赏、相互学习、相互帮助，像石榴籽那样紧紧抱在一起。”《吉林少数民族丛书》为读者加深对少数民族的了解，增进民族团结提供了很好的读物。相信在党的民族政策的光辉照耀下，吉林各民族手足相亲、守望相助、携手共进，一定会谱写出民族团结进步更加壮美的新篇章！

《吉林少数民族丛书》编委会

前言

“红太阳照边疆，青山绿水披霞光，长白山下果树成行，海兰江畔稻花香……”悠扬的歌声,悠悠的思绪，不禁让人们想起长白山下、两江河畔勤劳勇敢的“白衣民族”——朝鲜族。

朝鲜族是一个跨境而来的民族。自明末清初以来，其先民就以不同形式由朝鲜半岛跨过鸭绿江、图们江，迁居于东北地区，并形成聚落。由于地理和历史等原因，吉林省成为朝鲜族人口分布最多的省份。据2010年第六次全国人口普查统计，吉林省朝鲜族人口为101万人，占全省人口总数的3.79%，占全省少数民族人口总数的47.6%，占全国朝鲜族人口总数的55.2%。吉林省的朝鲜族主要聚居于延边朝鲜族自治州（朝鲜族人口为73.7万人）和长白朝鲜族自治县（朝鲜族人口为1.4万人），吉林、通化和长春地区次之。

吉林省除了全国唯一的延边朝鲜族自治州和长白朝鲜族自治县两个民族自治地方之外，还拥有柳河县的三源浦朝鲜族镇和姜家店朝鲜族乡、辉南县楼街朝鲜族乡、集安市凉水朝鲜族乡、蛟河市乌林朝鲜族乡、榆树市延和朝鲜族乡、梅河口市花园朝鲜族乡（2000年并入山城镇）等7个朝鲜族乡(镇)，以及通化县金斗朝鲜族满族乡、通化县大泉源满族朝鲜族乡、梅河口市小杨满族朝鲜族乡、永吉县土城子满族朝鲜族乡、辽源市东丰县三合满族朝鲜族乡等5个朝鲜族满族联合乡或满族朝鲜族联合乡。

吉林省内朝鲜族聚居的地方，山川灵秀，物产丰美。大面积碧绿苍翠、林木葱茏的原始森林覆盖着起伏重叠的山峦，素有“长白林海”之美誉，是我国重要的林业基地之一。在浩瀚无边的林海中，盛产各种药材、山货和土特产，最著名的是“人参、貂皮、鹿茸”三宝；在密林深处，栖息着东北虎、梅花鹿等多种野生动物；地下还蕴藏着丰富的矿产资源。不仅如此，这里还有类型多、品位高的自然景观和内涵深厚的人文景观，旅游资源优势非常明显。

吉林朝鲜族地区又是我国北方著名的“水稻之乡”。朝鲜族迁入东北以后，不仅用辛勤汗水把荒废数百年的荒凉空旷的东北边疆开拓为五谷丰登的良田，而且克服种种恶劣的自然条件，在寒冷的东北成功种植水稻，改写了近代东北没有水稻种植的历史，改变了东北单一的旱田作物种植结构。据统计，至20世纪20年代，吉林省延边地区、吉林地区100%的水田和通化地区85%的水田，均是由朝鲜族人民开发耕种的。现今，放眼吉林全境朝鲜族地区，东部有火山岩土质特征的“柳河大米”、“梅河大米”、“辉南大米”和“延边大米”；西部草原湿地有弱碱特性的“查干湖大米”；中部松花江流域有“万昌大米”、“舒兰大米”、“榆树大米”，不仅品质优异，而且各具特色。

吉林朝鲜族历来尊重知识、重视教育，始终秉承着“宁可啃树皮，也要让孩子读书”的信念，即使在越江迁入、朝不保夕的艰苦岁月里，仍坚持优先办“私塾”或书堂，只要有村落，就能听见学童的琅琅读书声。自1906年在龙井村建立的中国朝鲜族第一所近代私立学校——瑞甸书塾开始，以延边地区和柳河、通化地区为中心，朝鲜族人民创办了许多私立学校，开展反日民族教育，为朝鲜族民族共同体的形成与发展以及中国境内朝鲜族抗日运动培养了大量的人才。日本投降以后，尤其是中华人民共和国成立以后，在中国共产党民族政策光辉照耀下，朝鲜族教育得到迅速恢复和发展，1949年成立了中国第一个综合性民族大学——延边大学；1952年普及了小学教育；1958年基本普及了中学教育；1958年在龙井创办了中国第一所农民大学——黎明农民大学，朝鲜族教育成为我国民族教育的样板。朝鲜族接受小学以上教育的比率、每万人口接受大学教育的比率，均高于全国平均水平。

朝鲜族人民勤劳、勇敢，他们从朝鲜半岛移居吉林大地时一无所有，在中国深受日本殖民统治者、反动政府和封建地主的三重压迫和剥削，因而具有很强的革命精神。在整个新民主主义革命斗争时期，吉林朝鲜族英雄儿女在中国共产党的领导下，英勇奋战，前仆后继，谱写了无数可歌可泣的壮美诗篇。据延边朝鲜族自治州政府统计，政府登记在册的革命烈士就有14740名，其中朝鲜族革命烈士占97%以上。在2014年和2015年国家民政部公布的第一批和第二批在抗日战争中顽强奋战、为国捐躯的900名著名抗日英烈中，20名为朝鲜族，其中吉林籍的烈士有13名。如今，延边大地处处矗立着缅怀烈士的革命烈士纪念碑，正如著名诗人贺敬之所言："山山金达莱，村村纪念碑。"

中华人民共和国成立以后，实行民族区域自治政策，在少数民族聚居地区建立民族自治地方，为少数民族当家做主、自主管理民族内部事务提供了强有力的制度保证。1952年9月3日，中国朝鲜族最大的聚居区延边成立了我国唯一的朝鲜族自治区；1958年9月15日，在长白县又成立了我国唯一的朝鲜族自治县。此外，在散杂居地区也先后建立了11个朝鲜族民族乡镇（包括混合乡镇）。在与其他民族共同生活和奋斗的过程中，朝鲜族人民倍加珍惜民族情谊，自觉维护民族团结和社会稳定，成为我国民族团结的典范。1994年延边朝鲜族自治州被国务院首次授予"民族团结进步模范自治州"，此后连续五次获此殊荣，这在全国独一无二。

改革开放以来后，随着我国城乡体制改革的深化和对外交流的扩大，朝鲜族社会发生了翻天覆地的变化，经济、文化等各方面呈现出一派欣欣向荣、生机盎然的景象：经济方面，产业结构日趋优化、对外开放不断突破、基础设施日渐完善、城镇化建设快速推进；社会文化方面，民族教育特色发展、文体艺术百花齐放、朝鲜族非物质文化遗产得以更好地保护和传承，民族自治地方各项事业蓬勃发展。杂散居地区的朝鲜族乡镇以及朝鲜族村寨亦是昂首阔步齐致富。当然，在社会发展的转型时期，朝鲜族社会也面临着一系列问题和挑战，但这只是一个民族在现代化过程中必然要经历的“阵痛”。在党和国家民族政策的光辉照耀下，吉林朝鲜族人民必将与各族人民万众一心，艰苦奋斗，共同夺取全面振兴吉林老工业基地、全面建成小康社会的伟大胜利！

目录

第一章 一个跨境而来的民族

一、冒禁潜耕求生计

越江曲

对岸苇叶飘摇，
此岸我心如焦。
常思涉险而渡，
又恐越江罪招。

大雁南来秋飞，
梦里与君长随。
常思涉险而渡，
又恐越境罪招。

一首《越江曲》唱出朝鲜人迁入初期渡江越境、“冒禁潜耕”的悲苦无奈。

朝鲜与中国山水相连，两国之间边民的流动从古至今历代有之，从未间断。不过，朝鲜移民大量流入东北直至定居，则始于19世纪中期。纵观朝鲜移民的流入，其流入渠道及移居范围大致有两个方向：一是朝鲜西北部的边民越过鸭绿江，到鸭绿江北岸的中国东边道边外地区（即“南满”地区）定居；二是朝鲜东北部的边民越过图们江，到江北岸的中国延边地区（亦称“东满”地区）定居。

从1677年起，清朝统治者为了保护其“龙兴之地”和垄断东北地区的人参、鹿茸等特产，特以鸭绿江下游的槐盘—凤凰城—瑗阳门—碱场门—旺清门—抚顺—开原—伊通—长春—舒兰—哈特哈门为界线，划其东南地区作为封禁地区，设置了许多如盛京围场、吉林围场、南荒围场等禁山围场，不准他人居住、开拓和采集。尤其是鸭绿江以北的东边道（称为东边闲旷地）和图们江以北的南岗和西岗，乃是中朝两国边境，清政府将此视

图们江

为缓冲地带，除八旗兵巡防以外，严禁任何人往来及居住。朝鲜李朝政府也以鸭绿江、图们江为界，封锁边境，规定凡擅自犯越者，一律以“越江罪”处以极刑。

尽管清朝政府的禁令一次比一次强硬，所采取的措施也一次比一次严厉，但事实上，冒禁潜耕依然是禁者自禁，流者自流。迫于日趋沉重的生活压力和连年不断的自然灾荒，越来越多的朝鲜北部边民，置封禁、锁国令于不顾，偷渡鸭绿江和图们江，涌向沉睡的东北沃野。对身处绝境的偷渡者而言，与其眼睁睁看着对岸广袤土地饿死，不如铤而走险，冒犯禁令。为躲避官府的严查，他们往往偷渡越境到图们江、鸭绿江以北的山涧沟壑寻求生计，以挖参、狩猎等流动性劳作为主，后来逐渐转为寻找山间僻地，烧荒开垦耕地。这样，他们从凌晨越江垦种、日暮返家的“朝耕暮归”，逐渐发展成为“春来秋归”。19世纪初，鸭绿江上游的临江、辑安、长白等地，以及图们江北岸的延边地区逐渐成为朝鲜边民越境潜耕的地区。

至19世纪中叶，“三政紊乱”现象开始蔓延，内忧外患接踵而至，朝鲜王朝陷入了极度的混乱与不安。加之19世纪60年代朝鲜北部连年自然灾害，庄稼颗粒无收，饿殍遍地。挣扎在死亡线上的朝鲜边民便冒禁越江，迁至鸭绿江、图们江以北的地区非法垦荒谋生，冒禁潜耕渐趋高潮。来回于两江南北的朝鲜农民，无论以何种方式冒禁潜耕，都关乎生命安危，对于在家等待的亲人而言，那是何等的煎熬！民谣《等待》就是当时悲欢离合的真实写照。

等 待

三春已过杳无音讯，
深秋夜更深霜重，
鸭绿江冰雪渐已消融。

不论三春还是十三载，
虽难挨又怎能不记挂胸怀？
南去燕子都已归来。

二、移民实边容流民

自1840年鸦片战争以后，资本主义列强的侵略魔爪也深入到中国东北，东北边疆陷于全面危机之中。尤其沙俄通过1858年的《瑷珲条约》与1860年的《北京条约》，侵占了中国黑龙江以北、乌苏里江以东100多万平方公里的土地。面对日趋加深的边疆危机、日益拮据的财政困境以及国内舆论的强大压力，清政府被迫逐步解除对东北的封禁。

清政府对东北的解禁，始于清咸丰时期。1860年，清帝下令放垦吉林舒兰以北土门子一带的禁荒10万垧，省西的围场8万余垧，阿勒楚喀以东的荒地8万余垧，双城堡的围荒及恒产夹界的边荒4万余垧。1875年，清政府又颁布《盛京东边道闲旷地带开垦条例》，废除了鸭绿江和东边道地区的封禁。1876年，设凤凰直隶厅，下设安东县（今丹东市）。翌年，设宽甸县、怀仁县（今桓仁）、通化县，并把安东县和宽甸县作为边外南路隶属于凤凰直隶厅，把怀仁和通化县作为边外北路隶属于兴京厅。清政府在撤销封禁令的同时，设抚民局，招民开垦。

尽管上述诸项解禁措施是清政府出于增加收入、强化边防之目的，而且其准入对象也仅限于关内的中国流民，但潮水般的关内汉人“闯关东”客观上给朝鲜北部流民的流入提供了可乘之机。走投无路的朝鲜北部流民络绎不绝地涌向鸭绿江北岸，19世纪70年代仅辑安一地，冒禁越江的朝鲜人就达1000余户。1883年，清政府与朝鲜签订《奉天与朝鲜边民交易章程》，开始与朝鲜进行交易。随着国门的打开，朝鲜北部边民纷纷从惠山、新坡、慈城、满浦、楚山、碧潼、昌城、义州等地越过鸭绿江，迁入到吉林省境内的长白、辑安、通化等地，以及辽宁省境内的八道江、怀仁、宽甸、安东、新宾、苇子峪、旺清门、永陵、抚顺、本溪、清源等地。据不完全统计，至1897年，移居通化、桓仁、宽甸、兴京等县的朝鲜边民已达8722户，37000余人，分别编入28个行政区域。1905年，东边道边外北路的长白、临江和辑安3县朝鲜边民共计8420户，39440人。1911年，上述三县的朝鲜人共有12100余户，52100余人。

19世纪末的朝鲜移民

同一时期，对延边地区封禁政策也渐趋松动。1881年7月，为了防御来自东部边境的沙俄侵略势力，解决清边军的兵饷和地方财政，并考虑到朝鲜流民已潜入该地，开垦数千垧荒地之事实，吉林将军奏准按照《盛京东边闲旷地开垦条例》废除封禁制度，开放南荒禁山围场，实行移民实边政策。同年，清政府在珲春设垦荒总局，下设珲春、南岗、东五道沟分局，招辽东、山东之流民领荒租耕。

起初，清朝地方政府实施“移民实边政策”的主要对象是关内的汉族流民，但因当时汉族流民很少愿意到此地，且已有不少朝鲜流民于此定居垦荒，清政府只好默许朝鲜垦民的移入，并向朝鲜政府发出咨照，“朝鲜民人越界垦地，本应惩办，历奉成宪，禁令甚严，唯现在该民人等开垦有年，人数众多，朝廷务从宽大，不咎既往，即著准其领照纳租”，要求各地“查明户籍，分归珲春暨敦化县管辖”。

1883年，清政府与朝鲜签订《吉林朝鲜商民贸易章程》，在和龙峪.（今龙井市智新乡）、西步江（今珲春市三家子乡）、光霁峪（今龙井市光开乡）等地设立了通商分局和通商分卡，管理对朝贸易。至1885年，划图们江北岸海兰江以南长700里、宽40～50里的地带为“韩民专垦区”，正式承认朝鲜移民的合法开垦权。另外，还在上述各通商局内设立越垦局，专管朝鲜移民的开垦及其他垦民事务。

对前来开垦的朝鲜移民，清政府不仅要求“领照纳租”，而且还要求薙发易服，归化入籍。由于当时清政府尚无国籍法，无法履行加入中国国籍的手续，清廷恩准吉林将军，“凡越垦韩民，薙发易服者，许其领我地照，纳我租税，一律认为入籍。否则，驱遣回国，不准私垦”。意即凡朝鲜移民只要薙发易服，领照纳租，就等于加入中国国籍。

为了对朝鲜垦民进行统一管理，从1889年到1894年，清朝地方政府在茂山、会宁、钟城、稳城、庆源等对岸地区设置了镇远堡、宁远堡、绥远堡、安远堡等四堡，并在四堡之下设置39个社、124个甲和415个牌，将朝鲜垦民全部编入这些行政组织。1891年，珲春的招垦局和越垦局合并为抚垦局，并搬迁到南岗，管辖哈尔巴岭以东的广大地带。1902年，吉林将军奏请在南岗设延吉厅。翌年，在和龙峪设置和龙县，在百草沟设置汪清县。1907年，吉林将军在延吉设“边务公署”。1909年4月，东三省总督锡良奏请裁撤珲春副都统，设珲春厅。同年11月，又增设吉林省东南路分巡兵备道。

清政府在强行剃发易服的同时，也给归化入籍的朝鲜垦民以各种优惠政策。如，入籍者免交一年的地租；如果被雇佣的朝鲜人入籍，则发给2～3垧荒地，待其变为熟地后，仍按荒地纳租等。

清政府的上述各项措施，尤其是“韩民专垦区”的设置，无疑给朝鲜北部流民的流入开了绿灯。自此，成千上万的朝鲜移民移居图们江北岸的广阔区域，尔后又从图们江流域逐步扩大到内地，即越过海兰江，直至布尔哈通河和嘎呀河以北以西的广大地区，从而使间岛地区逐渐成为朝鲜移民的最大聚居区。

三、国破家亡，四处漂泊

1910年日本强制吞并朝鲜，许多不甘忍受日本统治的朝鲜人纷纷流入中国东北，朝鲜人移民规模空前高涨。不仅如此，此时移民阶层也更加复杂，除传统的农业移民外，也不乏作为社会中坚的政治人士、宗教人士，甚至是军事人才，致使东北朝鲜人移民的社会结构更加复杂。首先，大量义兵蜂拥而至东北，转战于鸭绿江、图们江流域。1907年，日军强制解散朝鲜军队，朝鲜广大爱国官兵拒绝服从解散令，掀起了一场席卷整个朝鲜的义兵运动。其中，一些义兵把根据地转移到中国东北乃至俄国海参崴，坚持义兵斗争。其次，各种反日团体也不断把活动范围拓展到中国东北境内，旨在开辟海外独立运动根据地。如，为了反抗日本对朝鲜的残暴统治，开辟反日独立运动基地，朝鲜国内反日团体“新民会”于1910年派其骨干成员到中国。李会荣六兄弟卖掉全部家产，携带家眷，背井离乡，来到吉林省柳河县三源浦邹家街，在那里建立“耕学社”，创办“新兴讲习所”，对朝鲜青年进行民族主义教育和军事教育。再次，1919年朝鲜“三一”运动被日本军警野蛮镇压之后，民族人士的政治移民再次达到高峰。此外，日本吞并朝鲜后，为了掠夺朝鲜农民的土地和粮食，实施了所谓“土地调查事业”（1910—1918年）及“产米增产计划”（1920—1934年），致使数以百万计的朝鲜农民破产，因破产而穷困潦倒的朝鲜农民也纷纷移居我国东北。

就移民范围而言，延边仍是朝鲜移民的首选之地。延边与朝鲜仅一江之隔，加之中国地方政府对朝鲜移民采取默认或招募政策，所以迁入此地的朝鲜北部流民络绎不绝，延边地区成为朝鲜人最大的聚居区。不仅如此，不甘忍受日本殖民统治、立志恢复朝鲜民族独立的民族主义者、儒林人士、宗教人士和各种社会团体也纷纷移居延边，从而使延边朝鲜族聚居区成为集政治、经济、文化、教育于一体的社会共同体。1910年，延边地区的朝鲜族人口有109500人，1930年则增至388366人，朝鲜族人口一直占延边人口总数的76%～81%。

鸭绿江北岸地区的移民亦是络绎不绝。朝鲜移民渡过鸭绿江，迁入吉林省境内的路径可分为四个方向：

第一，通化方向。自安奉铁路和沈海铁路开通后，朝鲜农民利用铁路纷纷迁入通化、柳河、海龙地区，沿河两岸形成朝鲜人自然村落。1924年，通化地区的朝鲜族人口达到2585户，12977人。到1930年，通化地区的海龙、柳河、清源、金川、辉南、濛江等7县的朝鲜族人口增加到5033户，29441人。此时，朝鲜移民的籍贯也从朝鲜北部平安道进一步拓展到京畿道、忠清道、全罗道、黄海道、庆尚道及江原道等朝鲜半岛中部和南部地带。

第二，吉林方向。从图们江渡江越境的朝鲜农民迁入抚松和桦甸地区后，部分人迁到蛟河、敦化、额穆和新站，另一部分人则迁到磐石、伊通和吉林等地。自沈海—吉海铁路开通后，朝鲜移民通过安奉铁路到沈阳，再乘沈海—吉海铁路，经磐石、海龙移住到吉林、伊通等地。据1916年末的统计，除舒兰外，吉林地区的永吉、磐石、桦甸、敦化、额穆和双阳等7个县朝鲜族人口有2845人，1919年则增加到5445人。

第三，长春方向。长春地区的朝鲜族，是通过安奉铁路先迁入到辽宁地区后再到长春地区的。1918年，一部分人沿着伊通河及其支流和清河移入伊通、梨树等地；一部分人沿着饮马河，移住到下九台，接着迁移到榆树、农安、扶余等地。1914年在三道沟地方、1925年起在卡伦开发水田后，吉林地区的朝鲜族农民纷纷移住到长春周围农村。到1930年，长春地区8个县的朝鲜

20世纪20年代吉林地区朝鲜族房屋

族人口共有9365人。

第四，白城方向。白城地区之洮南地方的朝鲜族，是1924年从通辽、大席棚、哈番营子转移到洮南西北之洮河沿岸的白塔地区。随着开发水田大获丰收，朝鲜族移住者日益增加，1927年又在洮河流域之洮安县、洮南等地开田耕种，逐渐聚集形成朝鲜族村落，人口一度达900人。

四、日伪时期的强制移民

1931年，日本帝国主义发动九一八事变，用武力强占东北三省以后，在东北三省建立伪满洲国傀儡政权，开始了对东北人民长达14年之久的奴役和殖民统治。伪满时期，朝鲜人移民再创高潮。不过，此时的移民与以往不同，主要以政策性强制移民居多。

日本对中国东北实施移民侵略，是日本帝国主义侵占中国东北进而实现大陆扩张侵略政策的重要组成部分。日本对中国东北的移民侵略，号称当年日本的七大“国策”之一，足见其在日本对外侵略扩张中的重要地位。朝鲜人移民也是日本帝国主义移民侵略的重要组成部分。

为了转移1929—1933年席卷全球的经济危机引发的朝鲜国内失业、人口过剩、粮食饥馑等社会问题和动荡不安的政局，压制日益高涨的朝鲜国内反日情绪，开拓广阔的东北大地，九一八事变后，朝鲜“总督府”、“满铁”及关东军就开始拟定对朝鲜移民的政策。1932年1月，“满铁”地方农务课制定了《满洲移民策要纲——鲜人部分》，计划在20年间每年向东北迁入朝鲜移民5000户，达到在东北扶植10万户朝鲜人自耕农的目标。继之日本帝国主义在东北的经济侵略机构“东亚劝业会社”“满铁经济调查会”以及关东军参谋部又先后提出《鲜农移植计划书》《北满朝鲜人问题及朝鲜满洲移住问题》《关于在满朝鲜人指导根本方针的意见》等报告，从不同的角度对朝鲜人移民问题提出了各自的方策。但总体上来讲，此时日本帝国主义在其移民侵略中，把日本移民放在加强殖民统治的核心位置上，因而对朝鲜移民采取了消极的态度。

1933年朝鲜“总督府”第一次将朝鲜人集团部落移居到延边地区，为了

朝鲜移民到达移居地后生火做饭的情景

加强对朝鲜人民的殖民统治，断绝朝鲜民众与抗日部队的联系，在每个集团移民部落都派驻警察分驻所，组织武装，日夜站岗放哨。

这一时期，吉林省其他地区的朝鲜族人口也急剧增加。据1934年6月末统计，当时通化地区的海龙、柳河、清原、金川、辉南等地朝鲜族人口有18134人。在吉长地区，永吉、桦甸、磐石、额穆、敦化、舒兰、濛江和双阳等8个县的朝鲜族人口共计24181人；长春地区的长春、怀德、梨树、德惠、伊通、农安、九台等7个县的朝鲜族人口共计16921人；1936年安东地区的长白、集安和临江等3县共有朝鲜族8347户，400259人（1936年统计）。

至20世纪30年代中期，日本帝国主义在东北初步“确保治安”，确立伪满殖民统治秩序的基础上，开始转入经济建设，制订“满洲产业开发第一次五年计划”。为了把“满洲”变成侵略中国及东亚的兵站基地，更多地掠夺东北的农产品和资源，缓和日本国内的阶级矛盾，日本政府决定把移民事业作为殖民统治的三大决策来推进，正式制订“二十年百万户移出计划”。同时，作为日本移民的辅助力量，把朝鲜人移民也提到日程上，将伪满初对朝鲜人推行的“统制和安定”政策改为“统制与抚育”政策，并将新来移民的“放任”政策改为“奖励朝鲜开拓移民”的政策。为了有组织、有计划地把朝鲜农民驱赶到东北地区，实施其新殖民计划，日本政府又成立了新的殖民机构——“满鲜拓殖会社”，其总部设在“新京”（长春），此外在奉天、延吉、牡丹江另设分社。从1937年起，在继续镇压和扫荡抗日力量的同时，先后发表了一系列有关朝鲜开拓移民的文件，其中1936年8月的《在满人指导要纲》、1938年7月的《鲜农取扱要纲》以及1939年12月的《满洲开拓政策基本要纲》最为典型。要纲概括如下：一是朝鲜开拓移民每年限制在一万户左右；二是“新规移民”入殖点以延边和东边道区的23个县为中心（日本侵华战争爆发后扩大为39个县，1939年打破朝鲜族集结指定地区）；三是入殖形式可分集团、集合和分散三种形式，但以“治安第一”为主要原则，通过建立集团部落或集结部落进行统治和“指导”；四是通过在朝鲜汉城和伪满“新京”建立的“鲜满拓殖株式会社”，开展对朝鲜开拓移民的管理、统制及指导等业务。

由日本殖民统治的需要而实行的集团移民、“管理移住”，使得东北境内的朝鲜移民急剧增加。据统计，自1937年至1939年，朝鲜人作为集团开拓移民大量入殖。其中，通化地区的辉南、金川、柳河和通化等四县13个村入殖949户，4407人；吉长地区的怀德、磐石等两县20个村入殖1259户，6472

延吉县明月村岛安沟集团移民部落

人。1939年，集团开拓移民在吉林地区入殖87户，445人；通化地区11户，62人。根据1944年朝鲜人的统计数据，吉林省（不包括延边五县）有200134人，长春地区有30927人，四平省有44767人，通化有105015人。

除上述散居地区外，自1937年至1939年，集团开拓移民入殖于延边安图、汪清和延吉三县的有71个村，5178户，26956人。1939年集团开拓移民在延边地区入殖的有272户，1460人。

经过上述几个阶段的移民，直到1945年日本投降前，中国的朝鲜人总数达216万余人，其中延边、吉林、长春、通化、四平等地的吉林朝鲜族人口约占54%。

五、真正融入中华民族大家庭

第二次世界大战结束后，美苏分别占领了朝鲜半岛，不久后便在朝鲜半岛形成了对抗格局。几乎同时，在中国东北，国共两党军队也展开了激烈的内战。战争的结局不仅关系到中国的命运，也关系到中国境内朝鲜族的命运与发展。1945年日本投降之前，生活在中国境内的朝鲜族约216万人，日本投降后100多万人返回朝鲜半岛。是回朝鲜半岛还是继续留在东北？是站在国民党一边还是站在共产党一边？面对何去何从的重要抉择，中国境内的朝鲜族坚定不移地站在了中国共产党的一边，在共产党的领导下投入解放战争。与此同时，中国共产党东北局也非常关注朝鲜族问题，在实践中积极贯彻执行民族平等政策。

1945年秋，从关内来的“东干团”的兄弟民族干部，到朝鲜族聚居的延边、牡丹江、吉林、哈尔滨等地，同东北抗联同志一道，发动群众进行民主改革，成立党的地方委员会和地方人民政府。当时，他们不仅充分肯定朝鲜族人民的斗争，充分信任朝鲜族人民，而且在一系列民主改革中大胆任用朝鲜族干部，大力培养朝鲜族干部。在延边地区领导干部中，不仅第一书记和专员是朝鲜族，而且在各部、处级干部中朝鲜族同志也占相当比例。

1946年12月，中共吉林省委召开民族工作会议，东北民主联军副司令兼吉林省政府主席周保中发表了《延边朝鲜民族问题》的报告。在《报告》

中，周保中充分肯定了朝鲜族是中国的少数民族，是具有光荣革命历史的民族，客观介绍了朝鲜族的历史和现状，正确评价了朝鲜民族革命斗争和朝鲜族参加东北抗日游击战争的功绩，强调了延边朝鲜族居民的土地关系和民族团结、民族政策问题，号召和要求延边地区的干部下最大决心，依据党的民族平等团结政策把延边民族地区工作做好，使广大群众在党的领导下团结成一个战斗队，发挥抗联时代优良的民族团结作风。《报告》对延边的工作起到了非常重要的指导作用。

吉林省政府主席周保中

从1946年至1948年间，东北解放区的朝鲜族和各族人民一道参加了史无前例的土地改革运动，和其他各族人民一样分得了土地，成为中国土地上的真正主人。对朝鲜族土地所有权的确认，事实上承认了朝鲜族作为中国少数民族的地位。与此同时，中国共产党还充分照顾朝鲜人的民族情感，承认他们的双重国籍。当时，对跨界而居的朝鲜族人民而言，朝鲜与中国好比“一个是爹，一个是娘”，这边是祖国，那边也是祖国。针对这种现象，当时延边的共产党组织尊重朝鲜族人民的感情，承认他们的双重国籍，认为“现在作为中国公民享有中国公民一切权利，参加中国的人民解放战争；一旦朝鲜遭到外敌侵犯，如果他们愿意的话，随时可以以朝鲜公民的身份投入到朝鲜的反侵略战争中去”。这样，既能不伤害广大朝鲜族人民的民族感情，圆满解决朝鲜族人民面临的两难抉择问题，又能保障朝鲜族人民的主人翁地位，使他们全心全意地投入解放战争。

1948年8月15日，在“八一五”光复三周年时，延边地委又作了《延边地委关于延边民族问题》的报告。12月9日，延边地委副书记刘俊秀再次正式代表延边地委做了《关于民族政策中的几个问题（草案）》报告，宣布“确定居住在延边境内的朝鲜人民为中国境内的少数民族，是中华民主共和国的一部分，具有地权、人权、财权”。

1949年10月1日，中国人民在北京天安门广场隆重举行了开国大典，向全世界宣布中华人民共和国的成立。54门礼炮鸣放28响，象征着54个民族在中国共产党领导下，经过28年的艰苦奋斗，终于取得民族独立和解放，成为新中国的主人，其中一门礼炮代表了朝鲜族。从此，过去迁入中国的绝大多数朝鲜民族移民正式成为新中国的主人，成为中国的少数民族之一。

1949年初，随着东北全境的解放，中共东北局为进一步贯彻落实对朝鲜族的民族自治政策，委托吉林省委和政府于1月21日到2月4日在吉林市召开了吉林省民族工作会议。林春秋、朱德海、金世钧等延边的主要朝鲜族领导干部和各地朝鲜族代表近40多人，以及省委、省政府的周保中、陈正人等领导同志参加了会议。当时的吉林省政府主席周保中同志在会上讲了三点：第一，1910年后朝鲜人民受到日本的侵略，到中国后又受到封建军阀统治者的剥削压迫，所以革命性强；第二，在抗日战争中，朝鲜人民和中国人民结成了“血谊”；第三，用自己的血和汗开拓延边的朝鲜人民必须建设好延边，和中国各民族一样，充分发挥国家主人的作用。经过热烈讨论，会议最后确定了在中国共产党和中央人民政府的领导下建立延边朝鲜族自治区、享受民族自治权利、建设好延边的正确方针。这次吉林省民族工作会议成为建立延边朝鲜族自治区、实现民族区域自治的具有历史性意义的重要会议。

1949年秋，在东北工作和战斗了18年，与朝鲜族人民群众结下深厚感情的东北党组织的主要领导人周保中同志在离开东北调往云南的时候，向党中央和毛主席写信，介绍东北朝鲜族参加东北14年抗日救国斗争和3年解放战争的历程和功勋，以及“在温暖的中华大家庭里，实现民族自治的愿望”，并建议“按照共同纲领，先在条件比较好的延吉地区实现民族自治”。

1949年10月，第一届中国人民政治协商会议召开并通过《共同纲领》。《共同纲领》规定：“中华人民共和国境内的各民族一律平等”、“反对大汉族主义和狭隘的民族主义，禁止民族间歧视、压迫和分裂各民族团结的行为”。另外，还规定：“各少数民族聚居的地区，应实行民族的区域自治，按照民族聚居的人口多少和区域的大小，分别建立各种自治机关。”这为我国实行民族平等政策、建立民族自治地方提供了思想保证。

1950年12月6日，《人民日报》发表《中国东北境内的朝鲜民族》一文，指出，从1949年9月召开的中国人民政治协商会议开始，东北境内的朝鲜人民以少数民族的资格，与各兄弟民族和睦相处。从此，在中华人民共和国各兄弟民族的观念中，朝鲜族与以侨民身份居住在中国的朝鲜人民有了区别。不过，当时的《人民日报》仍沿用了朝鲜人民、朝鲜民族等称呼。

1952年8月9日，经政务院会议通过、中央人民政府委员会批准，毛泽东主席亲自签署颁布了《中华人民共和国民族区域自治实施纲要》，这为在少数民族地区实行民族区域自治制定了基本的实施措施，直接为在少数民族地区实行民族区域自治奠定了法律基础。

1952年9月3日，延边朝鲜族自治区第一届各界人民代表大会在延吉市隆重举行，宣告延边朝鲜族自治区（1955年12月改称为延边朝鲜族自治州）人民政府正式成立。会议通过了自治区人民政府组织条例、自治区人民政府

朝鲜族传统稻草绳拔河比赛

施政方针。这次代表大会选举朱德海为自治区人民政府主席，董玉昆（汉族）、崔采为副主席，还选举33名各民族代表为协商委员会委员，其中绝大多数是朝鲜民族。过去，在中国的朝鲜民族没有统一的名称，或被称为朝鲜民族、韩人，或被称为朝鲜人、高丽人。这次大会后，朝鲜民族移民正式被称为朝鲜族。

1954年，中华人民共和国第一届全国人民代表大会在北京隆重举行。在这次大会上，通过了中国第一部宪法——《中华人民共和国宪法》，第一次依法明确规定中国的少数民族为中国公民。从此，中国的朝鲜族在法律上成为合法的中国公民。

第二章 吉林大地稻花香

一、严寒北国稻花开

水稻飘香

满洲旷野拓良田，
长呀长水稻。
稻花伴我走天涯，
处处稻飘香。
曾经我们赤手空拳，
只有锄头和水瓢。
不要冷嘲热讽，
锄挖瓢舀勤劳，
荒地变成米粮仓，
构筑我们新生活。

朝鲜族民谣《水稻飘香》唱的正是朝鲜族先民从朝鲜半岛渡江到图们江、鸭绿江北岸，不畏艰辛、刨地拓荒、试种水稻的历史。

朝鲜族以擅长在寒冷的北方种植水稻著称。原来图们江、鸭绿江流域多为山区和丘陵，气候寒冷，无霜期最短110天，最长160天，而且都是野草丛生、树根盘绕的荒原或沼泽地带，一般不易种植水稻。朝鲜人移民到来之前，东北也没有水田。自19世纪中叶，随着朝鲜移民的足迹扩散到两江北岸，东北境内开始出现水田。朝鲜移民凭借在半岛的水田农作经验，大胆地在一些稍具水利条件的地方，尤其是在一些汉族农民放弃的草甸地、苇塘地和涝洼地上开发出片片稻田，试种水稻，从而拉开了东北近代水田开发的序幕。

东北最早出现朝鲜移民种稻的地方，是今鸭绿江上游对岸的浑江流域。1875年，通化下甸子朝鲜族农民开垦沼泽地和涝洼地，试种水稻，获得好收成。1883年，从通化小湾沟移居到柳河三源浦地方的朝鲜族农民试种水稻亦获成功，不久之后三源浦一带成为著名的朝鲜移民聚居区和产稻区。

水稻

在延边地区，虽然早已有大量朝鲜人移垦，但多以旱田开发为主，从事水田开发者并不多见。据载，1890年前后图们江沿岸钟城崴子（今龙井市光开乡光昭一带）开始出现水田。1900年海兰江畔的瑞甸平原和智新乡大教洞附近也有人开始试种水稻。1900年后，珲春县板石乡、马滴达乡、密江乡等地开始出现水田。各地朝鲜族农民不仅试种水稻，而且还广开水渠，扩大水田面积。1906年6月，延吉县智新乡大教洞14名农民共同开掘水渠1308米，引河水灌溉33垧水

海兰江的传说

100多年前，海兰江畔有个人烟稀少、土地荒芜的小村子，其中住着一户三世同堂的人家，家中有兄妹二人，哥哥叫“海”，妹妹叫“兰”。有一天，兄妹二人去朝鲜的外婆家串门。外婆给孩子们煮了大米饭，二人吃后那真是口齿留香，回味无穷，遂向外公询问稻米的渊源，并把种子带回了家中。第二年，海和兰锄挖瓢舀试种水稻，喜获丰收。海和兰把煮好的米饭给村民品尝，并将种子分发给村里的人。次年，大家开始刨地拓荒，大面积播种水稻。谁知当年大旱，土地龟裂，禾苗干枯，不少村民垂头丧气，提出重新翻地改种荞麦。但海和兰没有放弃。兄妹二人不畏艰辛，长途跋涉，寻找泉源，开沟挖渠，引水灌溉。在海和兰的不懈努力下，水稻在这个村子终于得以成功播种。为了歌颂海和兰的功绩，当地人将引水的各泉、河支流汇聚而成的河流命名为“海兰江”。从此，海兰江畔的平岗平原和瑞甸平原稻花飘香，成为东北最大的稻米产地。

田，这是延边地区最早的水利灌溉工程。继而，朝鲜农民在图们江北岸和海兰江两岸的平岗、瑞甸平原以及南北侧的山溪、布尔哈通河下游和嘎呀河下游的广阔地区广开水田，其中平岗平原的守信乡（今和龙市头道沟一带）是东北地区最大的稻区之一。

随着朝鲜移民不断向北向西发展，稻作试验区也逐渐向北向西发展。吉林地区邻接延边，包括今永吉、桦甸、蛟河、磐石、舒兰五县，地处山区向平原过渡的丘陵地带。该区江河纵横，水利条件便利，因而成为朝鲜移民开发水田的热选区域。早在1890年，柳河、海龙等地的朝鲜移民移入桦甸，克服种种困难，刨草甸，引河水，修畦埂，播稻种。1903年，永吉县一些僻静的山沟里也出现了种稻的“韩人”，他们在山间小河沟边开出小片水田，逐渐试种。到1905年，从通化、桦甸等地迁来的朝鲜移民，在永吉县的鳌龙河、五里河、牤牛河、团山子一带，开出水田300余垧。到1910年以后永吉县的江密蜂、太平乡、新安屯、杨家乡的大裕屯、大岗乡的东响河、西响河、三家子等村屯，皆出现朝鲜移民种植水田。

与此同时，朝鲜移民沿着松花江、牡丹江和辉发河，移入磐石、蛟河、

海兰江畔

用石磨碾米的朝鲜族妇女

舒兰等地开发水田。据《磐石县志》记载，该县第一次耕种水田是在1917年。那年春天，朴东树等贫苦朝鲜族农民来到磐石县第五区（今磐石市三棚乡），把长满乌拉草的塔头甸子开垦为水田，播下稻种，到秋天收了几斗稻米。手捧着黄灿灿的稻谷，贫苦的朝鲜族农民眼含热泪跪在地上，向着苍天磕头谢恩，大声喊着："感谢上苍，让我们找到了生活的希望。"在朝鲜移民的帮助下，各地汉族农民也开始种水稻，东北开始出现种水田的汉族农户。

水田技术也普及长春地区。长春地区地处松辽平原之腹心，地势平坦，土质肥沃，虽然水利条件不如东部山区，但因交通便利，朝鲜移民纷纷迁入该区，在水利适宜之地开发水田。在长春地区，水田开发历史最早的是德惠县。早在1900年，平安北道宣川郡农民金元顺迁到该县的南岭子，将承租汉族地主的1.5垧荒地开垦成水田。1912年，又有庆尚北道人朴基成迁入王家店，开垦水田。此后，来自磐石县乃至朝鲜的移民陆续迁入城子街、张吉卧子、对龙山、榆树沟等地，开发水田。

1915年以后，怀德、榆树、农安、双阳、伊通、九台等地的朝鲜族农民也纷纷垦种水稻，水田试种区从东部山区迅速扩展到东北平原的腹心地带。当地的汉族地主见种植水田有利可图，纷纷招徕朝鲜佃农，将旱田改为水田。于是，磐石、西丰、东丰等周边地区的朝鲜移民纷纷迁入长春地区，长春地区水田面积迅速扩大。到1927年，全省水田种植面积增至7万余垧，吉林省成为东北地区水田种植最多的省份，并形成吉林、延边、长春、通化等7个种稻区域。

回顾清末民初吉林省及东北水稻生产的历史，朝鲜族人民以其勤劳勇敢的品质和吃苦耐劳的顽强精神，率先在东北地区开垦水田，种植水稻，在我国农业史上创造性地揭开了崭新的一页。朝鲜族农民在东北开发水田，改写了近代东北没有水稻种植的历史，改变了东北以种植旱田为主的单一种植结构，这一创举使东北农业种植多样化，促进了东北商品粮基地的建设。东北水田开发之前，大米需要从南方运到东北；东北水田大量开发以后，大米不仅满足了东北的需要，而且可以供应关内及出口国外，促进了东北的粮食贸易。

在开发东北边疆的过程中，朝鲜族和其他兄弟民族不仅和睦相处，而且在生产生活中互帮互学。朝鲜族农民把种植水稻的技术和经验传授给汉族、满族等兄弟民族，使他们学会了水稻种植；汉族和满族农民则把旱田农作技术传授给朝鲜族农民，既增进了民族团结，又推动了东北农业发展。

二、移民初期的土地关系

朝鲜族聚居的地区，土地肥沃、资源丰富，也是我国主要林区之一。迁入两江北岸的朝鲜移民以野果、野菜充饥，住的是极简陋的茅草屋，用的是木犁，没有耕畜便靠人力垦拓富饶的疆土。到1881年，在延边地区先后垦拓的土地达5300多公顷。1884年，在朝鲜族专垦地区开垦的土地已达12000多公顷。朝鲜族农民不仅用辛勤汗水开拓东北边疆荒野，而且自19世纪70年代起，在吉林省通化县大甸子等地试种水稻获得成功后，相继在临江、怀仁、兴京、柳河、海龙等地和延边地区扩大种植。

尽管朝鲜族移民用辛勤的汗水开垦了大面积荒地，但少数持有特殊权势的满族、汉族“占山户”用各种手段强占这些土地，并把朝鲜移民变成自己的佃户或雇工。开禁之后，地方官府把广阔的荒野划给地方土豪及官吏，这些人成为“占山户”。“占山户”勾结地方官府，包揽大片土地，在“领荒发照”时，不丈量土地，只约略规定“四至”，凭“四至执照”任意霸占朝鲜族农民开垦的土地，有的竟比呈报面积多占10倍乃至20倍的土地。如，局子街（今延吉市）西郊韩姓地主，1890年从珲春迁来后，与当地官府勾结，在

“领荒发照”时霸占1000多垧土地，雇佣数十名长工，并拥有70多佃户，成为“土皇帝”。1905年，珲春土门子潘姓地主霸占2000多垧土地，雇佣400多朝鲜族佃户。延吉县细鳞河孙姓地主、和龙县头道沟武姓地主，也都是当地有名的“占山户”。当时，在朝鲜族移民中也出现了一些大地主。如，和龙县三道沟李永春“归化入籍”后，依仗官府，霸占了数百垧土地，成为当地方圆百里有名的大地主。

忙于春耕准备的朝鲜族农民

不过，对大多数朝鲜族农民而言，“领荒之难，如若登天”，他们甚至连自己开垦的土地也常被“占山户”掠夺。尤其是散居在通化、柳河等南满一带的朝鲜族农民，迁来时一贫如洗，多未入籍，无土地所有权，只能租种地主的土地或成为地主的佃户。有些朝鲜族农民为了购置土地，合伙集资（五至十人不等）购买土地，当地乡约担保，以“归化入籍”者或汉族“名义地主”的名义，去县、道厅申请，并交纳昂贵的手续费。如，农民购买旱田30“日耕”（1日耕等于1200平方米），时价3600吊（官帖），而手续费却要500吊，相当于“占山户”从地方官府领荒地370“日耕”的价格。不仅如此，购地农民还得向“名义地主”交纳十分之一的土地或相当于这些土地价格的“辛苦费”。

封建地主对朝鲜族农民进行残酷盘剥。朝鲜族农民所受的第一重压迫是地租剥削。地租有“活租”和“定租”。活租随收随缴，一般佃农须交纳当年收获的三成至五成（包括秸稈）。定租则不论丰歉，一律按契约交租，租率高达年产量的十分之三到十分之四。依据交租时间，又有“春租”和“秋租”。随着农业的发展和各族贫苦农民的大批流入，地主便以种种借口增收地租。本来开荒三年是不交租的，但有些地主竟从当年起收租，同时还对佃农进行超经济剥削，如给地主“帮工”，无偿为地主耕种土地。通常，租种四垧地就要为地主无偿耕种一垧地，或者每年为地主“帮工”10～20天。此外，还要为地主砍柴、拉地、打场、出劳役、筹办婚丧节日等。地主对朝鲜族农民的高利贷盘剥也十分苛刻，通常年利率为60%以上，借粮食和种子多为春借一斗秋还两斗，其中“粮食返还法”尤其残酷。如，农民在春季粮价上涨时借苞米一斗，时价六角，加利共九角，秋天归还时因粮价跌落，一斗三角，结果农民春借一斗苞米，到秋要还四斗五升。

地方的乡绅、牌头也倚仗官府势力肆意掠夺农民。1907年，钟城崴子的总乡绅以调查地券（地照）为名，命令以“名义地主”购买土地的朝鲜族农民交出地照，审查土地所有者、面积和地界，稍有差异，轻者罚款，重者没收地照。用这种办法，总乡绅从霁晴、霁霞和月朗（现图们市月晴乡）等地勒索了“韩币”两千多两。地方官府还向朝鲜族农民征收30余种名目繁多的苛捐杂税，其中许多带有民族歧视性质。因为耕种水田、饲养耕牛，朝鲜族农民就得附加上缴“水利税”“养牛税”，另外还有出入官衙的“门槛税”，被人雇佣的“雇佣税”及“人头税”“烟筒税”“入籍费”“迁移证书费”等。在封建统治的残酷压榨下，大多数朝鲜族农民勉强度日，举步维艰。

清朝地方政府不仅对朝鲜族农民进行经济上的盘剥，而且对越江朝鲜移民强令薙发易服，归化入籍，否则不给土地所有权，只许租佃佣工。1890年，吉林将军铭安和帮办吴大澂奏准，规定“凡越垦韩民，薙发易服者，许其领我地照，纳我租税，一律认为入籍”。一些有资金、有劳力的人为了取得土地，甘愿薙发易服，归化于清朝，领受土地执照，而对大多数佃农、佣工者来讲，本身既无资力领照纳租，又恐背负“背叛祖先”之罪名，因此对薙发易服置之不理。

三、海兰江畔梨花开

朝鲜族先民不仅开发水田，而且还利用昼夜温差大和丘陵坡地的自然条件，开发了许多新的经济作物品种，苹果梨就是其中之一。

1921年，移居龙井市老头沟镇小箕村的崔昌浩、崔头范兄弟，将从朝鲜咸境南道带来的6条接穗嫁接在当地耐寒的山梨砧木上，当时仅成活3棵。后来，经几代人的精心培植，不断选育，苹果梨种植获得成功。苹果梨果形扁圆，果面带有点状红晕，酷似苹果，故名苹果梨。延边苹果梨具有抗寒丰产、果实爽口甜美、品质优良、贮藏性强等特点，素有“北方梨中之秀”的美称。新中国成立后，在国家大力扶持下，延边苹果梨的栽培迅速发展。目前，全自治州建有5个万亩果园，栽种规模达1.2万公顷，年产量9万余吨，实现产值近亿元，已成为延边特产业的一大支柱产业。

1985年，在农牧渔业部召开的全国苹果梨检评会上，延边苹果梨被评为全国第一优质梨种，出口香港、澳门等地区，因其清脆、香甜、多汁，故在香港市场上深受欢迎，被赞为“吉林甜梨”。在1989年全国水果评比中，延边苹果梨名列榜首，被农业部授予部优产品称号。1990年，被国家认定为“绿色食品”。2015年，延边苹果梨栽培系统成功入选“中国重要农业文化遗产”目录。吉林省62个中国重要农业文化遗产中，延边地区首次获此荣誉。此次入选的延边苹果梨栽培系统，不仅能够带动延边地区经济发展，而且在促进农业提质增效、传承中华农耕文明、建设美丽乡村等方面也将发挥重要作用，对我国

苹果梨

亚洲最大的延边苹果梨果园

龙井万亩苹果梨园

农业文化传承、农业可持续发展和农业功能拓展具有重要的科学价值和实践意义。

为弘扬朝鲜族民俗文化，扩大对外开放交流合作，不断加快延龙图一体化进程，2010年延边朝鲜族自治州人民政府和龙井市人民政府决定，每年在苹果梨花盛开的5月举行“苹果梨花节”。自此，每年的梨花节以花为媒，大力宣传推介延边春季特色景观，把旅游观光、民俗文化展示、经贸洽谈相结合，以绿色旅游、生态旅游为载体，成为促进延边对外交流与合作、加快延边旅游事业发展、提高延边知名度和对外开放的重要平台。

四、朝鲜语地名

地名既是地理学的标志符号，也是一种文化现象，与人类的历史传承、语言、风俗习惯息息相关。自19世纪末，随着朝鲜移民的足迹遍布吉林各地，各地开始出现富有朝鲜族文化特色的朝鲜语地名。尤其是在延边地区，因地方政府“专垦区”的划定和四堡三十九社的设置以及各种招垦政策，图们江北岸地区形成了朝鲜族最大的聚居区，开始出现许多朝鲜语地名，朝鲜语地名占当地地名的一半以上。作为一种社会文化现象，这些地名中积淀了丰富的历史文化内容，它从一个特定的侧面记录了朝鲜族人民的社会实践活动。地名类型繁多，既有地形地名、水文地名，如龙湖村、泉水坪、清水洞、龙水坪等，也有意愿地名，如太平村、幸福村、富裕村等，还有朝鲜半岛故里地名，如罗南、江源、茂朱屯等。

另外，在迁移、定居、开拓过程中，源于朝鲜族生活文化的人文地名也应运而生。如，在距离和龙市东南一百余里的图们江岸，有一个叫“芦果”的地方，此地得名并非盛产“芦果”，而是由朝鲜语“奴卜高儿”（狍子沟）

龙井市开山屯镇子洞沟地名标志碑

的谐音而来。原来该地长期与世隔绝，渺无人烟，山沟里狍子特别多，朝鲜族开发此地后习惯性地称此地为“奴卜高儿”，当时地方官吏在查地名注册户籍时，按照当地朝鲜垦民的习惯叫法，取“奴卜高儿”近似汉字音，记作“芦果”，由此“芦果”便成为官厅认可的地名。

在图们江北岸开山屯附近，有名叫“子洞”、“弟洞”的地方。因为该地距离朝鲜非常近，19世纪后半期这里就已经出现了朝鲜人村落。由于这个村子家家户户生的小孩儿几乎都是男孩子，很少有女孩子出生，村落由此得名“子洞”，意即多子之沟。“洞”则是高丽时期以来朝鲜对地方村落的雅称。

弟洞，在距离子洞五里处。按照朝鲜族的风俗，男子成亲后，排行老二、老三的要分家，独立门户。这样，子洞的男子长大成婚之后，便到离子洞不远的地方安家，于是自然而然又形成一个新的村落。朝鲜咸镜道方言中称小叔子、弟弟为“艾基”或“西艾基”（音），于是子洞的兄嫂们就称那个村子为“艾基高儿”（高儿为沟之意），到那个村看望弟弟，就说“到艾基高儿串门儿去”。因为“艾基”是小叔子、弟弟之意，当用汉字记取地名之时，“艾基高儿”便取其意写成为“弟洞”，“弟洞”就成为村落的名称。

19世纪末，朝鲜垦民张仁硕、朴仁彦在今龙井市龙井街与六道沟岔路口的东北方向60米处发现了一眼古井，遂搬开乱石，清除井中污泥，不料竟发现井里的水清澈甘甜。于是，垦民们围井而居，逐渐在水井周围形成了朝鲜人村落。为方便村民汲水，人们在井口上安装了“桔槔”，即“龙吊桶”。从此，六道沟也称为龙井村。九一八事变以后，龙井村取代了六道沟。1934年，朝鲜会宁移民李基燮为了纪念此井，便在井口附近竖了一块石碑，上刻“龙井地名起源之井泉”。

龙井井泉传说

相传一百多年前，龙井地带是一马平川。因为水源稀缺，吃水只能到六道河去打水，很是不便。全村住有十来户人家，村里有个叫郑俊的年轻小伙子，一直想为大家找一口井。有一年春天的傍晚，他独自来到六道河和海兰江交汇的地方，坐在一块大青石上，一边看着清澈的河水，一边吹起心爱的笛子，他的笛声悠扬婉转，犹如春风，酷

龙井地名起源之井泉

似鸟鸣，似若清泉，格外动听。吹着吹着，郑俊就在那块大青石上睡着了，蒙眬中，一个身穿洁白衣裙的漂亮姑娘飘然而至，站在他面前，微笑着对他说："俊哥！你不是想为全村人找水吗？记住，在你干活的那堆石底下就有口井。"郑俊想，这姑娘到底是谁？她说的井究竟在哪堆石底下？他急忙要问姑娘，可那姑娘却飘然而去。他一急之下就醒了，原来是一场美梦。郑俊一口气跑到地里，从这一堆石头找到那一堆石头，直到掌灯时分，也没找到。一连几天都是如此。有一天，天气晴朗，万里无云。郑俊在田地里一连翻了五六堆石头，仍不见井的踪影。筋疲力尽的他想到村里的妇女一天要往返四五里路到海兰江去顶水，于是忘记了劳累，继续翻搬乱石。忽然，他又听到那个白衣姑娘的柔和亲切声音："俊哥！谢谢你的诚心，石头下面就是井……"郑俊和村民合力将乱石搬开，在石堆下惊喜地发现一口古井。相传，那个美丽的姑娘是小白龙的化身，所以人们就将这口井称为"龙井"。后来郑俊和那白衣姑娘结为夫妻，他们的家就安在井口旁，男耕女织，日日夜夜守着"龙井"。后人为了纪念他们，便在井旁栽了一棵垂柳。那棵垂柳至今仍在，轻轻摇摆的身姿仿佛在向人们诉说着这美好的传说。

延和民俗广场

除了迁入时期形成的地名之外，还有新中国成立后应时而生的朝鲜语地名。如，长春地区唯一的朝鲜族民族乡延和乡，是1948年吉林省人民政府从延吉县、和龙县有组织、有计划地迁入一批（730户，4000余人）朝鲜族移民，到此地垦荒，开发水田，建立16个自然屯之后，取延吉县、和龙县两词之首字而命名为延和村，1956年发展成为延和乡。

第三章

山山金达莱 村村烈士碑

山山金达莱，
村村烈士碑。
红心振双翼，
延边正起飞。

朝鲜族具有光荣的革命传统，他们与其他民族一起不仅为东北地区的开发建设、抗击日本侵略者做出了重要的贡献，而且为保卫抗战胜利果实、打倒国民党反动统治、建立新中国做出了积极的贡献。

一、“三一三”反日示威运动

1919年3月13日，龙井爆发了一场大规模的朝鲜族人民反日示威运动。这次示威运动是在俄国十月社会主义革命胜利的影响下，为了声讨日本的侵略罪行，声援朝鲜国内的反日独立运动而进行的中国境内第一次大规模的反日运动。

日俄战争（1904—1905年）后，日本从俄国手中取得了对朝鲜、大连、旅顺及“满铁”的绝对支配权。为了巩固既得权力并乘胜向中国东北渗透，日本将素有东北后大门之称、与朝鲜隔江相望，特别是朝鲜族移民聚居的吉林省延吉厅作为突破口。1907年8月19日，朝鲜统监府派遣61名宪警、特工非法越过中朝两国边界，侵入延吉厅六道沟，擅自设立了“朝鲜统监府临时‘间岛’派出所”。1909年9月14日，日本通过中日之间签订的《图们江中韩界务条款》（又称

朝鲜统监府临时“间岛”派出所

龙井“三一三”反日示威运动现场

《“间岛”协约》)，不仅将龙井村、局子街、头道沟、百草沟等延边重镇开放为商埠地，而且攫取了吉会（吉林—会宁）铁路的修筑权、领事裁判权等一系列特权。另外，又在龙井设立日本总领事馆，在其他商埠地设领事分馆，享有治外法权。从此，日本帝国主义的侵略势力开始深入延边地区。

对此，延边的朝鲜族进步人士联名呈书边务公署，强烈谴责清朝政府的卖国行径，坚决反对强加于朝鲜族人民头上的所谓“领事裁判权”。同时，朝鲜族中的一些反日知识分子还在各地建立私立学校，组织反日团体，积极准备反日运动。

1919年3月13日，在俄国十月革命和朝鲜“三一”反日民族独立运动的影响下，一场大规模的朝鲜族人民反日示威运动在龙井爆发。

3月7日，朝鲜“三一”运动的消息传到延边。翌日，金永学等反日志士召开紧急会议，决定于3月13日在龙井村召开声援朝鲜独立、反对日本帝国主义的大规模群众集会。3月13日，龙井、延吉以及周边乡村的反日群众和学生如潮水般从四面八方涌进龙井村。中午时分，以龙井天主教堂的钟声为号，大会正式开始。金永学宣读了《独立宣言布告文》。接着，刘礼均、裴亨湜、黄志英（女）等人发表了谴责日本帝国主义侵略罪行的激情演讲。会场上“朝鲜独立万岁”的呼声响彻云霄。演讲结束后，群众举行了声势浩大的示威游行。游行队伍高呼“反对日本侵略”、“打倒亲日走狗”等口号，如激

龙井“三一三”反日义士陵

流般涌向日本“间岛”总领事馆。惊慌失措的龙井驻军部队和日本警察向游行队伍开枪。众多示威者瞬间倒在血泊之中，当场就有13人牺牲，48人受伤，另有94人被捕。日本警察和地方军警的暴行激起了广大群众的极大愤慨。3月17日，数千名群众再次聚集龙井，参加殉难烈士的葬礼，他们举着反日旗帜和挽联，从医院抬着殉难者的灵柩来到龙井东南郊虚清里（今龙井合成里）公墓安葬了烈士，并竖立墓碑。

“三一三”反日运动的浪潮迅速席卷整个延边地区。从3月13日至4月16日，延边各地朝鲜族民众先后举行了数十次反日集会和示威游行。南满各地朝鲜族人民也纷纷组织起来开展反日运动。柳河县的三源浦、大河沟、长白县、辑安县、兴京县的旺清门、桓仁县城等地群众，也相继举行反日集会和示威游行。

“三一三”反日运动后，朝鲜族聚居地区掀起的反日群众运动，规模之大，时间之长，前所未有，不仅沉重打击了日本侵略者的嚣张气焰，极大鼓舞了朝鲜族人民的抗日斗志，而且为东北各族人民的反日斗争转为抗日武装斗争奠定了基础。

十五万元夺取义举

“三一三”反日示威运动之后，东北各地朝鲜族反日团体开始着手建立武装队伍。随着反日武装团体的建立，武器问题便成为燃眉之急。为了解决军备资金，反日武装团体“铁血光复团”的尹俊熙、崔凤卨等人，在获悉日本龙井“间岛”出张所定期从朝鲜会宁银行分店运币的情报后，便于和龙县智新社东良沟口（今龙井市智新镇胜地村）袭击敌人的运币马队，夺取了“朝鲜银行券”15万元。史称“十五万元夺取事件”。

林国桢

1920年1月4日，尹俊熙、崔凤卨、林国桢、韩相浩、朴雄世、金俊等6位青年从白天到傍晚，雪地里埋伏。晚5时，在大砬子方向出现了运币马队，由于天气寒冷，运币队一行，都紧缩着身体，只顾往前走。当马队靠近埋伏点时，尹俊熙首先开枪击毙骑在马上的警察，接着，崔凤卨等也向运币队开枪。在后边跟随的其他人，被突如其来的事态吓得目瞪口呆，各自仓皇逃跑。尹俊熙等把钱分成4捆，各携带一份，弃马徒步向北走。第二天，天还没亮他们到了局子街西郊的卧龙洞。此时，崔凤卨的父亲崔炳均早已等在那里迎接他们。为了购买武器，他们把钱藏在煤油桶里，经依兰沟、珲春去俄罗斯沿海州。在俄罗斯海参崴新韩村，他们与当地反日团体取得联系，在同军火商交涉购买武器时，由于叛徒告密，遭到日本军队突然袭击，除崔凤卨一人脱身外，尹俊熙、林国桢、韩相浩被捕。在监狱里，他们宁死不屈，最后英勇就义。

尹俊熙

崔凤卨

朴雄世

金俊

二、凤梧洞战斗和青山里战役

到1920年夏，延边各反日团体中已有不少规模较大、武器较全的反日武装队伍。如徐一领导的汪清县西大坡北路军政署、安武领导的延吉县依兰沟的间岛国民会军、崔明禄领导的汪清县凤梧洞（今属图们市）的军务都督府、洪范图领导的延吉县明月沟的大韩独立军等。

1920年5月，洪范图率领的独立军与“间岛”国民会军、崔明禄的军务都督府，将各武装部队进行整编，成立北路督军府；崔明禄任督军府长，安武为副官、洪范图任北路第一军司令官。督军府本部设在原都督府所在地凤梧洞。

1920年6月4日，活跃在凤梧洞、安山村、杰满洞一带的新民团部分队伍渡过图们江到朝鲜江阳洞袭击日军宪兵哨所后，迅速返回三屯子（今图们市月晴乡间坪）。在三屯子，反日部队与赶来的日军隔江交战。驻朝鲜南阳的日军中尉新美闻讯，立即率领19名日军宪兵、警察渡过图们江绕道到三屯子后山，向三屯子射击。反日部队迅速撤离。新美率领宪警追击反日部队。另外，驻朝鲜日军罗南第十九师团司令部得到新美中尉报告后，妄图借此一举“扫荡”延边地区的朝鲜族反日武装部队，便命令第七三联队安川少佐组织“越江追击大队”，渡江“讨伐”反日部队。“越江追击队”于6月6日夜渡图们江，7日凌晨到达五户屯（今后安山）。日军“越江追击队”途中先后在五户屯、高丽村等地与反日部队遭遇，经过几次交战后继续追击反日部队，向凤梧洞进击。

此时，在凤梧洞的洪范图和崔明禄得知日军进犯凤梧洞的消息后，先把村里的老百姓疏散到安全地方，在凤梧洞上村南洞一带设伏。当时聚集在凤梧洞的反日部队共有300余名。伏击战由洪范图担任总指挥，他把部队分成四个中队，占领东、西、北制高点，选择有利地形进行埋伏。到中午时分，日军的主力部队进入反日部队的埋伏圈。洪范图发出进攻的信号，埋伏在西山和东山两侧的反日部队向日军猛烈射击。霎时间，日军人仰马翻，伤亡惨重。战斗持续3个多小时，日军虽然拼命抵抗，但最终无法挽回败局。下午4点30分，突然电闪雷鸣，下起倾盆大雨。日军趁机向琵琶洞方向逃窜。在此次战斗中，反日部队消灭了日军近百名。朝鲜族反日部队在东北境内与日本正规军首战告捷。

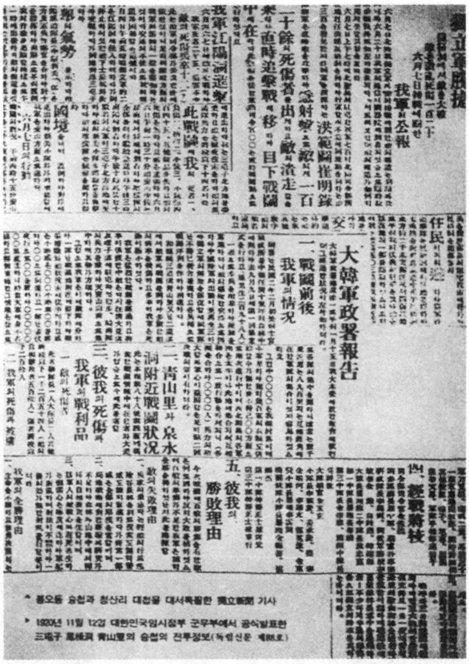
大韓軍政署報告
一、戰鬪前後 我軍의情況
一、青山里와泉水洞附近戰鬪狀況
二、彼我의死傷
三、我軍의戰利品
五、彼我의勝敗理由
* 봉오동 승첩과 청산리 대첩을 대서특필한 獨立新聞 기사
▸ 1920년 11월 12일 대한민국임시정부 군무부에서 공식발표한 三屯子 鳳梧洞 靑山里의 승첩의 전투정보(독립신문 제88호)

1920年6月上海临政绩观报《独立新闻》刊载的凤梧洞战斗报道

在凤梧洞遭到惨败的日本侵略者，为了消灭延边的朝鲜族反日部队，于1920年10月2日悍然挑起“珲春事件”，以此为借口，纠集日本正规军2万余人，对延边地区发动了血淋淋的“庚申年讨伐”。1920年10月20日，日军得知和龙境内青山里有朝鲜族反日武装力量的情报，于是出兵青山里。

白云坪位于青山里西南约10公里处。1920年10月18日，由金佐镇率领的反日部队第二联队2800人开往青山里，日军部队也随之向青山里“追剿”。反日部队第二联队得知敌情，立即转移到白云坪。10月21日晨，反日部队组织好精锐队伍，选择有利地形，埋伏在周围山头密林里。上午8时许，日本侵略军1000人进入伏击圈，反日部队立刻发起突然袭击，仅用90多分钟，就将日军先头部队全部歼灭。而后头的日军则惊慌失措，退到数百米外，等后援部队赶到后，再从三面疯狂反扑。时至中午，反日部队边战斗边撤退，迅速转移摩天岭。日军却不知对方早已撤离此地，误认为凤尾沟迂回进攻的是反日部队而互相残杀，一直到傍晚，伤亡达600余人。白云坪伏击战约用3个小时，加上敌人自相残杀，日军伤亡近千人，而反日战士仅牺牲20人，重伤3人，轻伤数十人。

大韩军政署司令官金佐镇

22日凌晨，金佐镇部队突袭离甲山村30里远的泉水洞日军骑兵小分队，全歼这股日军后，乘胜前往驻有敌人主力部队的鱼浪村，登上鸭鸡沟

在青山里败军而逃的日军

内的“874”高地。日军纠集兵力疯狂进攻“874”高地。战斗从上午9时开始。日军多次发起猛攻，但都未能取得成功。到中午12点30分，在完流沟结束战斗向南转移的洪范图部队，赶来支援独自苦战的军政署部队。战斗一直持续到傍晚，军政署部队和洪范图联合部队利用夜幕降临之机，迅速整顿队伍，冲出敌人的包围，向蜜蜂沟以西方向转移。

鱼浪村战斗以后，各路部队且战且退，先后与日军打了孟家沟战斗、天宝山战斗、古桐河战斗等数次战斗，消灭了日军官兵数百人，26日转移到安图县荒沟岭。

凤梧洞战斗和青山里战役，是朝鲜族反日部队在延边各族人民的支持下，武装抗击日本侵略者的重大胜利，极大鼓舞了各族人民的反日斗志，沉重打击了日本侵略者的嚣张气焰，粉碎了日军“间岛地方不逞鲜人剿讨计划”。

三、抗日游击队及抗日根据地的建立

1931年，日本帝国主义发动九一八事变。三个月后，整个东北地区沦为日本殖民地。富有反日革命传统的朝鲜族人民在中国共产党的领导下，纷纷组建抗日游击队，开辟抗日根据地，奋起抗日。

根据省委的指示和1931年12月中共东满特委在瓮声砬子（今明月镇）召开的东满各县党、团员积极分子会议的精神，各县县委和区委先后建立了十余支规模不等的游击队或别动队、突击队。到1933年1月，先后建立了延吉县游击队、和龙县游击大队、汪清游击队和珲春县游击队，“东满”四县游击队员已有400余名游击队员，其中98%是朝鲜族。1933年初，4个县的游击队统编为中国工农红军第三十二军“东满”游击队，下设4个大队。

延边地区的朝鲜族人民在各级党组织的领导下，积极开展创建抗日游击根据地的斗争。从1932年开始，“东满”（延边）地区在延吉（龙井）、汪清、和龙、珲春等4县先后开辟了大荒沟、烟筒砬子、八道沟、王隅沟、三道弯、小汪清、腰营沟、渔浪村等10多个游击根据地。这些根据地统称为“东满”抗日游击根据地。

“南满”地区的朝鲜族人民也在中国共产党的领导下，与各族人民一道积

“南满”游击队在磐石建立的红石砬子抗日根据地

极筹建抗日游击队。1932年5月，中共磐石县委决定以原有的李红光的“打狗队”为基础，吸收农民运动中的骨干分子和伪军哗变的部分士兵，组建磐石工农反日义勇军。11月初，杨靖宇代表中共满洲省委巡视南满党组织和游击队工作，这支队伍改编为中国工农红军第三十二军南满游击队。各地党组织和抗日游击队也先后建立了抗日游击根据地。1932年末，中共磐石县委依靠南满游击队，发动朝鲜族和其他各族人民，在玻璃河套、红石砬子等地建立了游击根据地，组建了具有临时政府性质的农民委员会。在党的领导下，根据地人民努力发展生产，组织突击队、自卫队、反日会、救国青年会等，协助游击队站岗放哨，参军参战，保卫根据地，从人力物力上保证了抗日游击战争的胜利发展。至1934年，延边地区和南满地区的抗日武装改编为东北人民革命军第二军和第一军。

为了巩固东北地区的殖民统治，日本关东军在宪兵、领事馆警察、伪满军警的配合下，对各种抗日武装力量进行了疯狂的“围剿”。1932年3月至1933年5月主要以抗日义勇军为“围剿”目标；1933年6月至1934年3月主要以抗日游击队和游击根据地为“围剿”目标；1934年4月至1936年3月主要以东北人民革命军为“围剿”目标。日军所到之处实行杀光、抢光、烧光的“三光政策”，残酷镇压抗日武装和革命群众，制造“海兰江惨案”、“大坎子惨案”、“具山惨案”、“金谷惨案”等一起起骇人听闻的惨案。朝鲜族人民与各族人民一道，不畏强暴，进行了艰苦卓绝的“反围剿”斗争。

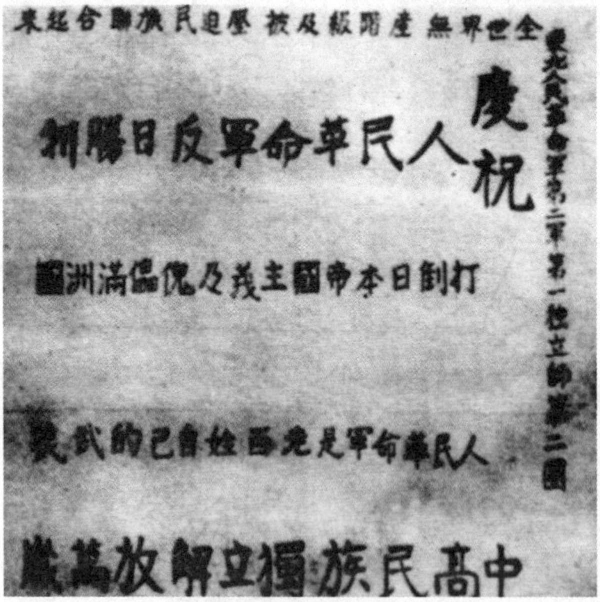

东北人民革命军第二军独立师的口号

鱼浪村十三勇士

彪炳丹青渔浪村，抗日史实励后人。

可歌可泣忠烈骨，感天动地中华魂

1932年末，中共和龙县委把分散在和龙县境内的抗日武装部队集中到卧龙乡鱼浪村，创建了由两个小队组成的和龙县游击队。1933年农历正月十五，和龙县游击队长金世率领14名队员，化装成日军守备队，袭击了三道沟合新村地主张宝林的庄园，缴获了一批武器，然后返回鱼浪村。日军获得消息后，从龙井、头道沟、三道沟等地调集了360多名守备队和警察队组成所谓的“联合讨伐队”，于18日晚上包围了渔浪村。19日凌晨，正在放哨的第二小队队员金河燮发现了敌情，鸣枪报警。县委书记崔相东、

鱼浪村十三勇士纪念碑

游击中队长金世和政委金嫂听到枪声，立即率部分游击队员迎击敌人，同时掩护机关人员和群众转移。金世、金嫂带领游击队员，抢占制高点，阻击西侧敌人。军事部长方相范则带领4名游击队员，占据南面房屋，以院墙为掩体，阻击从正面冲上来的敌人。县委书记崔相东指挥群众向后山转移后，立即投入战斗。共产党员李九熙、共青团员柳泽圭、游击队员俞万吉扒开火炕，用炕面石垒成掩体，阻击敌人。激战中，柳泽圭因流血过多牺牲。李九熙弹药打光后，与敌人展开肉搏，也壮烈牺牲。当他的遗体被发现时，他手中还紧紧攥着已经弯了的刺刀，鲜血染红了雪地。县委书记崔相东在掩护群众转移时，不幸腹部中弹，倒在雪地上。几名日本鬼子端着刺刀凶狠地向他扑来，崔相东毫无惧色，抓住敌人的刺刀就势跃起，同鬼子扭打在一起。在生命的最后时刻，他强忍剧痛，搬起大石头把一个鬼子砸死。这时，另一个日本兵的刺刀刺进了他的胸膛。战斗结束后，人们在北山脚下的小壕沟里找到了金世、金嫂等10名游击队的尸体。经过长达6个小时的浴血奋战，以崔相东、金世为首的游击队员毙敌18人，13名勇士用鲜血和生命保卫了县、区干部、群众的安全转移，保存了抗日武装力量，粉碎了敌人消灭抗日游击队的企图，被称为“民族之魂十三勇士”。

1936年，根据《东北抗日联军统一军队建制宣言》的精神，延边地区的东北人民革命军第二军改编为东北抗日联军第二军，活动在南满地区的东北人民革命军第一军改编为东北抗日联军第一军。不久，根据“金川河里会议”决定，抗日联军第一、二军合编为东北抗日联军第一路军。杨靖宇任总司令，魏拯民任政委，王德泰任副总司令。在抗联11个军中，都有朝鲜族干部战士。其中活动在吉林省延边地区的第二军朝鲜族占绝大多数，活动在通化地区的第一军朝鲜族约占半数。他们同汉族及其他各族抗联战士一道，在极端困难的条件下，转战在丛山密林，冰天雪地，同敌人进行了殊死斗争。正如东北抗日联军主要领导者周保中所说：“1932年所建立的坚强的东满游击队和1933年所建立的强大的磐石游击队、珠河游击

李红光与杨靖宇

杨靖宇

李红光

李红光为南满抗日游击队的主要创建人、东北人民革命军第一军的杰出领导人，民族英雄杨靖宇的“副帅”和亲密战友，他在东北的抗日战场上战功赫赫、威震敌胆。毛泽东主席曾经亲口赞扬：“李红光是东北有名的义勇军领袖之一。”

1932年11月，时任中共满洲省委代军委书记的杨靖宇到南满的磐石、海龙等地巡视指导工作时，结识了年轻的李红光，从此，两人成为亲密战友走在共同抗日的道路上。

1933年初，以南满游击队为基础，成立了东北人民革命军第一军独立师，杨靖宇任师长兼政委，李红光任参谋长。李红光与杨靖宇携手并肩，在南满地区广泛开展抗日游击战，扩大游击区域，同日伪军进行了许多次战斗。他们在通化、三岔河、孤山子、临江等地，给日伪军以重创，缴获了大批武器及重要物资；智取新宾县东昌台子伪军据点，火烧窟窿榆树警察署，攻占响水河子；在清原县黑石头设伏痛击日伪联防队，有力地打击了侵略者，壮大了抗日的声威。在杨靖宇的引领下，经过战火的锤炼，李红光成为一名智勇双全的指挥员。他足智多谋、运筹帷幄，后来的许多次战斗，杨靖宇都让李红光部署指挥。战士们都说：“李参谋长是杨司令的诸葛亮，大家的主心骨，只要有他在，我们就有了底。”李红光学过《孙子兵法》等军事书籍，创造了一套机动灵活的战略战术，因此每战必胜，李红光在南满抗日队伍中享有很高威望。当时民间流传这样的民谣：“日本鬼要挨枪，出门碰着李红光；日本鬼运不吉，出门遇上杨靖宇。”

1935年5月，在一次战斗中，李红光不幸中弹牺牲。为了缅怀亲密的战友，杨靖宇在谱写《东北抗联第一路军军歌》时，还特意把李红光的名字写在歌词里面。解放战争时期，在李红光战斗过的南满地区，还以他的名字组建成了“李红光支队”。这支队伍在解放战争中屡立奇功。

以延边的朝鲜族为主力的东北抗日联军第一路军第二军第六师的将士们

队、密山游击队、汤原游击队、饶河游击队都是由革命的朝鲜族同志所创建的。后来它们发展成为抗日联军第一、二、三、四、六、七军。第五军里也有不少优秀的朝鲜族同志。”

红旗河战斗

1940年3月11日，第二方面军在金日成同志的率领下，袭击了大马鹿沟河下游的大马鹿沟森林警察队后，转移到火砬子树林宿营。当日军听到大马鹿沟森林警察队被抗日联军袭击的消息后，立即派遣“讨伐队”进行追击，3月中旬进入吉林省和龙、安图县南部毗连地区，企图寻歼东北抗日联军第一路军第二方面军。第二方面军凭借山林与日伪军周旋，捕捉战机。24日，日伪军约150人进至和龙县红旗河以西大马鹿沟以北花砬子地区。第二方面军指挥金日成乘日伪军突出孤立之机，率第七、第八团共250余人，于25日晨在大马鹿沟中段北侧山谷设伏。16时许，日伪军进入伏击地域。伏击部队集中火力突然猛烈射击，将其压制在谷底，接着发起冲击，展开白刃格斗。经1小时激战，歼灭日伪军近140人，缴获轻机枪5挺、手枪18支、步枪百余支、电台1部、子弹万余发。红旗河战斗的胜利，揭穿了日伪“间岛治安已趋安定”的欺骗宣传，极大地鼓舞了在东北各地浴血奋战的东北抗联及各族人民的抗日斗志。

红旗河战斗（朝鲜画：黄荣俊作）

1941年12月，日本发动了太平洋战争。为了使中国成为其在太平洋战争中的后方基地，日本帝国主义在对关内抗日根据地进行频繁大扫荡的同时，不断强化其在东北的血腥统治。日本帝国主义调动大量日伪军警对东北深山密林反复进行“篦梳搜剿”，摧毁抗联密营，实行经济封锁，同时实行残暴的法西斯统治，在抗联活动的地方，成千上万的群众遭到逮捕、拷打和杀害。但是，抗联仍然冲破险阻，坚持抗战，不断打击敌人。

从1940年冬开始，除抗联三路军的一些小部队在黑龙江、嫩江平原开展游击活动外，各路军的小部队陆续向苏联境内转移。1941年1月，东北抗日联军在苏联成立了野营旅（后改为教导旅），周保中任旅长。多数朝鲜族战士集中在第一步兵营。

东北抗日联军在深山密林中建造的密营

在东北党委领导下，教导旅进行整训，并派小部队回东北开展游击活动。抗联小部队的朝鲜族战士与各族战士一道经常活动在东满各县和南满的桦甸，他们深入群众，恢复或创建群众组织，发动群众搜集军事情报，袭击敌人的警备点和军用列车，烧毁军用仓库，处决敌特走狗，在异常艰苦险恶的环境中出色地完成了各项任务。

四、英烈千秋

在浴血奋战的14年中，朝鲜族人民无论在战火纷飞、硝烟弥漫的战场上，还是在敌人的血腥刑场上和暗黑的监狱里；无论在寒风凛冽的林海雪原里，还是在吃草根、啃树皮的密营里，都能克服万难，艰苦奋战，表现出革命战士的英雄气概。据有关部门统计，延边地区抗日时期烈士共有3301人，其中朝鲜族烈士为3204人。而广大朝鲜族群众为抗战胜利付出的代价更是巨大。在那段惊心动魄的艰难岁月里，他们不仅节衣缩食，把有限的衣物、粮食等物资输送给抗日部队，而且在抗日联军处境最为艰难、日伪白色恐怖最

山山金达莱

村村烈士碑

为严酷时期，仍然送儿送女上前线，舍生忘死地掩护地下工作人员。在东北朝鲜族民众聚居的村屯中，几乎家家有血仇、村村有英烈。如今，延边的各城镇和乡村到处矗立着缅怀烈士的革命烈士纪念碑，正如著名诗人贺敬之所言："山山金达莱，村村纪念碑。"

2014年和2015年国家民政部公布的第一批和第二批在抗日战争中顽强奋战、为国捐躯的900名著名抗日英烈中，有20名朝鲜族烈士的英名，其中吉林籍的烈士有13名，具体名单有：

李红光（1910—1935），东北人民革命军第一军参谋长兼第一师师长；

李学福（1901—1938），东北抗日联军第七军军长；

朴翰宗（1911—1935），东北人民革命军第一军参谋长；

李松波（1904—1935），东北人民革命军第一军二师参谋长；

李光林（1910—1935），东北反日联合军第五军二师政治部主任；

韩　浩（1905—1935），东北人民革命军第一军一师师长；

李敏焕（1913—1936），东北抗日联军第一军一师参谋长；

安顺花（1908—1937），东北抗日联军第二军缝纫队队长；

李东光（1904—1937），中共南满省委组织部部长；

李福林（1907—1937），中共北满临时省委常委、组织部部长；

柳万熙（1917—1940），东北抗日联军第一军三师政治部主任；

韩仁和（1913—1941），东北抗日联军第一路军总司令部参谋兼警卫旅政治委员；

朴吉松（1917—1943），东北抗日联军第三路军十二支队支队长。

五、积极参军参战，支援解放战争

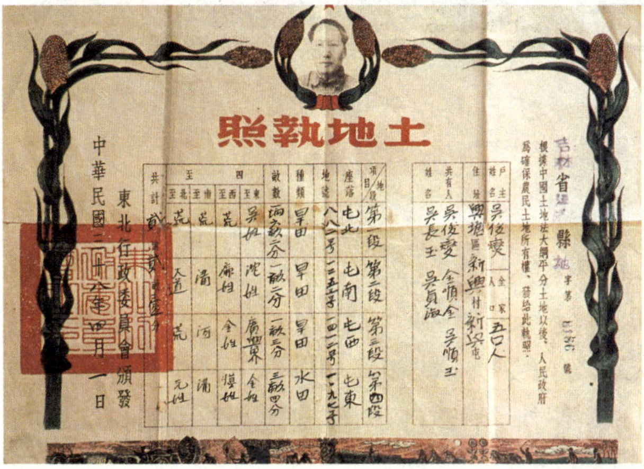

东北行政委员会给朝鲜族农民发放的土地执照

抗战胜利后，朝鲜族人民在党的领导下，同其他兄弟民族一道，建立人民民主政权，组建人民武装，开展剿匪斗争，进行土地改革，动员人民参军参战，建立了巩固的东北根据地。1946年开始，已解放的延边地区掀起轰轰烈烈的反奸清算斗争和土地改革运动，将没收的日伪“公有地”和地主土地分配给无地少地的朝鲜族和各族农民。经过土地改革，废除了封建的土地所有制，彻底消灭了农村地主阶级的剥削，朝鲜族人民当家做主，真正成为土地的主人。

1946年，国民党反动派在美帝国主义支持下，妄图夺取胜利果实，重新奴役人民，发动了反人民的内战。朝鲜族人民在党的领导下，又掀起了参军参战的热潮，出现了抗联老战士送儿参军、妻子送郎上战场、兄弟争先参军、青年夫妇双双报名等许多动人事迹。仅在延边，参军人数就达5.1万人，其中朝鲜族占85%。长白县朝鲜族人民和各族人民一道，在县委、县政府的领导下，积极参军参战。据不完全统计，在解放战争中，长白县各族青壮年有4492人参军，占全县总人口的13%。半截沟村朝鲜族金仁瑄连送5个儿子参军：长子在辽沈战役中负伤，1954年转业回乡不到一年就病故；三子、四子在辽沈战役中光荣牺牲；次子、五子在抗美援朝时光荣牺牲。1954年2月3日，他获得县人民政府"功勋之家"称号。海龙县朝鲜族农民2524户中有760多名朝鲜族青年参军。永吉县双河镇的168户朝鲜族农民中有170名参军。

延吉市兴安乡妇女李玉今于1946年6月积极支持丈夫参军，第二年6月丈夫在四平攻坚战中英勇牺牲。她化悲痛为力量又动员两个小叔子去参军，后来一个小叔子在战斗中牺牲，她又说服公公将最后一个小叔子也送上了前线。李玉今不仅是烈属模范，还是生产劳动能手，被评为县、地、省特等劳动模范，曾先后出席过全国第一次妇女代表大会和亚洲妇女代表大会，受到过毛泽东主席的接见。当工作人员介绍到她的丈夫和三位小叔子都到前线，并说她的丈夫在前线牺牲的情况时，毛泽东主席说："继承爱人遗志，将革命进行到底。"并抚摸她裂开的双手说："你是朝鲜族的英雄。"

朝鲜族指战员同兄弟民族指战员一道，在解放长春战役、新站—拉法战役、"三下江南，四保临江"战役、辽沈战役等解放东北的战斗，解放华北的平津战役以及横渡长江，解放中南、大西南和海南岛的诸多战场上，英勇善战，屡建战功，涌现出"钢铁八连"、"金成范连"、"金铜元班"等许多闻名全军的朝鲜族战斗模范集体，以及"独胆英雄"金天德、特等功臣韩国和、特大功荣立者朴龙云等战斗英雄。在后方，朝鲜族人民参加公安队、基干队、武装民兵等地方武装组织的有10万人，动员参战支前的共有12多万人次，大车、牛车9000多辆次，担架3000多副，有3427名战勤人员立功受奖。

解放战争期间，在前线牺牲的朝鲜族指战员共计3550名，其中吉林省有

朝鲜族青年踊跃参军

2262名。正如1950年12月6日《人民日报》刊文所说的那样，“在三年的解放战争中，五万以上的朝鲜人民志愿地参加了中国人民解放军，在从东北一路解放到海南岛的中国人民解放军第四野战军中，多少万新的老的朝鲜同志英勇负责地站在各种岗位上。他们从司令员到战士，从炮手到坦克手，从开卡车到挖地雷，从医生到护士，从多少重要的艰苦的岗位上，从多少壮烈的决定性的战役里，涌现了无数的英雄模范。尤其值得我们深记不忘的是，数不清的朝鲜兄弟，为打倒我们共同的敌人流尽

所向无敌的英雄连队——“金成范模范连”

在解放战争年代，在中国人民解放军里有一支由吉林省延边朝鲜族战士组成的英雄模范连。这个连队在长白山脚下的汪清县天桥岭组建后，参加过剿匪战斗，“三下江南”战役，解放吉林和长春战斗，也参加过团风战斗。渡江后，追击逃敌至九江，解放了江西省南昌。这个连在30多次主要战斗中，荣立两次集体大功，涌现出14名战斗英雄和100多名功臣，获得“猛打猛冲”的奖旗一面，是全师最早的战斗模范连队。这个连队就是中国人民解放军第四十三军第一五六师四六六团二营七连。烈士、人民英雄金成范是这个连的第一任连长，故而师部将这个连命名为金成范连。

在频繁的艰辛的战斗生活和漫长的征途中，“金成范连”的许多英雄用自己的鲜血和生命，谱写了一篇又一篇的史诗，创造了一个又一个英雄战绩。1947年3月7日晚上，这个连接到了奔袭吉林郊区四间房的任务。金成范连长带领战士奋勇当先，鼓励大家发扬血誓精神，机智勇敢地爆破了蒋匪军的几个明碉暗堡。战斗激烈时，

小炮手李东元打光了炮弹，他就拿刺刀冲上去，从敌人手中夺过枪，扫向火力密集的敌人碉堡，毙敌5人，自己也壮烈牺牲。爆破班长郑春松为了给部队开辟进攻道路，不顾自己身受重伤，坚持战斗，胜利完成爆破敌碉堡的任务，为党的事业献出了一切。金成范怀着为牺牲的战友报仇的愤怒，端着轻机枪带领一个班，冲入敌人阵地，杀伤敌人数名，抬出了副营长洪忠岩和六连指导员赵忠烈的尸体并保住了党的机要文件。

四间房战斗是这个连第一次用劣势装备打美式装备的一场恶战，杀伤敌人30多名，俘虏匪军80余名，该连受到团部的嘉奖，获得“勇猛迅速果敢的战斗连”称号，涌现了金成范、朱光文、具兹俊等战斗英雄。1947年11月16日金成范因意外事故牺牲，新任连长朱光文率领连队投入解放长春的战斗。1947年12月31日晚上，连部接到进攻长春东站的任务。这时，兄弟连队已经打了一夜，敌人的大部分碉堡被我军占领，只剩下一个设在桥头的三层碉堡阻挡了我部队的退路，在这关键时刻，该连接受了十分钟拿下这个碉堡的任务。连长朱光文组织两个爆破组冲上去，一颗颗手榴弹投向敌堡里，一时浓烟滚滚，敌机枪成了哑巴。这个连的战士们如猛虎般冲上去，匪徒们被这一突然的爆炸吓呆了，失魂落魄，忘了开枪，光顾着隐藏。这个连仅用八分钟的时间就把敌人的一个三层碉堡夺了下来，消灭敌人30多名，俘虏70多名。团部给这个连记集体一大功，此连成为全团的战斗连。

在之后的奇袭五马屯战斗、孤店子战斗、平津战役、江西剿匪等战斗中，“金成范连”始终保持勇往直前的战斗风格，成为所向披靡的英雄连队，100多名指战员先后为中国人民解放事业光荣牺牲。1949年10月1日在南昌迎接中华人民共和国成立后，“金成范连”所属师部随即召开了总结四年解放战争的庆功大会，会上表彰了一级人民英雄郑亨连，二级人民英雄俞龙哲和张昌禄，三级人民英雄申承哲、卢哲山、郑泰成，四级人民英雄申道峰、高海龙，并命名金成范连为“金成范模范连”。此外，金成范、朱光文、李东元和呈龙镇被追授人民英雄光荣称号。

了他们最后的一滴血。在后方，上百万朝鲜人民热烈地生产支前，保证了中国革命的胜利。”

总之，在解放战争中，广大朝鲜族指战员发扬大无畏的革命精神，从长白山下打到海南岛，贯穿十几个省，行程数万公里，为中国的解放事业做出了卓越的贡献。为了中国的解放战争，数千名吉林朝鲜族指战员在战场上献出了宝贵的生命，据延边朝鲜族自治州民政局提供的资料显示，在解放战争中，延边籍烈士共有4313名，其中朝鲜族烈士有3713名。在长白朝鲜族自治县，据不完全统计，在解放战争中参军参战的长白各族青年里，有122人立大功104次，小功66次；有44人荣获县“人民功臣”匾；有62人为祖国的独立和民族的解放事业献出了宝贵的生命，其中朝鲜族37人。他们的英雄业绩和崇高的爱国主义精神将永远铭刻在人民心中。

第四章

崇尚教育的民族

一、近代民族教育的星火

甲午战争和日俄战争后，羽翼渐丰的日帝加紧了对朝鲜的侵略步伐。1905年日本帝国主义强行与朝鲜缔结了《乙巳条约》，把朝鲜沦为日本的保护国，朝鲜国运犹如风前灯火，飘摇不定。为了挽救民族危亡，有识之士纷纷迁入中国境内的朝鲜人移民聚居区，尤其是以延边为中心的吉林省各地，兴办学校，著书立说，积极开展文化启蒙运动，培养反日人才。

中国朝鲜族建立的第一所近代私立学校是1906年由李相卨、朴桢瑞等人在龙井创建的“瑞甸书塾”。

李相卨，早年出仕朝廷，官至议政府参赞。1905年《乙巳条约》签订后辞官投入独立运动，积极寻求救国救民之路。1906年，为了在东北建立反日独立运动基地，培养反日独立运动人才，他与几名同志会合，秘密来到龙井村，创办“瑞甸书塾”，招收22名朝鲜族青少年分甲（初等班）、乙（高等班）两班开学上课。这所学校完全摒弃了封建书堂教育的模式和儒家经典等封建内容，讲授的是全新的近代科学知识，诸如数学、地理、历史、法学、政治学、汉文等课程，同时进行彻底的反日教育。创办第二年，学校由于办学资金短缺，加上日本统监府“间岛”派出所的百般阻挠，只好关闭。

瑞甸书塾创办人李相卨

瑞甸书塾

“瑞甸书塾”虽然历时不长，但作为中国朝鲜族第一所近代私立学校，它在朝鲜族历史上占有非常重要的地位。“瑞甸书塾”既是中国朝鲜族近代新学运动的开始，也是朝鲜族反日民族主义教育运动的开始。在“瑞甸书塾”的影响下，许多爱国志士和广大群众在东北各地掀起了一场兴办新学的热潮，各类私立学校如雨后春笋般建立起来。

昌东学校师恩纪念碑

碑文

昌东学院创立西纪一九〇七年即我族移住“间岛”略四十经年初卧龙有志诸氏创办小学是本院之滥觞乎越三载诸师协力新设中学倾注心血教养吾辈不辞劳苦伟哉师恩美哉昌东凡由斯院出身二百余名不谖其功劳勒石以诵焉

昌东学校院友会员一同谨立

西经一九三五年九月十二日

师恩纪念碑碑文

1907年，南性祐、吴祥根、李炳徽等人在局子街西郊卧龙洞建立“昌东书塾”。1908年4月，原“瑞甸书塾”教师朴桢瑞等人来到和龙县明东村大砬子，以当地有识之士金跃渊的“圭岩斋”等书塾为基础，建立了“明东书塾”。同年10月，姜百奎、俞汉丰等人在和龙县子洞屯厚底洞创建“正东书塾”。1910年，尹学先等人在德新社长洞村创办“彰东书塾”。1911年，李同

民族教育的摇篮——明东学校

春、金立、李东辉等人在局子街东郊小营子建立了“吉东书塾”。这些学校虽名为书塾，但在建校规模、经营方式、课程设置、办学宗旨等方面与旧书塾迥异，进行的是近代教育和彻底的反日教育。随着新学运动的深入，这些书塾先后改名为学校，其中一些学校还附设中学部和女学部。至1916年末，延边地区朝鲜族私立学校共有157所，占东北朝鲜族学校总数的68.9%；学生有3879名，占东北朝鲜族学生总数的61.5%。

与此同时，鸭绿江北岸地区也相继出现了许多私立学校或改良式书堂。1910年11月，新民会的李会荣、李始荣、李相龙等渡过鸭绿江，来到柳河县三源浦镇北部的邹家街小孤山定居，并于第二年春创办了“耕学社”及新兴讲习所。1911年秋，由于当地流行水土病，再加上遭受严重自然灾害，粮食歉收，耕学社及新兴讲习所一度被解散。次年秋，李会荣等在通化县哈尼河又组建了“扶民团”，同时恢复了新兴讲习所，后更名为新兴中学。新兴中学设置了四年制本科班和6个月、3个月速成班，课程除中学课程外还增设了军事课程。1920年4月，学校为了加强军事教育，从朝鲜国内聘请了毕业于汉城陆军士官学校的李青天和日本陆军士官学校毕业的吴东鲜等人担任教官，并将校名更改为新兴武官学校。新兴武官学校成为南满地区培养反日军事人才的基地。著名朝鲜族军事家杨林（共产党员，黄埔军校中校技术主任教官，参加过两万五千里长征，后任红军第一军团参谋长）、金山（曾任李红光警卫连长，后任团长等职）等都是从这个学校毕业后投身抗日前线的。

1912年10月10日，来自朝鲜的反日救国志士方基典长老与当地有识之士携手，在柳河县三源浦邹家沟创立了恩阳学校（柳河县朝鲜族学校的前身）。恩阳学校与新兴讲习所及后来的新兴武官学校保持着密切的联系，除开设日常课程之外，还开设军事课程，进行彻底的反日民族教育。另外，每逢国耻日（8月29日朝鲜沦为日本殖民地之日），全校师生一律吃“寒食”，举行声讨大会和运动大会，以激发学生的民族使命感。1919年，朝鲜国内爆发“三一”运动，恩阳学校与新兴武官学校成为柳河地区反日“万岁运动”的中心。3月12日，以方基典校长为首，恩阳、三光等朝鲜族学校师生和当地朝鲜族人士聚集在三源浦教堂，召开朝鲜“三一”运动声援大会。反日示威运动呈星火燎原之势，南满各地兴起反日运动。1920年9月25日，把恩阳学校视为眼中钉的日本侵略者以“排日教育罪”突袭恩阳学校，强行关闭学校，烧毁校舍，并用军刀杀害了方基典校长、金东万校长（三光学校校长）和安东植长老的两个儿子，活埋安东植长老和金世卓，残酷镇压了柳河地区的反日运动。

除上述学校以外，长白县境内还有元仁、昌新、普通、新兴等18所学校。

由于朝鲜族所处的特殊历史背景和生活环境，社会各界人士及民众对新学教育的高度热忱，20世纪10年代东北各地的朝鲜族学校较成功地完成了从传统教育向近代教育的转型，先后走上新学的轨道。不仅如此，学校教育与反日运动密切联系在一起，教育成为朝鲜族反日运动的重要组成部分。因学校创办人多为反日的民族主义者、宗教人士、儒林人士及广大群众，所以，无论是办学宗旨、经营主体还是课程设置及教学内容，都与“反日—民族”这一主题紧密相连。从办学宗旨上看，私立学校大部分是以“教育学生为国家和社会尽责，具有端正的品行和道德涵养，磨炼坚强的意志，提高强烈的进取心和爱国精神”为宗旨，即当时的私立学校注意培养既具有基础性的文化科学知识，又具有为国家和社会尽责的强烈的“爱国心”的人才。对当时广大的朝鲜族民众而言，要爱国首先要反日。所以，各地的朝鲜族私立学校，无论在教师队伍的配置上还是在教学内容的安排上，都以反日作为其出发点和归宿。从课程设置上看，各学校都非常重视朝鲜语文、朝鲜历史和朝鲜地理等民族文化科目及唱歌、体育等陶冶情操、健身励志的科目，旨在让学生们了解自己民族的灿烂历史和文化，了解日本帝国主义对朝鲜民族的蹂躏与奴役，以唤起学生的反日民族意识和民族使命感，并培养爱祖国爱民族的高尚情操和健康体魄。教材则普遍采用在朝鲜国内被禁用的教材或自编教材。

反日军事教育又是朝鲜族私立学校教育的一大亮点。出于反日运动的需要，各学校不仅重视“智育”，而且也重视“体育”，而体育往往与军事教育结合在一起。为了加强体育教育，各学校先后从朝鲜聘请对日本怀有不共戴天之仇的旧韩末军官或义兵出身的人士来担任体育教师，使体育课成为以兵式体操和军事训练为主的学科。

进入20世纪20年代，朝鲜族民族教育得到进一步发展，中等教育的发展尤为突出。应广大朝鲜族人民对中等教育的强烈要求，各宗教团体、社会组织或个人积极着手设立中学。1920年2月4日，基督教长老派教会的传教士福特等人为进一步扩展其教势，在龙井创办恩真中学；1920年6月，加拿大长老派教会将原先设在龙井的明信女校升格为明信女子中学；1921年5月，龙井耶稣教长老会把原来的永新学校升格为永新中学，并附设四年制的永新女子中学；1921年8月，“大成儒教孔教会”的掌门人石华俊和清林教的会主林昌世等人，在延吉道尹陶彬的应允和支持下，创办大成中学；1921年10月，曾在延边地区从事反日运动的天道教徒崔翊龙在各地天道教会的大力捐助下，在龙井创办了“东兴中学”。

20年代初，随着马列主义的广泛传播，早期共产主义者以教员身份打入东兴、大成等中学宣传马列主义思想，东兴、大成等中学成为反帝反封建的中心。1922年，大成中学的进步学生同东兴中学学生一起，在早期共产主义者李麟求与李周和的主导下，组成了马列主义研究团体“光明会”，学习和传播马列主义理论的同时，主导大成、东兴学校的宗教与学校分离运动，使学校摆脱宗教的束缚。1923年，来自俄国沿海州的早期共产主义者朴允瑞、朱青松等人在东兴中学成立了“社会科学研究会”“亲睦会”等组织，利用课余时间，向学生传授马列主义。1925年，东兴中学教师金成浩组织了“读书

大成中学（现龙井中学的前身）

会”；1926年1月李周和、吕南洙等人在龙井成立了以李麟求为会长的“东满青年联盟”；同年2月，东兴中学成立了以李信爱为会长的“‘间岛’女子青年会”。

20世纪20年代在延边地区流传的马列主义书籍

1927年4月初，在早期共产主义者的指导下，大成中学又先后出现了以李麟求为首的“大成中学青年总联盟”和以李敏焕为首的“大成中学少年总会”。同年7月，朝鲜共产党东满区域局所属学校联合支部在大成中学成立，校长朴载厦任责任书记。至此，学校和共产主义团体紧密连系在一起，学校成为共产主义活动的主要“温床”。在各地共产主义传播及反帝反封建的斗争中，大成、东兴两校涌现出许多杰出的抗日英雄人物。如，中共珲春县委第三任书记吴斌，中共和龙县委第二任书记许虎林，和龙县委第五任书记金日换，中共南满特委书记李东光，中共密山县委书记、东北抗联第四军政委金万兴，东北抗日同盟军、第四军党委书记兼组织部长朴风南，1930年“5·30”暴动主要领导人姜学悌等均为东兴中学毕业生；东北人民革命军第一师参谋长李敏焕、中共珲春县委第四任书记徐光、中共和龙县委第一任书记蔡洙桓、抗联第七军三师政治部主任李一平、中共和龙县委第一任军事部长方相范、共青团和龙县委第一任书记全赫等为大成中学毕业生。

二、日帝对朝鲜族教育的摧残

1907年8月19日，日本侵略者非法越江潜入龙井，以“间岛所属问题尚未解决”、“保护韩民”为名，悍然在龙井挂出“统监府间岛派出所”的牌子。日本以“间岛”派出所为据点，一方面加紧其侵略东北的步伐，另一方面在所谓“陶冶人心”的美名下推行对东北朝鲜族青少年的殖民主义教育。

日本殖民主义者对朝鲜族教育渗透的第一步便是设立殖民主义教育机关。1908年7月，统监府“间岛”派出所迫使中国朝鲜族第一所近代私立学校——“瑞甸书塾”停办，之后，在瑞甸书塾校址上设立了东北第一所专收朝鲜族学生的“间岛普通学校”，推行殖民主义教育。

日本扩大其殖民教育机关的另一渠道便是给杂居区内已有的朝鲜族私立学校或书堂予以经费补助，从而间接控制朝鲜族教育机关。由于《间岛协约》明文规定杂居地区的朝鲜族受中国官方的管制，故日本不敢在商埠地之外的杂居区公开设立普通学校，进行赤裸裸的同化教育。为了避开中国地方政府的耳目，日本不得不在表面上做些换汤不换药的掩饰，以秘密补助经费、暗派“间岛”普通学校毕业生等遮遮掩掩的策略和手段，收买和笼络散落在东北各地的朝鲜族私塾，以扩大和加强其教育渗透。于是，日本补助学堂零星地出现在东北各地。

日本侵略者对朝鲜族教育软硬兼施，一方面以设立普通学校和补助学堂、增加补助经费的形式怀柔和控制朝鲜族私立学校；另一方面对那些坚持反日民族教育的“不逞鲜人巢穴”不惜动用武力，施以公开的暴力镇压和取缔，制造了一起又一起烧毁朝鲜族学校，逮捕、囚禁、屠杀私立学校师生的惨案。1920年庚申年大惨案中，30余所朝鲜族学校被日本侵略者烧毁。

“满洲国”成立之后，日本对朝鲜族的殖民教育由“九一八”之前遮遮掩掩的教育渗透，转变为露骨的教育扩张和教育侵略。日本一方面坚决取缔那些带有民族主义色彩的朝鲜族私立学校，使民族主义学校陷于停顿，一蹶不振；另一方面则通过增设初等教育机关、提供补助金等手段，整顿和扩充朝鲜族教育机关，全面统揽朝鲜族教育，加紧殖民主义教育的步伐。

1937年，在日本的操纵下，伪满洲国宣布实行“新学制”。按照“新学制”，朝鲜族四年制普通学校被改编为国民学校，五年制普通学校被改编为国民学校或国民学校和国民优级学校并设之学校，六年制普通学校及公学校被改编为国民学校及国民优级学校，公学校设立的速成科被改编为国民学舍，书堂则原则上被改编为国民学舍，原来的普通中学和三·三制中学被改为四年制的国民高等学校。

在“新学制”下，延边原有的大成、东兴、恩真、明新女高等私立中学分别改为“间岛省”私立龙井大成国民高等学校、“间岛省”私立龙井东兴国民高等学校、“间岛省”私立龙井恩真国民高等学校、“间岛省”私立龙井明信女子国民高等学校，而光明学园辖下的光明中学和光明女子中学则改为“间岛省”立光明国民高等学校、“间岛省”立光明女子国民高等学校。1941年以后，这些国民等学校又均改为带有职业教育性质的国民高等学校。如，1939年6月，东兴中学和大成中学合并为龙井国民高等学校（农科）；1941年7月13日，又被改编为“间岛省”立龙井第二国民高等学校（农科）；1941年，“间岛省”立光明国民高等学校改编为“间岛省”立龙井第一国民高等学校（商科）；1942年，恩真中学也被改编为“间岛省”立第三国民高等学校（工科）；1942年，明信女子中学和光明女子中学合并为龙井女子国民高等学校。

日本帝国主义不仅缩短学制，降低教育程度，实施愚民教育，而且强化同化教育，泯灭朝鲜族民族意识，目的是培养适合其殖民统治需要的忠良顺民。

学生向日本皇宫、伪满帝宫遥拜

1937年卢沟桥事变爆发后，日本及各殖民地开始进入战时状态，军部法西斯势力空前膨胀。随着日本战局的扩大及战时的长期化，为了解决兵源不足问题以及开发东北所需人力，日帝对朝鲜和东北的朝鲜族公开推行“皇民化”政策。为向朝鲜族灌输“忠君爱国”思想，使其成为“忠良的皇国臣民”，日帝强行在朝鲜族学校、机关团体及家庭设神棚，要求供奉日本天照大神的牌位，每逢节日和纪念活动时都要礼拜，并向日本天皇住所行宫遥拜。学校每日早会时要升日满国旗，唱日满国歌，朝日本宫城和伪满帝宫致敬礼，背诵“皇国臣民誓词”。

1941年底，日本发动太平洋战争，为了适应战时需要，日本明目张胆地打出“一切为了圣战”的旗号，开始实行“战时教育体制”。其突出特点是精神教育的强化、教育军事化和“勤劳奉仕”制度，教育成了服务侵略战争的赤裸裸的工具。

作为战时教育措施，伪满后期任意改变学校的课程设置、教学内容，把“修身”科改为“建国精神”科，大力加强精神教育和军事训练，随时准备向前线输送炮灰。1940年12月，伪满对“新学制”实施后的第一次学校规程休整中，明确规定各类学校均增教练科。教练科配有专职军事教官，在灌输日本法西斯的“武士道精神”和阶级服从思想的同时，开设教练、射击、指挥法、防毒、距离测量、军事讲演、军事检阅、行军、入营以及其他有关军事课程，强化军事训练。1943年3月“战时学生体育训练要纲”发布以后，中学以上的军事训练进一步强化，在日军现役将校及在乡军人的统辖下，学生的日常生活成为军队式生活，学校成为变相的兵营。

“勤劳奉仕”也是在战时教育体制下的重要措施，是当时特定历史背景下，融“建国精神”教育和“实务”教育为一体的殖民主义教育的一大特点，旨在“建国精神”教育“彻底化”和解决日益严重的劳动力不足问题。从1937年开始，包括朝鲜族学校的日伪各类学校的强制性劳动日益增多，尤其是1943年3月伪满民生部公布《学生勤劳奉公令》，规定大学生组成勤劳奉公队后，这种制度实际上拓展到了中小学和其他各类学校。另外，伪满民生部修订学校规程，将“终日训练”“勤劳奉仕”列为正式课程，并规定“勤劳奉仕”的日数：中等学校男生每年20天以内，女生15天以内；初等学校学生每年10天以内。随着日本侵略战争的扩大，“勤劳奉仕”的时间也随之延长，从3个月延至半年。“勤劳奉仕”活动是日本侵略者强化殖民教育的一种手段。这种“热汗奉公”的强制性沉重劳役，严重摧残了青少年学生的身心健康。

三、解放战争时期朝鲜族教育的恢复和发展

抗日战争胜利以后，朝鲜族人民在中国共产党的领导和党的民族政策的光辉照耀下，积极恢复和发展民族教育事业。各地政府在先后出台教育方针、强化学校管理体制的同时，委托地方农会、民主同盟、群众教育团体等社会组织，推进朝鲜族学校的恢复工作。经各级政府、社会组织及朝鲜族群众的积极努力，至1945年末，以延边为中心的吉林省各地朝鲜族学校基本上得到恢复。

朝鲜族中小学教育得到恢复之后，各地政府对中小学布局进行科学、合理的调整。1946年9月，龙井“中小学合并委员会”将龙井的恩真、明信、大成、东兴、槿花、永新等六所中学加以合并，成立了吉林省立龙井中学；9月17日，又将龙井的“三一”小学、东光小学、东明小学和青丘小学加以合并，成立了龙井完全小学。1946年延吉市组成了“中学合并委员会”，将高丽女子中学、延吉中学和光成中学合并成为吉林省立延吉第二中学。

党和人民政府号召朝鲜族人民以自筹资金或民办公助等多种形式办学。各地朝鲜族人民节衣缩食，捐献资金，掀起了轰轰烈烈的办学热潮。据1948年统计，延吉县171所朝鲜族小学中，民办小学有141所；延边27所朝鲜族中学中，民办中学达16所。

东北朝鲜族中小学教育在政府和群众性教育团体的领导和帮助以及各地朝鲜族人民的支持和支援下，取得了较大的发展。据统计，1949年3月，东北朝鲜族中学共计70所，学生16700名，教师550名；朝鲜族小学有1500所，学生180000多名，教师5500多名。

根据朝鲜族学校的恢复和发展以及国内形势的变化，自1948年末开始吉林省各地实施新型的正规化学校教育，其主要内容为：①增加文化课比重，规定中小学校的文化课比重为90%，政治课为10%；②延长学习期限，制定

新学制；③建立统一的正规化教育制度，初步建立正规的入学、毕业、班级、教学、考试、开学和奖励等制度；④统一对学校教育工作的领导制度；⑤为朝鲜族中学生的升学，发展高中教育等。

解放战争时期，朝鲜族高等教育也迈开了可喜的第一步。1948年底，随着东北全境的解放和朝鲜族中小学教育的迅速发展，培养朝鲜族地区经济文化建设所需的高级人才的要求提上日程。在这以前，为解放战争和土地革命的需要，虽曾建立过几所大学，但均非正规的高等教育。比如吉东大学，主要是培训军事和政治干部，学制不长，不属于高等教育；龙井医科大学和吉林省立民主学院也不属于正规的大学教育。

为了筹建正规的高等学校，1948年1月延边专员公署专员林春秋等起草了创立民族大学的方案，并提交到当年11月召开的吉林省民族工作座谈会上。12月经中共吉林省委和中共中央东北局的同意，中共延边地委组成了朝鲜民族大学筹备委员会。经几个月的筹备，1949年3月20日中国第一所民族大学——延边大学宣告成立，中共延边地委书记朱德海兼任校长。建校当时，设文学部、理工部、医学部和农业专科，在东北三省招收了451名学生，招聘了57名教师。至此，从初等教育到高等教育的民族教育体系得以初步确立。

民族师资队伍的成长及教材建设也是解放战争时期朝鲜族教育的重要组成部分。为了培养朝鲜族中小学师资，党和政府非常重视师范教育。早在1945年11月，“间岛”临时政府接管日伪时期的间岛师范学校，改称延吉师范学校。1948年3月，该校改编为高级师范学校，设高级师范班和初级师范班，为东北各地的朝鲜族中小学培养师资队伍。

用本民族语言授课和学习本民族语文是少数民族教育的突出特点。新中国成立后，吉林朝鲜族地区中小学教育得到迅速的恢复和发展，但因当时没有统一的教材，各地和各学校基本上都使用自编教材，这就影响了学校的正规化发展。为了统编民文教材，1946年9月延边地区先后成立“延边教育研究会”和“延吉朝鲜文教材编辑委员会”，并从1947年起开始着手进行教材改革与教材编写。

1947年3月，专门编写和翻译出版全国朝鲜族中小学教材的延边教育出版社成立，这是朝鲜文教材建设及民族教育发展史上的一个重要里程碑。出

延边教育出版社出版的教科书

版社成立当年，出版了中小学的《朝鲜语文》《政治常识》《历史（朝鲜历史）》等教科书。此后，出版社编辑出版的教科书范围逐年扩大，从编辑出版中小学教材扩大到编辑出版高中、中等师范、幼儿园的教材、课外读物、工具书及文化教育图书，基本上满足了东北三省朝鲜族中小学教材及朝鲜文课外读物的需要。

四、延边：中国少数民族教育的样板

延边素有“教育之乡”的美誉。“宁可啃树皮，也要让子女上学。”这是在朝鲜族群众中广为流传的一句话，也是朝鲜族教育热情的真实写照。新中国成立后不久，延边的朝鲜族教育创造了六个“全国第一”：第一个普及小学教育、第一个基本普及初中教育、第一个基本实现青壮年的扫盲、第一个开办民族大学——延边大学、第一个在全国民族地区建立盲聋哑学校、第一个建立农民大学——延边黎明农业大学。朝鲜族教育成为我国少数民族教育的一面旗帜。

1. 改革开放以来朝鲜族教育的发展

改革开放后，在党的民族政策指引下，自治州历届党委和政府坚持把教育发展放在优先位置，为适应社会经济和民族自身发展的需要进行了一系列的改革，取得了令人瞩目的成果。1994年4月，延边朝鲜族自治州正式颁布实施《延边朝鲜族自治州朝鲜族教育条例》。2002年出台了《中共延边州委、州人民政府关于朝鲜族教育改革与发展的若干意见》，进一步明确了朝鲜族教育在科教兴州、人才兴州中的战略地位。2004年，修订了《延边朝鲜族自治州朝鲜族教育条例》，朝鲜族教育政策体系更趋完备。1993年，延边朝鲜族自治州普及了九年义务教育，1997年通过了国家“普九”验收，“两基”工作荣获全国先进。2015年，珲春市率先在“普及九年义务教育和朝鲜

延吉市6·1幼儿园

族学前一年教育”的基础上，实行了免费学前三年教育和普通高中教育政策，即实施15年免费教育，在吉林省开了先河。

如今的延边，基本形成了包括幼儿教育、基础教育、职业技术教育、成人教育、高等教育、特殊教育在内的门类较齐全、规模较大、功能较全、水平较高、特点鲜明、层次基本完备的民族教育体系，从城市到乡村，处处充满崇文重教的浓厚氛围。有这样一个数字让朝鲜族群众引以为豪：在延边朝鲜族自治州，每万人中具有大学以上文化程度的有1034人，不仅远超全国其他民族地区，而且比全国平均水平多出141人。“再穷不能穷教育”是朝鲜族群众广为认同的道理。对朝鲜族人民来说，崇文重教不仅是一种优良传统，更是一种民族精神。

随着改革开放的进一步深入，面对着社会转型期出现的生源减少、农村教育萎缩、民族文化教育陷入困境等一系列社会问题，延边州积极探索朝鲜族教育发展新模式。延边州以“办好人民满意教育”为宗旨，认真贯彻落实朝鲜族教育优先发展战略，结合区域优势，构建了“质量加特色”的朝鲜族教育改革模式，不断推进小班化教育、双语教育、民族文化教育，朝鲜族教育事业呈现良好的发展态势。民族教育改革收到明显成效，高考上线率文科全省第一、理科全省第二。

目前，延边朝鲜族自治州现有朝鲜族中小学80所（其中民族联校24所），在校生27579人，朝鲜族学校教职工总数4974人。现有朝鲜族幼儿园93所（其中民族联合园49所），在园幼儿7970人，幼师958人。延边朝鲜族自治州连续8年荣获吉林省教育工作双线目标综合优秀奖。

2001—2015年吉林省高考中获文科状元的朝鲜族学生

年度	姓名	毕业学校
2001	金燕	延边一中
2007	柏雯瑛	长春市朝鲜族中学
2008	许美善	延边一中
2009	裴红瑜	延边一中
2010	申佳颖	延边一中
2011	方芳	延边一中
2014	韩艺花	延边一中
2015	杨笑妍	珲春市二中

2001—2015年吉林省高考中获文科状元的朝鲜族学生

长白朝鲜族自治县可供朝鲜族学生就读的学校有6所，其中朝鲜族独立完全中学、独立完全小学各1所，朝汉合一的中心校3所，县幼儿园1所。农村朝汉合一

长白朝鲜族自治县朝鲜族中学2015年运动大会

柳河县朝鲜族中学学生表演的扇舞

学校共有朝鲜族班级6个。全县朝鲜族在校学生766名，其中汉族学生150名，实际朝鲜族在校生为616名，其中小学199名，中学417名，朝鲜族教师193名。

散居地区的朝鲜族学校为克服师资匮乏、经费不足、生源匮乏等问题，在合理调整学校布局的同时，立足当地实际，力求教育改革，坚持民族性，走出了一条既有高水平的教育质量，又有鲜明民族特色的教育发展之路。截至2014年上半年，全省散居地区朝鲜族中小学共有34所。其中，吉林市14所，通化市8所，长春市6所，白山市3所，四平市3所；市以上7所（含省城3所），县（市、区）21所，乡镇6所。在校学生总数为8535名，教师总数为2106人（包括临时聘用人员）。在校学生总数中，幼儿园生1004名，占总数的12%；小学生3164名，占总数的39%；初中和高中生4024名，占总数的49%。

作为民族文化传承的基地和载体，学校无疑发挥着至关重要的作用。为了弘扬民族精神，传承民族文化，2007年延边朝鲜族自治州出台了《关于在全州朝鲜族中小学开展朝鲜族民族文化教育的指导意见》，正式把朝鲜族民族文化教育纳入地方课程，并编制了《民族文化教育》地方教材，在小学以民族传统礼仪教育为主，在中学则侧重民族历史教育。吉林省散居地区朝鲜族学校也立足学校特点，锐意进行教育教学改革，力求构建浓郁的民族文化氛

龙井中学民族文化教室

龙井中学是一所具有悠久历史和光荣传统的朝鲜族全日制完全中学，其前身为20世纪20年代成立的恩真中学、永新（光明）中学、东兴中学、大成中学、光明女子中学、明新女子中学。1946年，根据吉林省教育厅的指示精神，上述6所学校合并为一所学校，正式命名为“吉林省立龙井中学”。龙井中学是民族教育的摇篮，建校以来培养出许多人才。为了发扬学校的优良传统，龙井中学在原大成中学校址上建立了颇具规模的龙井中学历史展览馆，展示龙井的起源、朝鲜族教育发展史及朝鲜族人民抗日斗争史，成为进行爱国主义教育的基地。

2015年初，为了弘扬朝鲜族传统礼仪和美德，龙井中学在政府的扶持下，开建朝鲜族民族文化教室，这也是龙井市第一个民族文化教室。该教室完全仿效朝鲜族民居，学生在此可进一步了解和掌握朝鲜族风俗礼仪知识，接受朝鲜族民俗礼仪教育。

为了进一步挖掘学校历史文化资源，尤其是弘扬龙井中学出身的李敏焕、蔡洙恒等20余名抗日烈士的精神，2015年12月龙井中学决定依靠社会各界力量捐资，建立朝鲜族抗日烈士纪念馆，2016年3月已交付使用。现已成为全国教育系统首家抗日历史纪念馆。

龙井中学

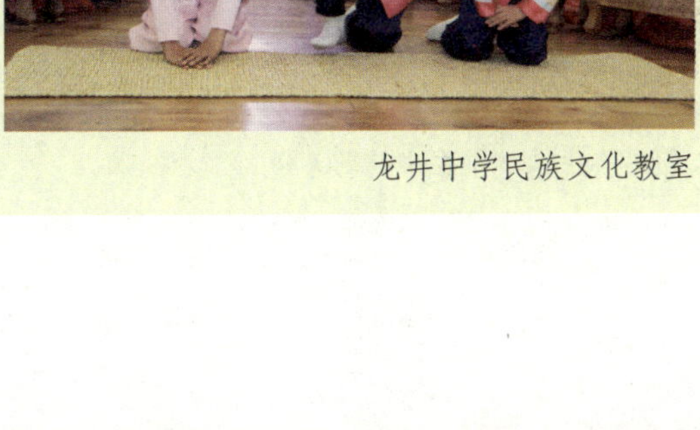

龙井中学民族文化教室

围，注重文明礼貌和中华传统文化，增强学生的民族自尊心和自豪感。民族文化教育已成为各地朝鲜族学校的传统和特色。

职业教育体系日益完善。2011年，经过对职业教育资源的整合，延边职工大学、延边黎明农民大学、吉林广播电视大学（延边分校）、延边财经学校、延边工业学校合并组建了延边职业技术学院。延边职业技术学院是由延边朝鲜族自治州人民政府举办，国家教育部核准备案，已正式纳入高等教育范围。学院现有机械加工、汽车维修、建筑、会计、旅游、语言、计算机技术等7个综合实训基地，设有机电、数控、电气电子等44个实验实训室。学院以立足延边、服务延边作为办学宗旨，以培养高素质技能型专门人才为人才培养目标，致力于把学院办成服务延边的支柱、优势和特色产业，具有延边民族和区域特色的综合性职业技术院校，打造成东北东部高端技能人才培养的重要基地。

职业高中也有了进一步发展。为了满足社会经济迅猛发展对人才的多规格、多层次、高质量的要求，各地职业学校从实际出发，完善教育管理，提高教育质量，取得了令人瞩目的成果。

长春市朝鲜族中学学生在表演跆拳道

长春市朝鲜族职业技术学校成立于1995年8月，是长春市教委直属的一所全日制职业技术学校，是吉林省重点中学——长春市朝鲜族中学附属职业高中。多年来，经过全校师生的共同奋斗，课程设置日臻完善，管理科学严格，学校已形成了立足基础、培养技能、务实求效的办学特色。学校培养适应三资企业的生产管理，中韩经贸活动及涉外服务工作的集翻译、财务、文秘于一身的全面发展的初级技能人才。学校开设有商务韩国语专业，教学注重实践性、实效性，加强职业技能训练。学校已成为长春地区培养职业技能型人才的重要基地，为社会培养了不同层次的双语人才。毕业生遍布全国各地，受到用人单位的好评。

2. 朝鲜族教育发展中的困境

改革开放30多年来，朝鲜族的民族教育有了举世瞩目的发展和成就，成为我国少数民族教育发展的样板。但是，社会转型的过程中，朝鲜族教育也遇到了一系列问题。

由于朝鲜族是跨界民族，在跨国劳务输出方面有独到优势，劳务经济便

和龙市东城中学

龙井市三合学校秋千架

成为各地朝鲜族社会发展的“支柱产业”，朝鲜族外出务工人员，特别是出国劳务人员数量之多、规模之大、领域之广、收入之高，在全省乃至全国都非常有名。大规模的人口流动直接冲击了民族教育。首先，朝鲜族学校生源锐减，乡村学校及部分县级学校由于生源紧缺纷纷关闭。据《中国朝鲜族学校志》，1997年和龙市东城镇的中心、太兴、光东、琵岩、兴城5个小学的学生数将近1100名，而到了2014年，东城镇仅剩一所朝鲜族学校——东城学校，来自8个村的一至六年级学生只有49名。延边边境乡镇的朝鲜族学校几近消失。在散居地区，不少县市曾拥有10多所甚至20多所朝鲜族中小学，但现在只剩市县政府所在地的朝鲜族中小学各1所，有的几个市县仅有1所朝鲜族中小学。

其次，由于朝鲜族学校生源剧减，许多朝鲜族学校不得不合并或停办，由此造成一方面朝鲜族教师总体数量过剩，另一方面不少学校部分科目教师紧缺，但却因编制问题，难以补充缺口，只能以非科班教师顶替的问题。连续多年或十多年无法招进一名朝鲜族新任教师的情况在各地朝鲜族学校屡见不鲜。朝鲜族学校师资队伍老化、专业结构不合理，而且缺口难以补充，已经成为朝鲜族教师队伍建设中的一个突出问题。

由于学生人数越来越少，按人头下拨给学校的经费也越来越少。各地朝鲜族学校的经费一般只有当地汉族学校的几分之一，尤其在实行免费义务教育后，伴随着朝汉学校因学生数量的差异而日益拉大的教育经费差距，使得不少朝鲜族学校在改善教学设施设备上受到经费上的限制。

留守祖孙家庭

更为棘手的是，由于父母双（单）方在国外，或在国内的异地劳务，抑或是父母离异，而导致大量单亲、留守家庭的出现。各地朝鲜族学校单亲学生和留守学生占学生总数的比例普遍超过50%，有的学校甚至高于80%。延边朝鲜族自治州与朝、韩、俄三国毗邻，城乡外出打工的人员很多，由此造成了近5万名儿童的留守，他们大多与爷爷奶奶或亲戚生活在一起，极少数的孩子被父母托付给朋友或老师代管。亲情与母爱的缺失、家庭教育的疏忽，不仅造成留守儿童在学业方面的问题，也引发了他们在心理和品德方面的问题，进而给朝鲜族学校的教育教学工作带来了诸多困难。

3. 校地互动手牵手，关爱留守儿童

近年来，延边朝鲜族自治州立足州情，高度重视留守儿童工作，充分发挥“联”字功能，积极调动各界力量，增强儿童工作合力，给留守儿童创造一个快乐健康成长的环境，留守儿童工作取得突破性进展。州委、州政府积极争取省妇联支持，动员社区扎实建好了9个省级留守儿童之家、1个国家级儿童友好家园；广泛争取女企业家、各种公益社团组织的支持，通过捐款、捐物、捐建图书角等方式，建立了5个州级援助留守儿童之家；县（市）、乡镇（街道）自建2万元以上标准配置的儿童之家72个。同时，顺应国家加大公益性文化场馆建设力度的形势，将推动儿童活动阵地建设纳入州及各县市社会发展和民生建设规划。目前，延边州利用腾退办公楼改建州级妇女儿童活动中心的方案已列入州委、州政府重要议事日程。另外，延边州在延边图书馆建立了全国第一家以“幸福、快乐、奉献、感恩”为主题的“幸福驿站”，以实体店的形式为人们提供“驿站式”生活服务，并开通生命热线、幸福热线、心理热线、亲子热线、青少年热线等8条24小时服务热线，有效地解决了大量留守家庭及留守儿童的心理困境。

延边朝鲜族自治州还积极借资助困，广泛挖掘国内外关爱贫困特殊儿童的民间资源，着力研究枢纽型妇联组织建设，在州民间管理局成立了社会组织妇委会，将爱心妈妈协会等15个女性法人社团组织吸纳为会员单位，增强妇联在民间组织中的影响力和凝聚力，挖掘一切可用资源，为广大妇女儿童办好事、办实事。在州妇联的积极协调下，中国石油化工勘探设计协会、州女企业家协会、爱心妈妈协会等企业和民间团体已连续6年捐助贫困学生和留守儿童、助养孤儿贫困生，使他们沐浴着爱的阳光茁壮成长。

延吉边检站志愿者为留守儿童讲故事

学校生活是留守儿童成长的关键环节。各级学校坚持“让每个儿童快乐成长”的教育理念，精心营造留守儿童快乐学习的教育环境，根据学校实际调整课程结构，通过配备心理咨询师、丰富课外活动、实行代理家长制等方式，把留守儿童教育与关爱贯穿于学校整个教学教育活动之中，让孩子们跨进校门便如沐春风。

散居地区的朝鲜族学校也不例外。通化、吉林、长春、白山等地区的朝鲜族学校鉴于生源减少的实际，在合并教育资源、集中办寄宿学校的同时，以小班制教学、代理家长制、结对子、建立课外活动室、丰富课余生活等形式，积极探索留守儿童教育模式和路径，为留守儿童创造和谐快乐的教育环境，致力于打造民族教育品牌，赢得了良好的社会声誉和办学效益。如，通化市朝鲜族学校鉴于朝鲜族学生来源急剧减少的实际，整合原有的朝鲜族幼儿园、朝鲜族小学、朝鲜族中学等资源，2012年成立了集幼儿园、小学、初中、高中于一体的寄宿制朝鲜族学校，同时有针对性地开展留守儿童教育，被评为吉林省寄宿制学校管理先进单位。集安市朝鲜族学校则利用地处边境

新建设的朝鲜族学校

的地理条件，积极与当地的边防部队携手，开展了“暑期安全流动课堂”“警营生活体验”等课外活动，成立了“暑期生活之家”，在边防警官的“陪读、陪玩”下让留守儿童度过安全、健康、快乐的假期生活，也让无暇照顾孩子的家长们吃了“放心丸”。

五、民族教育的璀璨明珠——延边大学

新中国成立后，中共延边地委非常重视朝鲜族人民对高等教育的需求，在1948年8月15日的《延边地委关于延边民族问题》一文中指出：“解决朝鲜青年进学问题。朝鲜民族人民教育发达是很好的现象。现时小、中学已兴办不鲜，但没有大学可进，是一问题。……客观的需要上，

在延边建立一综合大学是必要的。如当地医生缺乏，专门农业、电业、木工业的人才是很必需的。如何解决问题呢？解决办法有二：由政府办一朝鲜民族大学，分设专科，经费当地群众募捐一部分不成问题；如一时办不起来则在东北主要个别大学中设朝鲜民族班，招收一定数量朝鲜中学毕业生参加进去，这样就解决了问题。”1948年12月，中共延边地委副书记刘俊秀在《关于民族政策中的几个问题（草案）》中也强调“以现在的高师、医专、工业学校为基础，迅速创办延边民族大学。这样，一方面能替国家培养各种建设人才，另一方面又能解决一部分中学生升学问题，使之克服某些学生想到朝鲜升学的不安思想”。

1948年3月23日至24日，在延吉市第二中学召开了延边教育文化界人士座谈会。座谈会在分析朝鲜族中学毕业生升学困难的基础上，初步形成了在延边地区创办一所民族大学的意向。10月初，在中共延边地委副书记兼延边行政督察专员公署专员林春秋的主持下，中共延边地委召开了延边民族工作座谈会。经过讨论，最后一致同意向即将召开的吉林省民族工作座谈会提交在延边地区建立一所民族大学的提案。12月初，这一提案在吉林省民族工作座谈会上被讨论通过，确定学校以培养朝鲜族干部为目标，校名暂定为“东

延边大学建校时合影留念

北朝鲜人民大学”。大会将提案呈报中共吉林省委。

12月中旬，中共吉林省委同意了上述提案，并报请中共中央东北局批准。1949年2月，中共中央东北局批复，同意在延边地区创建一所培养朝鲜族干部的高等学校。随即，中共延边地委组成了朝鲜民族大学筹备委员会，经过一段时间的筹备过程之后于1949年2月18日向东北行政委员会呈报“以东北朝鲜人民大学为校名”的请示报告。3月中旬，东北行政委员会批复，指出综合大学的校名应冠以大学所在地名，因此校名以“延吉大学”为宜。在上级部门的批示下，延吉大学于当年3月开始招生，并把原有的延边医科专门学校并入延吉大学。1949年3月20日，延吉大学在延吉市斯大林剧场隆重举行了开学典礼，中国第一所民族大学——延吉大学宣告成立。中共延边地委书记朱德海兼任校长，林民镐任副校长，4月1日被定为校庆日。建校当时，设有文学部、理工部、医学部和农业专科，在东北三省招收了367名学生，招聘了57名教师。延吉大学成立后，原大学筹委会认为学校跨延吉、龙井两地，“延吉大学”校名不符当地实情，于是再次向东北行政委员会请示把校名改为“延边大学”。4月13日，东北行政委员会同意将校名定为“延边大学”。

延边大学成立之后，努力贯彻党的教育方针同时，致力于把延边大学办成为富有民族特色的综合大学。为此，首先，把招生对象限定为东北地区的朝鲜族学生；其次，为了继承和发展朝鲜族语言文字及朝鲜族优秀历史文化遗产，开设朝鲜语文学科，并在朝鲜语和历史专业开设与朝鲜语文、朝鲜历史有关的学科；再次，教学用语为朝鲜语；第四，鉴于当时朝鲜族学生汉语水平偏低的实情，在一至三年级开设中国语文（后改为现代汉语）为必修课；第五，重视民族师资队伍建设，学校干部和教师绝大多数为朝鲜族。至此，从初等教育到高等教育的正规朝鲜族民族教育体系正式确立。

1958年8月，为了适应国民经济和社会发展的需要，医学院、农学院、工学院从延边大学中分离出来，成为各自独立的延边大学、延边医学院、延边农学院、延边工学院。1959年3月，延边工学院又并入延边大学。

建校以来，学校始终受到党和国家的关怀。老一辈无产阶级革命家周恩来总理、朱德委员长、董必武代主席曾先后亲临学校视察。朱德委员长亲笔

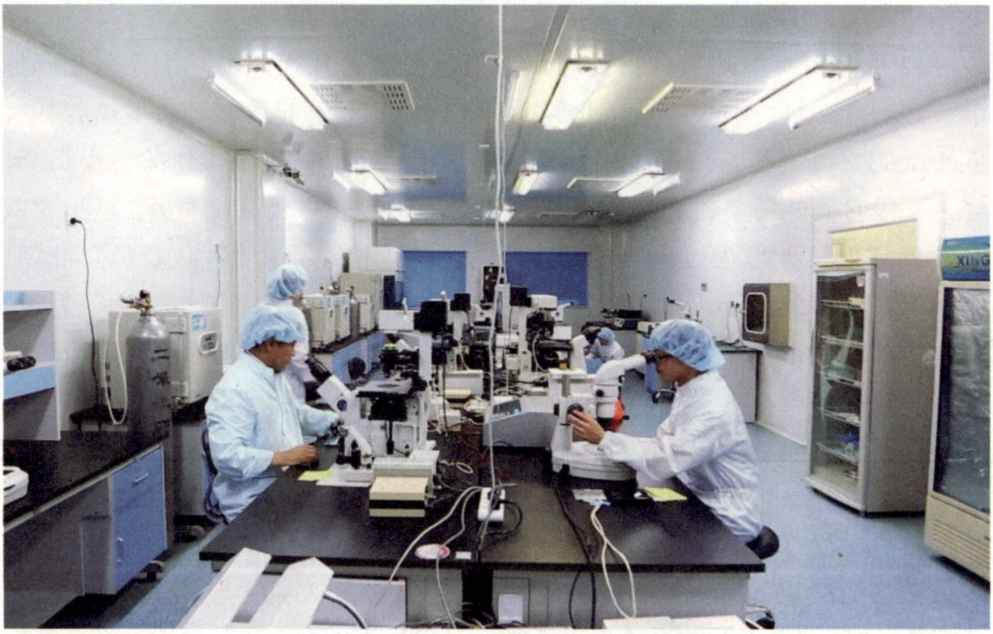
延边大学微生物实验室

题词："学习毛泽东思想，培养社会主义的接班人。"

改革开放以后，朝鲜族高等教育取得了举世瞩目的成就。1996年，经原国家教委批准，延边大学、延边医学院、延边农学院、延边师范高等专科学校、吉林艺术学院延边分院等延边五所高等院校正式合并为新的延边大学，同年10月，改革开放以来的第一个中外合作办学机构——延边科技大学并入延边大学。延边大学先后通过了"211工程"部门预审和立项审核，被确定为国家"211工程"重点建设大学。2001年，延边大学被教育部确定为西部开发重点建设院校。2005年，被确定为吉林省人民政府和教育部共同重点支持发展的综合性大学。现有朝鲜—韩国学学院、法学院、工学院、汉语言文化学院、经济管理学院、科学技术学院、理学院、人文社会科学学院、农学院、政治与公共管理学院、师范学院、体育学院、外国语学院、医学院、药学院、中医学院、护理学院、艺术学院、美术学院等19个二级学院，拥有民族学、外国语言文学、世界史、化学、基础医学、临床医学等6个一级博士学位授权学科、24个一级硕士学位授权学科和11个专业硕士学位授权点。2011年5月13日，学校发展史上规模最大的校区扩建工程宣布竣工，实现了

延边大学博物馆

集中办学的目标。

面向未来，延边大学将以传承民族文化、推动区域经济社会发展、造福人类为己任，秉承“求真、至善、融合”的校训精神，继续发扬“艰苦创业、开拓进取，传承文化、突出特色，民族团结、共教共学，广泛交流、多边合作”的优良办学传统，努力把学校建设成国外有一定影响、国内有重要地位、具有鲜明民族特色的高水平综合性大学。

延边大学校歌

壮丽的长白山，辉映着校园。
向阳的教学楼，高耸入云天。
各民族好儿女，欢聚一堂。
剪裁青春五彩梦，描绘明天。
啊，学习的殿堂，民族的摇篮。
延边大学放光辉，愿你光辉千万年。

毕业生在综合楼前合影

延边大学的骄傲——金宁一院士

金宁一，朝鲜族，动物病毒学专家，研究员，博士生导师，中国工程院院士。1977—1981年，在延边农学院牧医系兽医专业攻读本科。1981年，本科毕业后留在延边农学院牧医系工作。1982年，考入中国人民解放军军需兽医大学硕士研究生，师从殷震院士，硕士毕业后留在中国人民解放军军需兽医大学工作。1995年，获预防兽医学博士学位。先后主持科技部“863”和“973”课题、自然科学基金重大项目等国家省部级重点项目30余项，发表研究论文260余篇，申报发明专利20余项，培养硕博研究生70余人。1982年以来，金宁一在烈性病毒性病原分离、病毒分子流行病学、病毒基因组克隆、病毒分子流行病学、病毒结构基因的功能及其表达调控、病毒活载体系统平台构建、病毒基因工程重组疫苗、人兽共患病毒病防治、快速诊断和生物高技术相关产品开发等方面做出了重要贡献，成为分子病毒学、动物传染病学等学科带头人。2014年8月28日，中央军委主席习近平签署通令，为军事医学科学院研究员金宁一记二等功。现任中国人民解放军军事医学科学院军事兽医研究所病毒学研究室主任，全军基因工程重点实验室主任，国家科学技术部“863”计划主题专家，中国畜牧兽医学会动物传染病学分会理事长，中国畜牧兽医学会生物技术分会副理事长，中国微生物学会病毒学会副主任委员，吉林省生物化学与分子生物学会常务理事等职。2015年，在中国工程院院士增选中，金宁一当选为农学学部院士。

金宁一院士在母校做报告

第五章 红太阳照边疆

一、民族区域自治

民族区域自治是我国的基本政策，也是一项重要的政治制度。民族区域自治是在国家统一领导下，各少数民族聚居的地方实行区域自治，设立少数民族自治机关，行使自治权，是民族自治与区域自治相结合的制度。中华人民共和国成立以后，实行民族区域自治政策，在少数民族聚居地区建立民族自治地方，为少数民族当家做主、自主管理民族内部事务创造了条件。吉林省延边地区作为中国朝鲜族最大的聚居地区，于1952年9月3日成立了延边朝鲜族自治区。延边在全国少数民族聚居区中，成为第三个实行民族区域自治的地方。1958年9月15日，在吉林省长白县又成立了长白朝鲜族自治县。这是中国境内唯一的朝鲜族自治州和自治县。

1952年，对延边当时的72万各族人民群众来说，是改变自己命运的一年。中共延边地委和延边专署在中共吉林省委和省政府的领导下，为实现延边朝鲜族的区域自治做了大量的工作。首先，以中国延边地委的名义，制定了《吉林省延边朝鲜民族自治区各界人民代表会议组织条例（草案)》和《吉林省延边朝鲜民族自治区人民政府组织条例（草案)》。7月30日，吉林省人民政府给东北人民政府呈报上述三个文件。8月21日，在上级党委和政府的关怀下，延边各族各界代表会议筹备委员会宣告成立。8月26日，经东北人民政府批准，吉林省人民政府决定撤销延边专区，成立自治区。8月29日，延边各族各界第一届人民代表大会在延吉隆重召开。当时，会议代表共有300名，其中朝鲜族代表209人，占代表总数的近70%。在会议上，延边专署专员朱德海宣读了东北人民政府关于成立延边朝鲜民族

吉林省延边朝鲜族自治区首届各族各界人民代表会议会场

自治区的批复。全体代表一致通过了《吉林省延边朝鲜民族自治区各族各界人民代表会议组织条例》和《吉林省延边朝鲜民族自治区人民政府组织条例》。在会议上，中共延边地委书记朱德海同志做了《关于吉林省延边朝鲜民族自治区人民政府的市政建议》报告。会议选举朱德海（朝鲜族）同志为自治区人民政府主席，董玉昆（汉族）、崔采（朝鲜族）同志为副主席，田仁永（汉族）等32名同志为政府委员。

9月3日，延边朝鲜族自治区成立大会在延吉市隆重举行。大会一致通过了《向毛主席的致敬电》《向朱总司令暨中国人民解放军全体指战员的致敬电》。中共吉林省委书记李梦龄在大会上做报告，祝贺大会取得圆满成功。新当选的自治区人民政府副主席董玉昆宣布大会胜利闭幕，并宣告延边朝鲜民族自治区人民政府正式成立。下午3时，延吉市各族各界3万多名群众在人民广场集会，隆重举行延边朝鲜民族自治区人民政府成立庆祝大会。下午4时30分，庆祝大会开始。朱德海在会上发表讲话。他说："为期6天的延边各族各界人民代表会议已完成光荣任务，会议宣告吉林省延边朝鲜民族自治区人民政府成立。我们宣布将每年的这一天确定为延边朝鲜民族自治区人民政府成立纪念日！"

当天晚上，夜幕下的延吉市沸腾了。锣鼓喧天，歌声悠扬，大街小巷变成了庆祝群众欢乐的海洋。"庆祝延边朝鲜民族自治区人民政府成立"、"中华

1952年9月3日延边朝鲜族自治区成立

吉林省延边朝鲜民族自治区人民政府牌匾

人民共和国万岁”、“中国共产党万岁”、“毛主席万岁”等口号声响彻深夜空。

延边朝鲜民族自治区人民政府的成立，是延边朝鲜族人民在延边自治区内成为主人翁的标志，表明延边各族人民在自治区内享有民族平等权利。从此，每年的9月3日便成为延边各族人民的喜庆节日。1955年12月，根据我国第一部《宪法》关于自治地方行政区分为区、州、县三级的规定，经国务院批准，将延边朝鲜民族自治区改为延边朝鲜族自治州。

朝鲜族自治地区，是中华人民共和国不可分割的一部分，朝鲜族自治机关，是中央人民政府统一领导下的一级地方政权。吉林省延边朝鲜民族自治区原辖吉林省延吉、和龙、安图、珲春、汪清五县和延吉市，1958年10月将吉林省敦化县划归自治州。1965年4月，经延边朝鲜族自治州人民委员会批准，把图们镇和石岘镇各从延吉县（今龙井市）和汪清县划出成立图们市，延边朝鲜族自治州便辖有现今的8个县市。

自治机关民族化，是党的民族区域自治政策的重要内容之一，它包括干部民族化、使用民族语言文字、民族形式三个方面。干部民族化是自治机关民族化的核心和关键，是政治民主和社会公平价值的体现。1952年，延边朝鲜民族自治区各级干部有7814名，其中朝鲜族干部占78%；汉族和其他民族干部占22%。朝鲜族干部担任自治区人民政府主席、副主席等各种领导职务。在民族语文和民族形式方面，组织机关把朝鲜语和汉语同时作为行使职权的工具。

为了使朝鲜族人民用本民族语言和文字参与国家大事，管理本民族内部的地方事务，自治州设朝鲜语文工作委员会和翻译中心，各县、市设专职翻译干部，做到机关行文用朝、汉两种文字。党代会、人代会和各级重要会议都设翻译，朝鲜族用本民族语言参加讨论，发表意见。法院的诉讼也用本民族的语言和文字。州人民政府多次转发朝鲜语文规范化方案和有关材料，推动了朝鲜族语言、文字的正确使用和健康发展。各单位的公章、牌匾，以及各种商标，不仅朝、汉两种文字并用，而且把朝鲜文写在上行或右边，确立了朝鲜文在自治州内作为第一文字的地位。

延边朝鲜族自治州成立以后，东北境内另一朝鲜族聚居区长白县也在筹备建立朝鲜族自治县。经各级政府的积极努力和准备，1958年5月9日，国务院第七十七次会议通过了《关于撤销长白县建制，设立长白朝鲜族自治县的决定》。根据上级指示精神，长白朝鲜族自治县筹备委员会于1958年9月15日召开了第一届人民代表大会（即长白县第三届人民代表大会）。会上，县委书记董建德作了《关于撤销长白县建制，成立长白朝鲜族自治县的报告》，宣布自治县正式成立。会议通过了长白朝鲜族自治县人民代表大会和人民委员会组织条例，选举朝鲜族干部元相奎为自治县第一任县长，金奉来为自治县人民法院第一任院长，在选举产生的15名政府委员中，朝鲜族占53.3%。

长白朝鲜族自治县全景

长白朝鲜族自治县的成立，进一步增强了全县朝鲜族人民和其他民族人民的爱国主义热情和主人翁意识，更加鼓舞了各族人民建设社会主义的热情，全县出现工农业生产发展、人民物质生活水平提高、民族团结日益巩固和发展的崭新气象。

1985年4月1日，吉林省实行市管县体制，长白县归浑江市管辖。1992年，长白县辖6个镇、5个乡、77个行政村，56个自然村，基本形成了今天的长白县的行政辖区。1994年4月1日，浑江市更名为白山市，长白县划归白山市管辖。

二、我国第一部民族自治地方自治条例：《延边朝鲜族自治州自治条例》

自治条例是以民族区域自治法为主要依据，针对各民族区域自治地方的具体情况而制定的单行条例。各民族自治地方的自治条例，均具有相关的法律效用，是各民族自治地方遵循和具体实施民族区域自治法的操作性极强的法律性文件。民族区域自治制度实施以后，经过长期的实践和探索，我国民族自治地方立法取得了巨大的成就。

半个世纪以来，延边各族人民坚持依法治州，加强民族立法工作，为实行民族区域自治提供了强有力的法律保障。基于民族区域自治30多年的实践，1985年延边朝鲜族自治州以1982年宪法和1984年的民族区域自治法为依据，在全国30个自治州中率先制定了我国第一部民族自治地方自治条例——《延边朝鲜族自治州自治条例》。后来，又根据不同时期经济社会发展的需要，制定了《语文工作条例》《朝鲜族教育条例》《文化工作条例》《未成年人保护条例》《扶持和发展朝鲜族用品生产条例》《对外劳务合作管理条例》等47部单行条例，初步形成了以宪法为基础，以民族区域自治法为核心，由《延边朝鲜族自治州自治条例》及各种单行条例构成的较为完整而又独具特色的民族法律法规体系。延边朝鲜族自治州还通过编印《民族区域自治法辅导讲话》，开展《延边朝鲜族自治州自治条例》宣传月活动等形式，利用广播、电视、报刊、图片、板报等宣传工具进行宣传教育，收到了积极效果，使国家的各种法律、法规和党的民族区域自治政策日益深入人心，并逐步得到贯彻落实。

自治条例素有民族自治地方的“小宪法”和“基本法”之称，《延边朝鲜族自治州自治条例》的出台，不仅为延边州制定单行条例和延边州人民行使民族自治权提供了可靠的法律依据和保障，积极推动了延边地区的政治、经济和文化教育事业的发展，而且也为我国其他民族地区地方自治条例的制定提供了蓝本。

随着改革开放和现代化建设的深入发展，社会主义市场经济体制的初步建立，中国加入WTO、实施西部大开发和党的十六大提出全面建设小康社会目标的提出，根据2002年12月16日延边朝鲜族自治州第十二届人民代表大会第一次会议《关于修改〈延边朝鲜族自治州自治条例〉的决定》和2003年1月6日吉林省第九届人民代表大会常务委员会第三十五次会议关于批准《延边朝鲜族自治州人民代表大会关于修改〈延边朝鲜族自治州自治条例〉的决定》，实施17年的《延边朝鲜族自治州自治条例》正式修改。延边州自治条例的修改在坚持基本框架不变的原则下，将修改的重点放在了经济建设方面和民族教育科学文化方面，使其更具有时代特征，为延边州的发展开辟了更加广阔的空间。修改的内容共涉及58条，其中删除9条，增加11条，合并7条，总条目75条。

少数民族干部的发展和使用是衡量自治水平的主要标志之一。《延边朝鲜族自治州自治条例》第十二条规定，“自治州人民代表大会常务委员会主任由朝鲜族公民担任”；第十六条规定，“自治州州长由朝鲜族公民担任。在副州长、秘书长、局长、委员会主任等政府组成人员中，朝鲜族成员可以超过半数”。第二十五条对检察院、法院干部的民族比例也作了相应的规定。一系列的政策规定，注重调动朝鲜族干部积极性，做到同等条件下优先培养、优先提拔、充分信任、放手使用，使得朝鲜族干部比例始终高于其人口比例。目前，朝鲜族干部占全州干部总数的39.5%；县级以上朝鲜族领导干部占到本职级干部总数的43.5%，都高于其36.5%的人口比例。以朝鲜族为主体的民族干部队伍的形成，对保持延边的政治稳定起到了至关重要的作用。这说明在延边，少数民族当家做主、平等参与国家政治事务的

延边朝鲜族自治州单行条例

延边朝鲜族自治州保护和发展朝鲜族用品生产条例

延边朝鲜族自治州长白松省级自然保护区管理条例

延边朝鲜族自治州朝鲜语言文字工作条例

延边朝鲜族自治州朝鲜族教育条例

延边朝鲜族自治州朝鲜族文化工作条例

延边朝鲜族自治州城市饮用水水源环境保护条例

延边朝鲜族自治州城市住宅区物业管理条例

延边朝鲜族自治州促进个体私营经济发展条例

延边朝鲜族自治州机关社会团体企业事业单位法定代表人离任审计条例

延边朝鲜族自治州酒类专卖管理条例

延边朝鲜族自治州矿产资源管理条例

延边朝鲜族自治州牧业用地管理条例

延边朝鲜族自治州土地监察条例

延边朝鲜族自治州土地资产管理条例

延边朝鲜族自治州外商投资企业工会条例

延边朝鲜族自治州未成年人保护条例

延边朝鲜族自治州乡村林业条例

延边朝鲜族自治州烟草专卖管理条例

延边朝鲜族自治州延边黄牛管理条例

延边朝鲜族自治州预算外资金管理条例

延边朝鲜族自治州政府采购条例

延边朝鲜族自治州水政渔政监察条例

延边朝鲜族自治州人大制定的自治条例和单行条例

延边朝鲜族自治州生态环境保护条例
延边朝鲜族自治州外国人管理条例
延边朝鲜族自治州促进专业农场发展条例
延边朝鲜族自治州生态环境保护条例
延边朝鲜族自治州劳动保障监察条例
延边朝鲜族自治州道路班车客运管理条例
延边朝鲜族自治州促进人参产业发展条例
延边朝鲜族自治州气象灾害防御条例
延边朝鲜族自治州法律援助条例
延边朝鲜族自治州保护和发展朝鲜族传统体育条例
延边朝鲜族自治州老年人权益保障条例
延边朝鲜族自治州促进鹿业发展条例
延边朝鲜族自治州企业和企业经营者权益保护条例
延边朝鲜族自治州发展朝医药条例
延边朝鲜族自治州就业促进条例
延边朝鲜族自治州蜂业条例
延边朝鲜族自治州职业教育条例
延边朝鲜族自治州城乡规划管理条例
延边朝鲜族自治州住房公积金管理条例
延边朝鲜族自治州安全生产条例
延边朝鲜族自治州人民防空条例
延边朝鲜族自治州旅游条例
延边朝鲜族自治州防震减灾条例
延边朝鲜族自治州口岸管理条例
延边朝鲜族自治州朝鲜族非物质文化遗产保护条例

权利得到了充分保障。

对于经济发展，延边州立足当下，坚持实事求是，在新的自治条例中充分体现了民族自治地方特色。例如，关于图们江地区开发方面的规定，新自治条例增加一条作为第三十条：“自治州自治机关坚持对外开放，加强对外交流与合作，充分利用有利条件和国家赋予的优惠政策，搞好招商引资，加快各类开发区建设，推进图们江地区开发开放。”可见，图们江地区开发不是权宜之计，而是一项重大的发展战略。7年之后，《中国图们江区域合作开发规划纲要》获国务院批准，延边成为吉林省对外开放的前沿，成为我国参与东北亚地区国际合作的重要支点城市。

对于民族文化，延边州始终将其当作一件大事来抓，以包容的心态和开放的视野推动民族文化发展，以文化发展引领各族人民对祖国、对中华民族、对中国特色社会主义的认同。如《条例》第十八条规定：“自治州自治机关在执行职务的时候，通用朝、汉两种语言文字，以朝鲜语言文字为主。自治州内国家机关、企事业单位召开会议和下发文件、布告，应当同时或者分别使用朝、汉两种语言文字。自治州内的国家机关和企事业单位的公章、牌匾一律并用朝、汉两种文字”；第十九条规定：“自治州自治机关设立朝鲜语文工作机构，加强对朝鲜语文的研究和规范化工作，促进朝鲜语言文字的健康发展”。为了深入落实朝鲜语文工作条例，进一步提高朝鲜语言文字标准化、规范化程度，2014年延边州还把每年的9月2日确定为“朝鲜语言文字日”。

延吉街头的双语指路标

对于社会管理，延边州也逐渐认识到创新性立法的重要作用，在立法活动中制定了一系列具有地方特色的单行条例。例如，《延边朝鲜族自治州对外劳务合作管理条例》是当时全国唯一的一部对外劳务合作管理条例；《延边朝鲜族自治州城市住宅区物业管理条例》是全国各少数民族自治州第一部关于物业管理的条例；《延边朝鲜族自治州酒类专卖管理条例》（1996年制定，2008年更名为“延边朝鲜族酒类管理条例”）是全国第一部酒类专卖管理的地方性法规。这三个“第一”不仅为延边州对外劳务合作、酒类市场管理、物业管理提供了法律保障，而且提升了延边州立法的品质，同时也为其他少数民族自治州立法起着“试验田”的作用，为国家立法积累了经验。

《延边朝鲜族自治州自治条例》实施30年来，延边各族人民在党的民族政策的光辉照耀下，积极投身于社会主义现代化建设事业，把昔日满目疮痍、贫穷落后的延边建设成为政治稳定、边防巩固、文化发达、经济繁荣昌盛的少数民族自治州，这是党的民族区域自治政策在延边的伟大实践所结下的丰硕成果。延边朝鲜族自治州的建立及其健康发展，不仅为吉林省内其他少数民族聚居地区，而且为全国少数民族聚居地区实行民族区域自治开了一个好的先例，为我国民域自治制度的巩固和完善做出了应有的贡献。

从1984年8月开始，长白朝鲜族自治县县委、县人大常委会抽调专人，组成“自治县自治条例起草小组”。起草小组在县委、县人大常委会的直接领导下，在全国、省、市人大常委会的关怀与指导下，多次深入全县各乡镇、各部门调查研究，广泛征求意见，先后十多次到国家、省、市有关部门汇报协商，4次赴外地学习考察其他民族地方立法工作经验，经过县委、县人大常委会和县政协的反复讨论修改，形成了“条例草案”。1991年3月

长白朝鲜族自治县人民政府

23日，长白朝鲜族自治县第十二届人民代表大会第二次会议审议通过了《长白朝鲜族自治县自治条例》。5月9日，经吉林省第七届人民代表大会常务委员会第二十二次会议批准，6月7日，长白朝鲜族自治县第二十届人大常委会第十一次会议通过了关于贯彻实施《长白朝鲜族自治县自治条例》的决议。6月15日，长白朝鲜族自治县第十二届人大常委会第2号公告公布施行。《长白朝鲜族自治县自治条例》共有七章七十六条：第一章 总则；第二章 自治县的自治机关；第三章 自治县人民法院和人民检察院；第四章 自治县的经济建设和财政管理；第五章 自治县的教育科学文化卫生体育事业；第六章 自治县内的民族关系；第七章 附则。随着改革开放的进一步深入，2009年长白县对《长白朝鲜族自治县自治条例》进行修改，修改后的《长白朝鲜族自治县自治条例》由七章七十二条组成。自治条例的制定，为促进长白县各族平等团结、共同发展繁荣提供了强有力的法律保障。

三、民族乡(镇)的建立与发展

民族乡是我国为了保障散杂居少数民族人口平等权利而设立的一种特殊的乡级政权，是我国民族区域自治制度的有效补充。党和国家历来十分重视保障散居、杂居的少数民族的平等权利。早在1952年，中央人民政府就颁布了《关于保障一切散居的少数民族成分享有民族平等权利的决定》。随后，又把这一原则写进了我国第一部宪法。党和政府认为，在相当于乡的小块地区聚居的少数民族，虽然没有条件按照民族区域自治政策行使自治权，但是可以通过民族乡这一特殊的基层政权形式，保障少数民族实现当家做主的平等权利。1954年宪法颁布后，我国曾建立了1000多个民族乡，包括少数民族人口400万。

党的十一届三中全会以后，党和政府恢复了民族乡政策。1983年12月，国务院正式发布了《关于建立民族乡问题的通知》，明确规定了建立民族乡的条件和重要性，并在干部配备、民族语言和发展民族乡各项事业等方面规定了民族乡所享有的权利。文件规定："凡是相当于乡的少数民族聚居的地方，应当建立民族乡。”“建立民族乡，少数民族人口在全乡总人口中所占的比例，一般以30%左右为宜；个别情况特殊的，可以低于这个比例。”国务院的这一文件，为民族乡的建立和发展提供了政策上的依据，使少数民族的平等权利和民族团结有了进一步保障。

至20世纪80年代末，吉林省的朝鲜族民族乡建设基本完成，分布在长春、吉林、通化地区的8个县市，共有11个。其中，柳河县的三源浦朝鲜族镇和姜家店朝鲜族乡、辉南县的楼街朝鲜族乡、集安市的凉水朝鲜族乡、蛟河市的乌林朝鲜族乡、榆树市的延和朝鲜族乡、梅河口市的花园朝鲜族乡（2000年并入山城镇）等7个是朝鲜族单独建立的乡（镇），通化县的金斗朝鲜族满族乡是以朝鲜族为主联合满族而建立的民族乡，通化县大泉源满族朝鲜族乡、梅河口市小杨满族朝鲜族乡、永吉县土城子满族朝鲜族乡、辽源市东丰县三合满族朝鲜族乡等5个是满族和朝鲜族联合建立的民族乡。

改革开放以来，吉林省散居地区的朝鲜族乡镇充分发挥政策优势和当地自然优势以及民族文化特色，在发展农业生产的同时，大力推动劳务经济，打造乡村旅游，调整产业结构，带动农民增收致富。民族乡的行政机关在行使职权时，同时使用朝鲜族和汉族的语言文字，并在工作中注意民族风俗习惯，凸显民族特色。在各地人民代表大会和人民委员中，杂居、散居的朝鲜族人民都有适当名额的代表和委员。在党的民族政策下，散居地区的朝鲜族人民在祖国各民族大家庭里，充分享有民族平等权利，与各族人民一道走向富裕，生活水平显著提高。

榆树市延和朝鲜族乡

榆树市延和朝鲜族乡是长春地区唯一的朝鲜族乡，地处榆树市东北部拉林河畔，距榆树市区65公里，面积20平方公里，其中耕地面积500公顷全部是水田。下辖3个行政村，总人口2540人，其中朝鲜族人口占98%。延河乡充分发挥自己独特的政策优势、人文优势和资源优势，形成了以水稻种植为基础产业，以精品养殖业为朝阳产业，以跨国劳务输出为主导产业的“延和模式”，使其经济步入了良性发展轨道。延和乡尤其重视劳务经济，积极探索发展劳务输出，全方位进行扶持和引导，加快推进农村剩余劳动力转移，把

敦化雁鸣湖国家级自然保护区湿地

劳务经济作为提高群众生活质量，提升延和乡经济发展水平的突破口，实现延和乡经济发展的新跨越。目前，延和乡共输出劳务1050人，其中出国劳务人员达到350人，主要分布在韩国、朝鲜、日本、德国、俄罗斯、加拿大等十几个国家，劳务经济总收入达1000多万元，占农民人均收入的60%。人均收入由2000年的2328元增加到2013年的14800元，财政收入、支出由2000年的48万元增加到2013年364万元，地区生产总值达到26582万元。

集安凉水朝鲜族乡

集安凉水朝鲜族乡是集安市唯一一个少数民族乡，地处集安市以南40公里处，北接榆林镇，西北与大路镇相邻，西南与辽宁省宽甸县隔浑江毗邻，南与朝鲜民主主义共和国隔鸭绿江相望。面积153平方公里，总人口6310人，朝鲜族占30%。随着改革开放的进一步深入，乡党委和政府立足乡实际，提出“一区三基地”产业布局构想，全乡9个村基本形成了四个产业带，每个村都有一个主要致富项目，几个村形成一个特色产业。采取政府投入一点、农民自筹一点等方式，在沿江5个村大力发展冰葡萄种植项目，打造鸭绿江河谷冰葡萄产业带，全乡冰葡萄达到600多亩；依托集安市旅游集团“万亩油菜花海”项目，种植油菜花3400亩，大力发展旅游经济；通天村

集安市凉水朝鲜族乡通天村万亩油菜花海景区

则发展果树种植，尖把梨、白桃等品种远近闻名。目前，全乡有年产值1000万元以上的农特产品加工企业4户，信源米业以甜玉米、有机水稻深加工为主，产品外销南方超市，并出口韩国。

柳河县姜家店朝鲜族乡

姜家店朝鲜族乡位于柳河县东南部的三统河畔，全乡总面积为97.7平方公里，所辖10个行政村，27个自然屯，总人口为12230人，朝鲜族占42%。总耕地面积为28489亩，其中水田22387亩；森林面积12989亩，覆盖率为45%。近年来，姜家店乡党委、政府始终本着“富乡裕民”的宗旨，坚持以“农业增效、农民增收、农村财力增强”为目标，一方面，紧紧依托本乡资源优势，大力招商引资上项目，全力发展壮大民营经济，努力增强全乡综合经济实力和财政收入；另一方面，依托负有盛名的“姜家店大米”传统品牌优势和民族语言优势，不断加快农村产业结构调整步伐，通过对内大力发展高效、绿色、优质订单农业，对外大力发展劳务经济，进一步增加农民收入。目前，姜家店乡已经初步形成了优质米、石材加工、劳务输出三大支柱产业，实现了社会总产值13800万元，财政收入1416万元。农民人均收入达8984元（2013年数据）。

素有“水稻之乡”之美誉的柳河县姜家店朝鲜族乡

蛟河市乌林朝鲜族乡

乌林朝鲜族乡位于吉林省蛟河市东部，距市区3.5公里，全乡总面积284平方公里，人口18370人，其中朝鲜族占总人口的34%。乌林乡民俗风情独特，物产丰饶，自然和区位条件优越，交通便利，蛟金公路和江黄高速公路贯穿全境。多年来，蛟河市乌林朝鲜族乡大力发展传统水稻农业的基础上，发展特色经济，推动劳务输出，使农民收入有了明显增长。2013年实现了年

乌林朝鲜族友谊民俗村

地区生产总值12230万元，农民人均纯收入9416元。

乡党委和政府基于当地的朝鲜族文化特色与优势，高度重视民俗文化建设，不断完善文化基础设施建设，满足群众多方面的文化需求。目前，该乡已建设覆盖所有行政村的农村文化大院20个。其中，投资270万元，建筑面积660平方米，集朝鲜族农家特色餐饮、娱乐、健身、休闲功能为一体的友谊村民俗会馆更是独具一格，成为展示乌林朝鲜族乡文化风情的一个窗口。如今，走进蛟河市乌林朝鲜族乡，街路两侧众多的朝鲜族民俗大院、特色餐饮中心便映入眼帘。近年来，乌林朝鲜族乡还精心打造民俗特色餐饮文化，在充分展示地方民族文化的同时，也吸引来大量游客。2013年文化部公布的2011年至2013年度“中国民间文化艺术之乡”评选中，蛟河市乌林朝鲜族乡被评为“中国民间文化艺术之乡”。

辉南县楼街朝鲜族乡

楼街朝鲜族乡位于吉林省辉南县县城南18公里处，全乡总面积119.5平方公里，总人口25832人，其中朝鲜族人口3600人；耕地面积5156公顷，其中水田2628公顷，旱田2528公顷。全乡共辖12个行政村，其中朝鲜族村3个。

希望的田野——楼街朝鲜族乡

乡党委和政府基于传统水稻优势，以科技为依托，大力推动水田经济，打造以“绿优米”产、加、销为一体的优质米支柱产业。积极挖掘增收资源，形成了以草编、铜管加工为主的家庭手工业，以劳务输出为主的民族产业，以人畜分离、集中大户小区养殖为主的养殖业等三个新型主导产业，使楼街享有绿优米之乡、草编之乡、铜管之乡、梅花鹿之乡等美称。2007年楼街乡被农业部选定为国家30万亩产A级绿色水稻生产基地；在原来“草编协会”、“养殖协会”、“绿优米协会”基础上，新成立注册了“楼街村农民植物保护协会”、“茂盛村绿优米生产合作社”、“胜利村养鸡协会”、“新荣村劳务输出协会”、“义龙村用水协会”等几个新型经济合作组织。另外，加大了基础设施建设和村容村貌整治力度，村民居住环境得到了彻底改变。2013年全乡工农业总产值实现27922万元，财政收入1733.61万元，人均纯收入10011元。

柳河县三源浦朝鲜族镇

三源浦朝鲜族镇是柳河县第二大乡镇，全镇幅员面积388平方公里，其中镇区面积2.2平方公里。现有耕地105 692亩，其中水田33 335亩，旱田72 357亩。全镇共有8657户，总人口30 334人，其中农业人口6147户，23 010人。全镇有朝鲜族村5个，朝鲜族户1387户，4864口人，占总人口的16%。

柳河县三源浦朝鲜族镇鲜光村的村民载歌载舞

柳河县三源浦镇立足本镇实际，扎实开展新农村建设，不断优化人居环境，加快基础设施建设，以农村新型产业带动村集体增收。三源浦镇将产业发展作为新农村建设的第一要务，千方百计调结构、促增收。依托区位、资源等优势，不断发展特色富民产业，成立农民专业合作社，打造“一村一品”、“一村一特”的产业格局。经过多年努力，现已形成绿优米、蔬菜园区、山葡萄产业、食用菌种植专业合作社、高效泥鳅鱼养殖小区、烟叶中心站等特色种植业和养殖业小区，中药材、蔬菜、生猪生产成为拉动镇域经济快速发展的支柱产业。2013年该镇总产值达45921万元，财政收入达7870万元，农民人均纯收入达10338元。

近几年，镇党委和政府紧紧抓住地处通化市城港经济带重要节点的地缘优势，按照“高起点规划、高标准建设、高效能管理”的原则，着手制定临空经济镇规划蓝图，对村镇体系、镇域功能、基础设施与产业布局进行了超前谋划，加快建设空港物流园区和中央商务区。临空经济区占地面积5平方公里，现已初步形成以紫隆山葡萄酒、康乐木业为主体的特色产业聚集区和以吉林康乐光源为依托的高新技术产业园区。

吉林市土城子满族朝鲜族乡

土城子满族朝鲜族乡位于吉林市昌邑区北部，距市区35公里，由驻地土城子得名。土城子满族朝鲜族乡是多民族聚居的一个乡，满族主要分布在北部半山区的渔楼、口钦、前卫等村，朝鲜族主要分布在鳌龙河南巴虎、永兴两村，其次是五家子和蔡屯。全乡总面积约为96平方公里，总人口20900人，其中少数民族人口11090人，占53%。

全乡共有耕地60 630亩，其中水田31 500亩。全乡共有林地24 000亩。土城子满族朝鲜族乡是一个以农业为主的农业乡，该乡采用优良品种，利用

吉林市昌邑区土城子满族朝鲜族乡

绿色高级有机富硒肥、锌肥，开发远近闻名的含有多种氨基酸和微量元素的九泉山牌富硒大米，促进农民增收。2013年农林牧业总产值达17900万元，农民人均纯收入达10000元。香港独资企业——吉林市景宝化肥有限公司和获得多种荣誉称号的民营企业——宏粮米业有限公司坐落在该乡。

土城子乡地处松花江中段，是吉林省唯一的优质江砂产地，年产江砂500万立方米，江砂资源丰富。水泥彩瓦项目为该乡的重点企业。

土城子满族朝鲜族乡旅游资源丰富，其中雾凇岛尤为出名。雾凇岛位于昌邑区土城子乡境内，地处第二松花江中段，四面环水，主航道位于岛东侧，占地面积25万平方米，天然林地11万平方米，地理位置优越，自然景观古朴，寒冷的冬季，岛上雾凇雪柳枝条挂满，玲珑剔透，玉洁冰清，宏伟壮观。这里的江水长年不封冻，冬季以奇美的雾凇和数以万计的鸿雁集聚，夏季岛内鸟语花香，景色宜人，构成远近闻名的奇观。滑冰、滑雪、冬泳及富有满族风情的拉雪橇，更是独具趣味。

东丰县三合满族朝鲜族乡

三合满族朝鲜族乡地处东丰县城东南，与梅河口市接壤，1996年2月建立，是辽源地区唯一的少数民族乡。2005年3月与五道岗乡合并。全乡幅员167平方公里，辖16个行政村，其中一个朝鲜族聚居村，一个满族聚居村，辖区总人口26166人，其中朝鲜族980人，占人口数3.7%。三合满族朝鲜族乡是一个由汉族、满族、朝鲜族等民族组成的少数民族乡。建乡20年来，全乡各族人民以勤劳、勇敢和智慧，开拓了三合满族朝鲜族乡各项事业的灿烂和辉煌，2009年被评为国务院第五次全国民族团结模范集体。

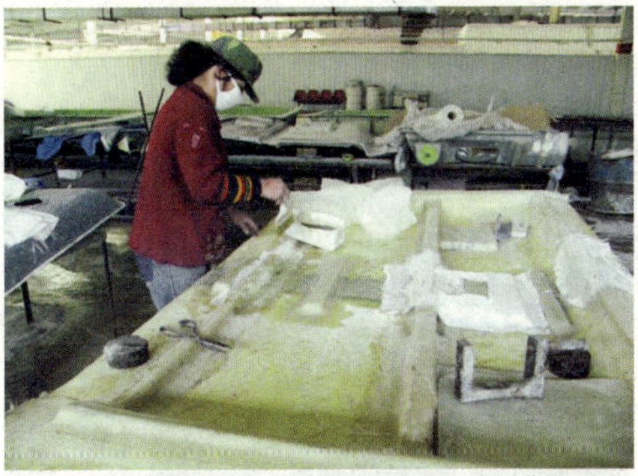

三合乡民营企业利源汽车附件制造厂

三合满族朝鲜族乡境内野生动物种类多样，地下矿泉水资源丰富。现有耕地面积95 730亩，其中旱田面积64 365亩，水田面积31 365亩。山林面积有150 000亩。境内的淋漉生态旅游度假村风景独具特色，令游人流连忘返。

三合满族朝鲜族乡是一个"五山一水四分田"的农业乡。境内交通发达，集锡公路和吉沈高速公路、四梅铁路横贯东西，企业、旅店、饭店等沿路林立。几年来，三合乡坚持项目立乡、工业强乡战略，以招商引资、项目建设为重点，财力增强为中心，重点发展化工业、汽车零部件业、路桥施工建筑业、粮食收储加工业、畜产品加工业、健康产业、果仁加工等7大产业，把三合乡建成工业强乡、财政大乡、文明富裕之乡。全乡累计招商引资已到位7亿多元。

三合乡是国家和省级主要粮食生产基地。粮食作物以玉米、水稻为主，绿色环保农产品主要为绿色水稻，年产3600万吨。2013年全乡农林牧渔业总产值20934万元，农民人均纯收入10720元。

通化县金斗朝鲜族满族乡

金斗朝鲜族满族乡位于通化县中部，乡驻地距县城10公里。下辖5个村（金斗村、金星村、砬缝村、广信村、北沟村）、36个居民组、23个自然屯。全乡共有户数2121户，人口7448人，其中朝鲜族1570人。

金斗朝鲜族满族乡土地和山林资源十分丰富。耕地资源为18000亩，其中水稻栽培面积8000亩，当地盛产的绿色有机稻米口感好、品位高，可与西

金斗朝鲜族满族乡政府办公楼

江贡米相媲美，产品畅销省内外。旱田面积10000亩，主要发展以玉米、大豆为主体的粮食生产，以日光温室为主体的围城瓜果蔬菜带动生产。森林覆盖率68.4%，林木蓄积量23万立方米，是全县几个主要林业苗木基地之一。地下矿产蕴藏丰富，现已探明金斗铜镍矿、大南沟铁矿和北沟铜镍矿三处矿址，具有很高的开发价值。山区特产资源非常丰富，由于山高林密，植被好，各综合立体开发的经济沟内上了放养林蛙、养鱼、养鹿和养狍等项目。特产栽培业主要以发展园参、西洋参、野山参、轮叶党参、细辛、贝母和川龙骨等中小药材为主，乡内现在新开发了三处大型五味子栽培基地。

通化县金斗朝鲜族满族乡耕地相对较少，农民大多通过外出务工来增加收入。该乡经过多方考察，决定发展木耳产业，带动农民致富。从2010年起，该乡开始引进木耳种植技术和人才，并鼓励当地农民学习技术，发展木耳产业，就这样一点一点地带领农民趟出了一条致富路。2014年，该乡地栽木耳已发展到近300万袋，净收入可达450万元。另外，该项产业也为周边村民提供了就业机会，仅打工收入就可达120万元。

近几年来，通化县金斗朝鲜族满族乡北沟村借助土地流转平台，发展特色农业产业，拓宽了农民增收致富的渠道。2013年，农民人均纯收入10870元，比2012年增长10%。目前，以有机水稻、黏甜玉米为主的订单农业，以猪、牛、鸡为主的养殖业，以平地人参和蔬菜种子为主的特色产业，以外出务工为主的劳务输出成为村民增收致富的主要途径。2014年，金斗乡荣获国务院第六次全国民族团结进步表彰大会模范集体称号。

通化县大泉源满族朝鲜族乡

大泉源乡位于通化县西南部，乡政府驻地大泉源村距县城约18公里，鹤大线201国道从北部经乡政府驻地穿过。下辖21个村、1个社区。全乡总人口24708人，以汉族为主，少数民族7857人，占人口总数的32.2%。其中，满族6735人，主要分布于大泉村、新胜村；朝鲜族1122人，主要分布于爱国村、建设村、和平村、新民村。

全乡地处北温带，属于大陆性半湿润季风气候，四季分明。矿产资源主要有金、铅、锌、石墨、硅、云母、钻石等。盛产水稻、玉米、大豆以及林下参、北细辛、平贝母等中药材，特色产业棚膜食用菌蓬勃兴起。大泉源乡

大泉源满族朝鲜族乡打造最美乡村

因街内有一眼清凉、甘甜的泉水而得名。

多年来，勤劳勇敢的大泉源人依托肥沃的土地和适宜的气候，不断发展壮大种植业，培育各类经济作物，发展新型经济增长点。2012年，全乡已经形成爱国水稻优质粮产区、荣胜制种基地、新设食用菌种植产业园区、新胜人参和中药材加工区、新农中草药和草莓种植园区、升平林下食用菌种植园区、建设平欧大榛子种植产业园区、江口冰葡萄种植产业园区等几大基地，形成了中药材、食用菌、制种、草莓四大特色产业，建成各类经济组织32个。2013年末，全乡农林牧副渔总产值19976万元，农民人均纯收入9349元。

由于受地质、气候的影响，大泉源乡岗山岭形成并保存着险峻秀丽的原生态的自然风光，使该乡成为一处得天独厚的游览、观光胜地。此外，和胜水库旅游观光区、鲜丰朝族风情旅游点、江口民俗村旅游观光点、红石旅游度假村、新设食用菌种植示范园区参观点和新农村科技示范园区参观点等，以其浓郁的民族特色风情和蓬勃的现代科技气息逐步成为旅游亮点。

梅河口市小杨满族朝鲜族乡

小杨满族朝鲜族乡地处梅河口市西南部，距梅河口市中心38千米。下辖17个行政村。总人口16139人，其中少数民族人口3826人，占23.7%。该乡具有得天独厚的区位优势，地处西部众乡出入市区的咽喉，距国道202线6千米，乡内交通便捷，吉林省著名的风景旅游区磨盘湖就坐落于乡域内。小杨乡位于磨盘湖灌区最上游，水质纯净无公害、无污染，具有国家AA级农业绿色食品的生产环境质量，最适合绿色、有机水稻生产。

基于传统农业优势，小杨乡因地制宜谋求发展，形成了“四大产业龙头”，即以古城村九星现代农业示范基地为龙头的绿优水稻生产园区；景兴村宏安棚膜经济产业园区；保祥、宫家街、陈大桥牧业园区；倒木构村和大桦树村林下经济产业园区。小杨乡产业区划让农牧药业各具竞争力，也使农产品成为一块庞大的海绵体、拳头产业独领风骚。

小杨满族朝鲜族乡自建乡以来就是以种植业和养殖业为主的农业乡，全乡以种植业（绿优米）、养殖业（牛、猪、梅花鹿）、林下经济（林下参、林下中药材）为主导产业。粮食作物以水稻为主，水质优良的海龙水库惠泽全乡1万多亩水田。在稻米主产区水稻品种品质退化并出现大量积压的情况下，小杨乡通过引种优质稻米品种——秋田小町，用科学先进的有机农业种植技术，生产绿色优质大米，并出口日本、韩国市场，为当地农民带来了实惠。九星米业稻田养蟹以及九星米业仓储及健康食品加工项目已成该乡支柱产业。以林下参、中药材为主的林下经济及农村特色产业也成为农民增收致富的新亮点。2013年小杨乡农林牧渔业总产值达12000万元，农民人均纯收入达7948元。

四、民族团结之花别样红

从延边地区早期移民开发，到抗日战争、解放战争以及新中国建设，朝鲜族人民始终同汉族满族等兄弟民族一道，并肩战斗，用共同的鲜血结下了深厚的友谊，“山山金达莱，村村烈士碑”就是见证。虽然时代在变，但这块土地上倍加珍惜民族团结的传统始终没变。建州60年来，持久不懈的民族团结进步工作，使党的民族政策春风化雨，润物无声，这棵枝繁叶茂的民族团结进步大树已结出了累累硕果，延边的民族团结进步工作在全国创下了多个领先。

延边州是全国开展民族团结进步创建活动最早的地区。早在1952年延边自治地方建立伊始，就通过了《关于加强民族团结的决议》。1953年，把每年9月定为“民族团结宣传月”，在全国率先开展民族团结教育和创建活动，向各族干部和群众进行民族政策和民族团结的教育，在全社会营造民族团结的浓厚氛围。在60多年的历史实践中，自治州委、自治州政府历届班子始终把民族团结工作当作头等大事，反复强调“要像爱护自己的眼睛一样爱护民族团结”，民众团结已成为家喻户晓、老少皆知的共识。从每年9月雷打不动的“民族团结宣传月”，到五年一次的民族团结进步模范表彰大会，再到如今活跃在基层社区的“邻居节”“市民大讲堂”等，几十年来，形式多样的民族团结创建活动深受各族群众喜爱。建州60多年来，延边州共召开14次民族团结进步表彰大会，表彰3434个模范集体和模范个人。1914年，有18个模范集体和模范个人获得国务院表彰。

延边又是全国民族团结的样板。1994年9月，延边朝鲜族自治州被国务院授予“民族团结进步模范自治州”称号，成为全国第一个获此殊荣的自治州。此后，于1999、2005、2009、2014年被国务院授予“民族团结进步模范自治州”称号，连续五次被国务院命名为“民族团结进步模范自治州”，这在全国是独一无二的。

多年来，延边地区的朝鲜族与汉族群众不仅互相尊重、和睦相处，而且在生产生活中互帮互学，形成了开放包容的心态。汉族群众学腌制朝鲜族辣白菜，朝鲜族群众也包饺子。延边节日多，无论哪个民族的节日，都已经成为延边人民共同的节日。各民族相处得就像一家人，“同唱一首歌、同跳一支舞、同吃一桌饭”成了普遍的生活场景。民族团结已经成为各族干部群众的共识和自觉行动，一批又一批献身民族团结进步事业的先进典型不断涌现出来，流传着一段又一段民族团结的动人佳话。

朝鲜族的贴心人——田仁永

田仁永，曾任中共延边朝鲜族自治州州委书记，于1946年从延安来到延边，历任区委书记、县委书记、州委副书记，他为了边疆民族地区的团结进步事业，把自己的青春、爱情乃至毕生精力全部奉献给了延边。为了做好民族工作，他不但很快学会了朝鲜语，通晓朝鲜族习俗，自如地运用朝鲜族礼节，还与一位朝鲜族姑娘结为夫妻，相伴终生。当家乡的老领导和战友们数次盛情相邀，请他回家乡安度晚年时，他总是婉言谢绝，深情地说：“我的全部情感已经完全融入了延边，延边是我的第二故乡，我的生命属于延边。”

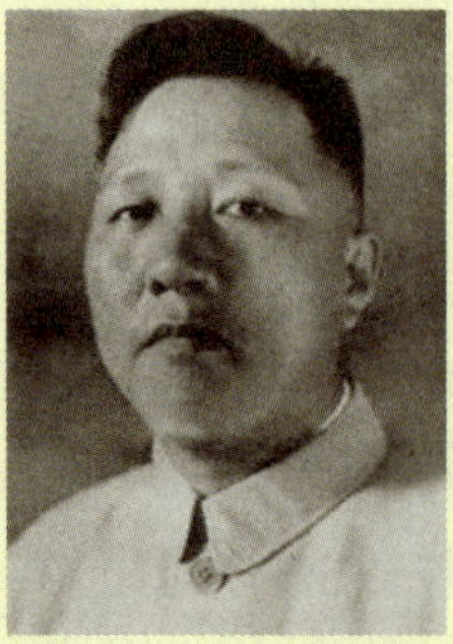
中共延边朝鲜族自治州委原书记田仁永

“延边好人”韩哲范

韩哲范是一位朝鲜族农民，创办了爱心福利院，救助汉族、朝鲜族孤儿。十多年来，他收养的汉族、朝鲜族孤寡老人和孤儿超过60人，其中41名为流浪儿、智障孩子。他十分重视收养孩子们的教育。十多年来，无论酷暑严寒，他都坚持接送他们上学放学，把他们和自己的两个儿子同等对待。如今，这些孩子大都学有所成，有8人上了中专，3人考上了大学。

图们爱心福利院院长韩哲范和他收养的孩子们

长白朝鲜族自治县也利用每年9月的民族团结进步宣传月活动，对各族干部群众和青少年进行马克思主义民族理论和民族政策、民族团结的宣传教育。中小学增设民族政策和民族常识课，对青少年进行系统的教育；在各级干部中举办培训班，进行民族理论政策的学习；在各族群众中开展民族联谊活动和少数民族运动会，增进了民族间的友谊。在自治机关中，经常开展民族团结方面的检查总结，把党的民族政策真正落到实处。

在开展民族政策、民族团结教育的同时，坚持开展民族团结进步表彰活动，表彰民族团结进步的先进集体和先进个人，宣传党的民族政策，总结、交流民族团结进步的经验，使各民族之间树立了互相尊重、互相学习、团结合作的良好社会风气。

军民团结、军民共建，是延边又一道亮丽的风景线。通过开展“村、连队共建”、“军民同心筑堡垒”、“两个民族一家亲”、“两个支部一堂课”等具有民族特色的军民共建活动，密切了军民鱼水关系，谱写了军民团结的动人篇章。驻扎的董存瑞生前所在英雄部队——延吉市解放军某部，在积极支援驻地重点工程建设、参加抢险救灾的同时，大力开展扶贫帮困活动，通过送

长白山区的朝鲜族阿玛尼在给战士缝补衣服

书下乡、送技术下乡等多种方式，帮助大批朝鲜族群众走上了富裕道路。驻延官兵把驻地当家乡，群众则视他们为亲人。在亲情融融的拥军优属活动中，涌现出宋顺女等一批先进典型，带动和激励着大批的各族群众不断加入拥军优属行列。这些年，延边州先后3次被吉林省政府、省军区命名为“双拥模范州”，延吉市先后5次被命名为“全国双拥模范城”。

延边朝鲜族自治州成立60多年来，中国共产党和中央政府十分关怀和支持延边的发展建设，党和国家主要领导人周恩来、朱德、贺龙、董必武、胡耀邦、赵紫阳、万里、彭真、叶剑英、邓小平、江泽民、李鹏、朱镕基等先后视察了延边。1983年邓小平视察延边朝鲜族自治州时，曾留下“把延边朝鲜族自治州建设得更快些更好些”的题词；1991年江泽民在延边曾留下“把延边朝鲜族自治州建设成为全国模范的自治州”的题词。延边朝鲜族自治州广大干部和群众积极争创民族团结模范自治州。在中国共产党民族政策照耀下，延边朝鲜族自治州经济社会发展很快，许多经济社会发展指标位于全国30个少数民族自治州前列。

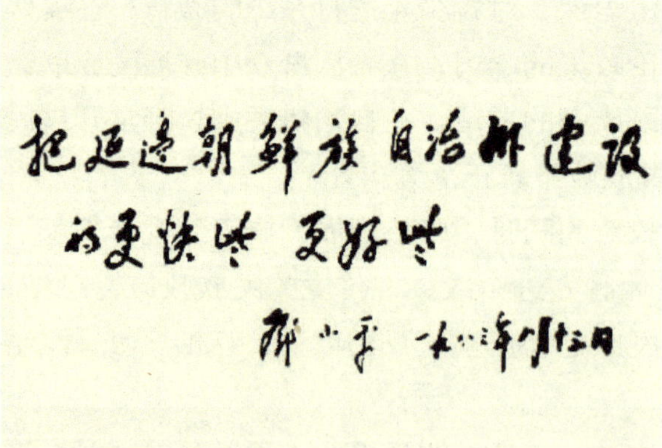

邓小平同志为延边朝鲜族自治州题词

第六章

改革开放结硕果 建设边疆展宏图

一、延边朝鲜族自治州的经济腾飞

改革开放的春风吹遍了神州大地，也吹绿了东北边疆民族地区，为朝鲜族的经济社会文化发展插上了腾飞的翅膀，使民族地区发生了翻天覆地的变化。改革开放以来，延边作为国内同时享受民族区域自治政策、西部大开发政策和振兴东北老工业基地政策、兴边富民政策的唯一地区，作为长吉图开发开放先导区的“窗口”“前沿”和国家加工贸易梯度转移重要承接地，表现出强劲的发展势头和成长潜力，亮点频现，成效显著。

延边州充分利用各种政策优势，确立了“以新型工业化为核心、以对外开放为主导、以项目建设为突破口、以环境建设为保障”的经济发展战略，全力培育食品、医药、林产和能源矿产等支柱产业，不断加大产业开发力度，全州工业经济走上快速发展的轨道。建州61年间，经济总量增长347倍，全州财政收入增长4341倍，地区生产总值按可比价格计算增长61.4倍，固定资产投资额增长2000多倍，人均居民储蓄存款余额连续多年位居全国30个少数民族自治州首位，实现了从贫困到基本小康的历史性跨越，尤其是“十二五”期间，延边州经济发展取得了举世瞩目的成果。全州地区生产总值从2010年的517.5亿元增长到2015年的887亿元，年均增长9.8%；公共财政全口径预算收入从88亿元增长到161亿元，年均增长12.7%；全社会固定资产投资从384.9亿元增长到840亿元，年均增长16.9%；规模以上工业增加值从201.3亿元增长到447亿元，年均增长13.7%；社会消费品零售总额从257.7亿元增长到477亿元，年均增长13.1%，为“十三五”和长远发展奠定了坚实基础。

1. 产业结构日趋优化

经过“十二五”期间的努力，2014年延边州人均GDP达到39410元，三次产业结构为8.3：51.4：40.4，三次产业就业结构为27.1：18.6：54.3，城镇化水平为67.6%。2014年工业经济比重提高到50%，工业产值1263亿元，增长13%；食品（卷烟）工业、医药工业、能源矿产、林产工业、纺织服装业、建材工业、装备制造业等依托延边州资源优势的支柱产业不断壮大，形成了门类齐全、特色鲜明的工业体系，延吉烟草、吉林敖东等州级以上龙头企业总数达到303户。民营经济亦是突飞猛进，"地球卫士""德全水泥"等一批资产超10亿元的民营企业脱颖而出，民营经济主营业务收入增长13%，产值601.1亿元。

各级政府审时度势，扬长避短，依托生态优势和资源禀赋，加快推进延边特色产业绿色转型发展，初步形成了具有延边特色的林产品、人参、食用菌、生物农药、大米等主导产业，实现了由传统农业向现代农业的转变。人参、食用菌、延边黄牛、延边大米、苹果梨等特产业驰名中外，成为农业增效、农民增收的主要载体。林蛙、浆果、花卉、林下种植、柞蚕等产业也实现了快速发展，并成为我州特色产业新的增长点。打破传统的经营模式，积极推进贸工农一体化、产加销一条龙，发展"龙头企业＋农户""专业农场＋农户""中介组织＋农户"等新型经营模式，通过龙头企业带动产业升级，促进特色产业快速发展。同时，充分发挥政府部门的组织协调功能，整合同一区域、同类产品不同品牌，集中打造优势品牌，增强品牌效应，尤其对延边的食用菌、人参、大米、苹果梨等特色农产品进行全面梳

延吉卷烟厂

延边黄牛

理，提高生产、技术和管理的组织化程度，加快创建一批新品牌，巩固保持一批老品牌，尽力提升一批好品牌，打出延边特色农业品牌优势。农业生产条件也从根本上得到了改善，农业机械化水平不断提升，机耕率达到82.4%，

第三产业蓬勃发展，势头强劲。在传统第三产业持续发展的同时，新兴行业不断涌现，旅游、房地产、咨询服务、广告、科技服务、电商、社会服务等新型产业快速发展，各产业的服务功能不断完善。服务业对GDP的贡献率连年增长，已成为延边州经济的重要组成部分。2014年，全州服务业增加值实现346.9亿元，服务业占GDP比重为40.9%，在省内九个地区中位居第三位。服务业对GDP增长的贡献率为44.5%，拉动经济增长3.1个百分点，对经济增长的拉动力明显增强。

在第三产业的发展中，以旅游业为龙头的现代服务业呈蓬勃之势，发展成果喜人，已成为第三产业中最具有发展活力的行业，成为拉动延边经济增长的重要引擎。延边凭借其举世无双的长白山、图们江等自然资源和绚丽多彩的民族文化特色，把旅游业作为延边的主导产业进行发展。2015年，延边州累计接待国内外旅游者1565万人次，同比增长15%，实现旅游总收入270.3亿元，同比增长25%。两项指标均达到预期发展目标。2015年“十一”黄金

长白山天池

周期间，因“东北最美高铁”的开通，延边旅游市场异常火爆。全自治州接待海内外游客73.3万人次，同比增长36.3%，实现旅游总收入11.61亿元，同比增长45.3%，增长率分别是2014年“十一”黄金周的2倍和1.8倍。延吉、珲春、敦化市出现重点景区拥堵、宾馆旅馆爆满、饭店餐馆排队场面。

“十三五”时期，延边州旅游产业将面临历史上难得的发展机遇。2015年12月在国家旅游局发布的20个首批国家级旅游业改革创新先行区中，延边州成为吉林省唯一入选的地区。2016年1月7日，国务院印发的《关于支持沿边重点地区开发开放若干政策措施的意见》中，延边的跨境旅游合作区设想又上升为国家战略。延边国家级旅游业改革创新先行区及跨境旅游合作区的建设，必将使延边在国家“一带一路”战略和东北亚区域旅游合作中发挥更加重要的先导作用，延边旅游及跨境旅游将成为延边旅游业新的亮点和新的增长点。

2. 对外开放取得新突破

延边地处中朝俄三国交界，具有发展国际合作和边境贸易的优越条件。1991年，联合国开发计划署（UNDP）公布了图们江开发计划，我国也把图们江地域开发纳入国家《九五国民经济和社会发展计划及2010年计划目标纲要》，将图们江下游地区及珲春开发开放作为中国第三项跨世纪工程来抓。中共延边朝鲜族自治州委、自治州政府把握机遇，适时制定了“开放兴州”“开边通海”战略，提出“南联北托，东出西进，面向东北亚”的对外开放总体思路，实行全州全方位对外开放。自此，延边朝鲜族自治州拉开了前所未有的具有浓重国际色彩的大开发、大建设的序幕。

繁荣的珲春口岸

借图们江地域开发之东风，目前中、朝、俄三国均有铁路、公路相连，珲春—扎鲁比诺（俄）—束草（韩）、珲春—罗津（朝）—釜山

（韩）航线以及珲春—波谢特（俄）—秋田（日）的陆海联运交通线已开通，作为国际空港的延吉机场开通了至韩国首尔（釜山、清州）、朝鲜平壤、日本大阪、俄罗斯符拉迪沃斯托克的航线，延吉还被列入台湾通航点，至此延吉机场实现与环日本海国家和地区全部通航。加大对境外连接邻近港口的公路、铁路、桥梁及口岸基础设施改造新建力度，从陆海空三个方面拓展对内外通道，为打造东北亚地区重要的综合交通运输枢纽奠定坚实的基础。州内的基础设施和投资环境有了明显的改善。

2009年长吉图开发开放先导区建设上升为国家战略，延边州抓住时机把对外开放确定为经济社会发展的主导战略，坚定不移地推动图们江区域国际合作开发，延边正从东北边陲的“口袋底”变成面向东北亚开放的“桥头堡”。2012年，吉林省正式推进“长吉图开发开放先导区”建设，图们江区域（珲春）国际合作示范区启动建设，延边已经成为我国沿边开发开放的示范区和面向东北亚合作开发的窗口，迎来了对外开放的最佳机遇期。

延边朝鲜族自治州紧紧抓住当前图们江开发不断升温的有利时机，在对外通道建设、开发区和工业集中区建设、外经外贸等方面取得了显著成绩。延边州口岸过货量达到300万吨，增长25.2%；过客量达到142万人次，增长7.6%。对外投资总额达到8亿美元，新增境外投资企业14户。珲春国际合作示范区全力推进有色金属、海产品等“十大园区”建设，延吉高新区加快推进利孚生物制药等26个重点项目、延边新兴工业集中区国药集团长白山科技健康园区项目等一批园区发展迅速，形势喜人。

工地上忙碌的在韩朝鲜族劳工者

充分利用延边地区的地缘优势和民族优势，大力发展对外劳务经济，劳务经济已成为延边朝鲜族自治州“支柱产业”。自1992年中韩建交开始，朝鲜族人民凭借其跨界民族优势，以各种形式到韩国从事劳务。2007年韩国政府出台“访问就业制”以后，赴韩朝鲜族劳务人员剧增。据统计，全延边朝鲜族自治州出国劳务人员数量每年保持在20万左右，涉外劳务收入年均达到8亿美元。

3. 城镇化建设快速推进

改革开放以来，延边的基础设施日臻完善，目前全州已实现二级以上公路联网，实现90%以上的乡镇通硬面路和村村通公路，以州府延吉市为中心的“一小时经济圈”基本形成。长春至珲春、延吉至汪清高速公路已开通，2014年在全国少数民族地区率先实现“县县通高速”的目标。国内航线四通八达，除已有的延吉至长春、沈阳、北京航线外，延吉—大连—上海航线正式开通，延吉—郑州—重庆航线复航。2015年9月20日，被誉为“东北最美高铁”的长珲城际铁路正式通车，延边驶入“高铁时代”。高铁的开通，使延边州初步建立了以长吉珲为轴线，沈哈为两翼，京津冀为延伸的国内旅游合作联盟机制。水利基础设施建设、城市基础设施建设、城市绿化、能源改造建设等方面均取得了巨大成就。

“东北最美高铁”长珲高铁

为增强区域经济核心竞争力，全面提升中心城市的经济辐射带动功能，以建设吉林省东部中心城市为目标，启动实施了延吉、龙井、图们三市一体化发展战略。随着《延吉龙井图们城市空间发展规划纲要》的付诸实施，一个城市规模和实力更加强大、城市功能和形象更加完善的“大延吉”正在快速崛起，三市规划统筹、产业同筹、交通同网、信息共享、市场同体、旅游同线、环境同治、科教同兴的格局逐步形成。全州城乡规划体系进一步完善，城镇化率高于65%。

东北边疆一颗明珠——延吉

延吉市位于吉林省东部、延边州中部、长白山脉北麓，是吉林省延边朝鲜族自治州的首府，全州政治、经济、文化与对外交往的中心。根据2010年第六次全国人口普查数据，延吉市总人口为56.7万人，其中朝鲜族人口占总人口的58%，汉族人口占40.0%，另外还有满、回、蒙古等少数民族。

延吉地处东北亚经济圈的腹地，是联合国拟定的图们江域大“金三角”中方的一个支点。东直距中俄边境仅60公里，直距日本海80公里；南直距中朝边境10余公里。延吉是吉林省东部的中心城市、中国优秀旅游城市、全国百强县之一。在2014年中国城市排名中，延吉被列入“四线城市”，成为在吉林省除长春、吉林两大城市之外，城市分级最靠前的城市。2014年，入选“中国十大生态强市。2015年，荣膺“中国生态魅力市”称号，居2015中国十佳空气质量城市榜榜首。

延吉城市标语：“yes yanji”

延吉城市标志

延吉夜景

二、长白朝鲜族自治县的发展

改革开放后，长白朝鲜族自治县的经济获得了迅速发展。2014年，在国内经济转型升级、步入发展新常态的大背景下，长白县委县政府坚持以当地转型发展为主线，以富民强县为目标，团结带领全县各族人民，创新思路、坚定信心、合力攻坚，使全县国民经济继续保持了健康稳定增长，实现地区生产总值40.86亿元，可比增长7.2%，其中第一产业实现增加值5.86亿元，同比增长4.4%；二产实现增加值18.05亿元，同比增长8.6%；三产实现增加值16.95亿元，同比增长6.7%，三次产业结构调整为14.3：44.2：41.5。一产比重继续下降，全县人均GDP达到49674元，比上年增加3979元。

园参丰收之时

长白朝鲜族自治县发挥地域优势，进一步调整农业传统种植结构，重点发展园参、五味子、细辛等中药材，蓝莓、草莓、山野菜等经济植物种植业项目，以及长白山肉牛、梅花鹿等养殖业项目，形成了具有本地特色的富民产业链条。长白县农作物播种面积达95 925亩，其中，粮食作物播种面积为64 860亩，以园参为主的药材等经济作物播种面积达到31 065亩，成为全省十大特产园区之一和中药材基地建设示范县。

旅游业是长白县经济发

长白县十五道沟风光

展的又一大亮点。长白县立足县情，把旅游产业确立为县域经济的主导产业和新兴产业之一，充分利用和挖掘自然资源优势和民族特色，突出旅游项目建设，不断优化旅游产业发展软硬环境，快速扩充旅游产业规模，有力推动了旅游产业快速健康发展，逐步实现了经济效益、社会效益和生态效益的统一。2010年，长白县荣获“中国最佳民族生态旅游名县”称号。2012年，长白县在香港《大公报》举办的“第二届中国最具海外影响力市（县区）”评选活动中，被授予“中国最具海外影响力明星县”等荣誉称号。

长白县果园村（朝鲜族民俗村）

三、茁壮成长的朝鲜族企业家

改革开放以来，吉林省的朝鲜族企业家从无到有，从小到大，从弱到强，朝鲜族企业家群体逐渐壮大，一些企业处于省内领先地位。延边出现了天宇建设集团股份有限公司等年产值近18亿元、上缴国家税金5545万元的大型企业。朝鲜族企业界社会组织和团体不断涌现，延边地区先后出现了延边企业家协会、延边朝鲜族自治州民营企业家联谊会、延边朝鲜族贸易协会、延边朝鲜族自治州女企业家协会、朝鲜族全球网络延边CEO俱乐部、延边朝鲜族传统料理协会、延吉餐饮业商会、延边韩国商会等。

为了加强朝鲜族企业家之间以及与海内外工商团体的合作交流，充分发挥企业家的社会作用，吉林、通化、长春等散居地区朝鲜族企业家也成立了朝鲜族企业家协会。为了进一步促进吉林省内朝鲜族企业家的交流与合作，推动民族企业的健康发展，2015年12月12日，第一个省级朝鲜族企业家协会——吉林省朝鲜族企业家协会在长春成立。长春国家光电子信息产业基地发展股份有限公司董事长刘天文任第一届会长，田奎相（吉林省总商会副会长、延边朝鲜族企业家协会副会长）、金龙奎（吉林省斗山工程机械有限责任公司董事长，长春市朝鲜族企业家协会会长）、许德焕（延边朝鲜族企业家协会会长）、李青山（通化朝鲜族企业家协会会长）、赵跃杰（吉林市朝鲜族企业家协会会长）、姜振波（延边州政府驻长春办事处主任）等任常务副会长。

日趋发展壮大的朝鲜族企业家群体，关心家乡发展，支援家乡建设，他们以捐资助学、资助民族社团活动、举办民族运动会等形式，回馈社会，造福民族。各城市的朝鲜族企业家协会已经成为当地朝鲜族社会发展的强有力的后盾，为朝鲜族社会可持续发展做出了重要贡献。

通化市朝鲜族企业家协会于2012年成立。成立以来，作为通化市朝鲜族企业家凝心聚力、沟通交流的平台，企业家协会以团结、合作、发展为宗旨，充分发挥民间团体的桥梁和纽带作用，积极引导会员企业走创新发展之路，维护好企业的合法权益，努力把协会建设成为广泛团结、热情服务于朝鲜族企业家的具有民族特色的民间团体。该协会在强力推进企业创新发展的同时，充分发挥自身优势，积极主动承担社会责任，关注民族事业，推进社会主义核心价值观具体化、系统化建设，为通化市民族团结进步事业取得长足发展做出了突出贡献。

会长李青山，通化青山实业集团有限公司董事长，通化市、县两级人大代表，通化县党代表。多年来，他用辛勤的汗水和不懈奋斗，走出了一条自我发展的快速成功之路。不论是作为企业家还是人大代表，他都竭心尽力。目前，青山集团下辖合资企业通化一洋保健品有限公司、通化南亨人参有限

通化市朝鲜族企业家协会会长李青山

通化青山实业集团“元秘-D”生产线一角

公司、通化青山人参研究所、通化青山小额贷款公司、通化金海贸易有限公司等，成为集生产、科研、金融、贸易于一体的大型企业。

20世纪90年代初，从事多年国企制药经营管理的李青山，将目光牢牢地锁定在具有强劲发展优势的人参产业上。1997年，李青山立足人参资源优势，与韩国知名企业“一洋药品株式会社”成功合作，创建了中韩合资企业“通化一洋保健品有限公司”。通过引进先进的技术和生产设备，采用现代化的管理流程，公司一跃成为我国人参保健品行业的佼佼者。主导产品“元秘-D”经过十多年精心打造，目前已成为我国人参精深加工的顶端产品，系吉林省首个引进国外先进技术和工艺的人参制品。2001年获中国长春首届农博会金奖，2005年、2010年两次被评为吉林省名牌产品，在保健饮品中堪称世界著名品牌，是我国目前销量最大的人参口服液制品。合资企业通化一洋2004年和2008年企业两度被评为A级纳税信用企业，连续10年被通化县评为先进企业和突出贡献企业。企业由小到大，由弱到强，经济效益迅猛提高。自2010年以来，企业连续五年实现产值、销售收入过亿，上缴税金超千万元的经济指标。

李青山作为一名朝鲜族企业家，随着企业的发展与进步，非常重视加强对朝鲜族文化的传承、发展和创新，积极参与关注民生、扶贫济困、捐资助学、社会救助等公益事业，以实际行动真心回报社会，十多年来，他已累计出资数百万元。2009年获得国务院颁发的“全国民族团结进步模范个人”荣誉称号。

陛讴（B.O）环艺传媒

陛讴（B.O）环艺传媒成立于1994年，坐落在延边朝鲜族自治州首府延吉市，是一家致力于企业诊断、品牌建立、创意设计、精品印刷、环境规划、展览展示、数字服务等为一体的综合性企业，在上海、深圳、长春设有分公司。20多年来，陛讴（B.O）始终关注于为客户提供“更全面、更精准、更实战”的全方位立体式服务，强调“量身定做”，注重个性化创意思想，追求当代美学理念与现代科学相结合，为优秀品牌走向世界打造了优质的窗口。业务涉及工业、农业、科技、金融、房地产、教育、旅游业等数十个行业领域。陛讴（B.O）以民族文化为核心，结合专业策划设计理念，不断开拓对外交流的窗口，秉承“成就别人，成就自我”的宗旨不断进取、超越自我，为民族事业做出了令人瞩目的贡献。2015年1月，陛讴（B.O）环艺传媒有限公司董事会会长李成男当选为中国民族产业联合会副会长，并被评为“中国优秀创新企业家”。2015年12月，被中国朝鲜族企业家协会特聘为顾问。

李成男会长在全国人大会议中心讲话

吉林市万里购物广场

吉林市万里购物广场始建于2001年，原名天津街批发市场B座，后经改扩建建筑面积达到了3.8万平方米，2006年正式更名“万里购物广场”。现为吉林市最大的日用消费品批发市场，共五层，是集服装、鞋帽、小百、童装、床品、窗帘、美食于一体的大型综合性批发零售市场。董事长为赵跃杰。如今，万里购物广场已经成为一个品牌，根植于江城百姓心中。万里购物广场除了为业户和百姓创造更大的经济效益之外，更注重创造良好的社会效益，为社会创造更多的就业机会，为市民提供更高层次的购物环境，全力服务于吉林市整体经济发展的需要，成为吉林市极具代表性的龙头企业。先后获得“消费者信得过单位”“吉林市百家诚信企业”“最具社会责任感企业”“诚信维权示范单位”“优秀民营企业”等荣誉称号，为“5·12”汶川大地震、朝鲜族学校、朝鲜族文化馆等公益事业捐款100余万元。2013年赵跃杰被选为吉林省十二届人大代表，现兼任吉林市朝鲜族企业家协会会长。

赵跃杰

吉林市万里购物广场

四、文化艺术百花齐放

1978年以后，朝鲜族文化事业获得了迅速恢复，并在改革开放大潮中获得了蓬勃发展。几十年来，延边朝鲜族社会的文化事业不断改善和调整，不仅拥有了适应民族特点的各类文化机构和艺术团体，而且也形成了完整而独特的民族文化工作体系，为今后的发展奠定了坚实的基础。

1. 歌舞团体

延边歌舞团是代表延边歌舞的成功文化品牌。改革开放以来，延边歌舞团深深地扎根在民族民间艺术的土壤之中，历经几十年，先后推出了大型舞剧《春香传》（获文化部第一届文华新剧目奖）、歌剧《阿里郎》（获文化部第一届文华大奖）、舞蹈诗剧《长白情》（获得文化部第八届文华大奖和文华新剧目奖）、大型民族歌舞《欢腾的长白山》（获第二届全国少数民族文艺会演创作、表演、舞美3项金奖）、《千年阿里郎》（获全国少数民族文艺汇演金奖）等一大批享誉全国的民族艺术精品，为延边赢得了“歌舞之乡”的美誉，歌舞团也成为朝鲜族的“形象大使”和延边的“名片”。

近年来，延边歌舞团实行大型节目编导竞标机制，即向社会公开大型节目编制情况，由集体或个人向文化艺术委员会提交申请，进行公开竞标，收到了良好的效果。延边歌舞团通过竞标自主创作编导的大型朝鲜族歌舞《长白山阿里郎》，不但成为国庆60周年献礼剧目，受到党和国家领导人的肯定，还在3年的全国巡演

《放歌长白山》剧照

中创造了1800多万元的经济效益，是延边歌舞团建团50年演出收入的总和。

2012年，为延边朝鲜族自治州60周年献礼而创排的大型歌舞《放歌长白山》，是一台体现朝鲜族歌舞艺术最高水平，真实呈现朝鲜族文化内涵，集民族性、艺术性、观赏性、时代性于一体的大型原创歌舞剧目。全剧共分5个部分，16个节目。剧目构思精巧、内涵丰富，以优美的音乐和独特的舞蹈，展现延边各族人民建设富裕、和谐、幸福家园的精神风貌。剧目将神奇的长白山文化和神秘的朝鲜族文化融入其中，并加入象帽、长鼓、扇子、牙拍等典型的朝鲜族非物质文化遗产元素，使观众领略到一幅幅精美的长白山水画卷和民族风情画卷。2012年，该节目获第四届全国少数民族文艺会演“剧目金奖”及27项最佳奖；2013年，荣获文化部第十四届“文华优秀剧目奖”及“文华编导奖”等3个单项奖。

作为公益性文化团体，延边群众艺术馆不仅在各类公益性文化服务活动中大显身手，而且不断推出艺术精品。2013年，由延边群众艺术馆创排的群舞《盛世长鼓》在第十届中国艺术节上精彩亮相，并以其隽永的内涵、精湛的技艺、优美的舞姿摘得群星奖桂冠，成为延边州首次获群星奖的群舞节目，也成为此次艺术节东三省唯一获群星奖的舞蹈类节目。

长白朝鲜族自治县民族歌舞团也面向基层，扎根农村，演出了具有地方特色的浓郁乡土气息的歌舞节目，先后为自治县春节晚会、节日、外宾外商、旅游观光团以及深入农村、慰问部队演出上千场。他们经常开展丰富多彩的民族文化活动，培养了一批文艺骨干。他们创作的《农乐舞》《手绢舞》获得了吉林省文艺优秀奖。县文化馆干部多次配合吉林大学、省音协深入全县农村搜集民间故事、

长白朝鲜族自治县民族歌舞团表演的舞蹈《薄片舞》

传说、民谣200余篇，搜集整理朝鲜族民谣、民歌140余篇（首），其中有120首被编入《吉林省朝鲜族民歌集成》。

2. 文学创作

朝鲜族从朝鲜半岛迁入以后，许多美丽、动人的神话一代又一代地在这块土地上流传下来。朝鲜族神话有《檀君神话》《高朱蒙神话》《朴赫居世神话》《金首露王神话》《昔脱解王神话》《金阏智神话》等。民间文学有民谣、传说、民谭（故事）、民间剧等。朝鲜族民间传说有历史传说、人物传说、地方风物传说和动植物传说等。风物传说和动植物传说的代表作有《金达莱》《百日红》《三胎星》等。

在开发和保卫东北边疆的过程中，朝鲜族文学家以朝鲜半岛悠久的民族传统文化为根基，结合朝鲜族社会实际，创造了许多富有民族特色的文学作品。早在新中国成立前，吉林朝鲜族的文坛上就出现了金昌杰、尹东柱等著名文学家；新中国成立以后又出现了金哲、金学铁、任晓远、金成辉、林元春等文学家，也曾推出《亲戚之间》《伞在雨中泣》等优秀之作。

改革开放以后，朝鲜族小说的思想主题与意识取向、创作手法更趋多样化，既有反映民族生活与精神传统的，也有对人生虚无与生命荒诞进行思索的；既有对日益物欲化的生活现实进行聚焦的，也有对破碎的乌托邦与逝去英雄的呼唤；既有对“他人即是地狱”的决绝式表达，也有对人与人之间相互沟通的向往，其中也不乏对基督教、佛教等宗教与现实之间关系的思考。

随着文艺创作活动的深入，涌现出大量朝鲜族作者创作的优秀文艺作品。2012年，金仁顺的小说《春香》、金虎雄的报告文学《四海之内皆兄弟：朝鲜族教育家林民镐》获得全国少数民族文学创作奖——骏马奖，这不仅是对他们个人文学成果的极大肯定，同时也是吉林省文学事业，尤其是少数民族文学事业取得的重要成果。

在2015年举办的首届檀君文学奖评选中，对入围的2000年至2014年底这15年间用朝鲜文与汉文创作的朝鲜族作家作品进行了评审。最终，许莲顺的小说《谁见过蝴蝶的巢》、金荣健的诗《晨山的问候》、张正一的散文《岁暮随想》、李惠善的报告文学《郑律成评传》、张春植的评论《日据时期朝鲜族移民作家研究》、金哲镐的儿童文学作品《小小天空》等作品获单项奖；南永前的《我们从哪里来》和全勇先的《昭和十八年》获汉文创作奖；具豪俊的《爱的有效期》获新人奖。

金仁顺

近几年，用中文创作的朝鲜族作家登上中国文坛，受到主流文坛的关注。当代中国实力派女作家金仁顺，1970年生于吉林省白山市，是“70后”代表作家。1997年开始创作，迄今为止已完成小说、散文近200万字。著有长篇小说《春香》，中短篇小说集《爱情冷气流》《彼此》《玻璃咖啡馆》《桃花》等，散文集《美人有毒》《时光的化骨绵掌》。编剧电影剧本《绿茶》《时尚先生》等。曾获庄重文文学奖、骏马奖、林斤澜短篇小说奖、春申原创文学奖、中国小说双年奖、作家出版集团奖等。部分作品译成日文、英文、德文、朝鲜文。现任吉林省作家协会副主席。

3. 朝鲜族歌曲

朝鲜族是能歌善舞的民族。朝鲜族称民歌为“民谣”，歌曲旋律流畅、婉转悠扬、欢快明朗，极富感染力与表现力，常常是一人放歌，众人随和。著名的民歌有《桔梗谣》《阿里郎》《诺多尔江边》等。

新中国成立后，朝鲜族歌曲经历了三大改造、社会主义建设以及“文化大革命”阶段。由于特殊的时代背景，当时的作品以歌颂祖国、歌颂党、歌颂毛主席为主要题材。主要代表作品有《亲爱的祖国》（李幸福词，郑镇玉曲）、《献给毛主席的歌》（张东云词，董希哲曲）、《共产党和毛主席的恩情》（金京石词，林万浩曲）、《延边人民热爱毛主席》（韩允浩词，金凤浩曲）、《红太阳照边疆》（韩允浩词，金凤浩曲）等。除了政治题材的歌曲外，还有《长白之歌》（金哲词，郑镇玉曲）、《在故乡的山脚下》（金京石词，董希哲曲）、《第一次收获》（金世形词，金东镇曲）等赞美故乡、反映劳动人民生活的歌曲。其中，《延边人民热爱毛主席》以其优美动听的旋律和民族情感，唱响大江南北，成为象征朝鲜族的文化音符。

改革开放以后，民族文化传统备受关注，以传统民族艺术形式创作的作品大量出现，深受广大民众的喜爱。著名的有《长白之歌》《长白颂》《妈妈祝您长寿》等。另外，《杨柳》《啊，母亲》《我要嫁给他》《每当走过老师的窗前》等通俗歌曲作品也家喻户晓。著名作曲家有董希哲、金声民、崔三明、许元植、金凤浩等；歌唱家有方初善、金仁淑、金善玉等。近年，金永哲、阿里郎组合、金美儿、卞英花等吉林籍年轻歌手在中国歌坛崭露头角，深受歌迷们的喜爱。

朝鲜族歌手金美儿

延边人民唱给习大大的歌

2015年7月16日，习主席来到吉林省延边大地考察，为了歌颂党和国家对少数民族边疆地区人民的关怀，延边以“习总书记考察”为主题，创作出一大批正能量新民歌，其中《难忘的那一天》就是延边人民唱给习主席的歌，唱出了延边人民的心里话。

难忘的那一天

柴景春词，桑楠曲

难忘的那一天 长白山彩云飘荡
你来到阿妈妮洁白的村庄
就像亲人一样 拉着乡亲们的手
亲切地唠家常 贴心的话儿情谊长
百姓冷暖挂在心上
啊 亲人那 安宁哈西妮嘎 阿里郎斯里郎
各族儿女幸福安康 是你坚定的担当

难忘的那一天 海兰江欢乐歌唱
你走在阿爸依的田埂上
像当年支书一样 抚摸稻田里的苗
仔细地查看生长 农家的事儿大如天
百姓衣食放在心上
啊 亲人那 安宁哈西妮嘎 阿里郎斯里郎
民族复兴 国家富强 是你伟大的梦

朝鲜族电影导演张律

电影导演张律

张律，1962年出生于延边，毕业于延边大学，曾为延边大学中文系教授兼小说家。他并没有接受过有关电影的教育，但他的出道作品《11岁》受邀参加了各大电影节，而第二部作品《芒种》更是入围2005年戛纳电影节非竞赛单元。2007年8月初，张律拍摄的《明天会更好》（后更名为重庆）在韩国首尔举行了媒体试映会，成为备受关注的“世界影坛的一颗明星”。

2010年2月19日晚，第60届柏林电影节为14岁以上儿童电影所设的新世代单元水晶熊与特别奖揭晓，张律执导的《河》获特别奖。

2010年7月12日，在法国举行的第七届巴黎电影节颁奖典礼上，张律执导的电影《图们江》获电影节最高大奖。2014年第15届釜山国际电影节电影评论家协会奖评议中，张律凭借其执导的韩国故事片《庆州》和纪录片《风景》成为本届大奖获得者。2015年4月25日，又凭《庆州》提名第51届韩国百想艺术大赏“最佳导演奖”。

提前两轮成功晋级2016年中超联赛的延边长白山足球队

4. 朝鲜族体育

朝鲜族特别喜爱体育运动，不仅摔跤、秋千、跳板等传统体育项目得到延续和普及，而且速滑、短道速滑、排球、篮球、老年门球等项目也得到较大发展，足球更是延边各族群众普遍爱好的体育活动。延边被誉为“足球之乡”，从乡到村都有自己的足球队，小学四年级以上的学生即被组织起来踢足球，近年来还出现了一些女子足球队。每逢节假日，经常举办以足球为主的各类体育比赛。遐迩闻名的延边足球队以朝鲜族球员为主，以凶猛、顽强、全攻全守的独特打法闻名于中国足坛，是国内足坛的一支老牌劲旅。经过多年的拼搏，2015年延边足球队获中甲联赛冠军并成功冲超，时隔15年之后重返中国顶级足球联赛。

崔明哲：用生命之线条画就生命之美?

崔明哲，吉林珲春人，现为吉林省民族画院常务副院长，吉林省政协书画院顾问。1978年，考入中国美术学院前身——浙江美术学院，师从顾生岳等国画大家，系统学习了人物、山水、花鸟画的技法。同时，他一次次地走进敦煌石窟，去领略中国古典艺术超妙神茂的意境，从中“偷”得彰显大美之象的线条运用之法和色彩搭配之奥。他还常常翻山越岭于朝鲜族聚居的山村，与乡亲们同吃同住，同歌同舞，把自己的观察和亲身体悟及异于常人的绘画线条表现在其画作之中。由此，中国画坛上有了“师古而不泥古”的崔明哲线条。他先后创作了《秋千图》《跳板》《阿里郎》《百鼓图》《打糕》《摔跤》《踢足球》等一大批经典画作，这些作品，优雅、欢快，充满激情和民族气息，令人拍手叫绝。在中国画坛上，崔明哲以其独具特色的朝鲜族民族风情画独树一帜，崔明哲的线条是会呼吸会运动的生命的线条，崔明哲的色彩是会变化会融合的和谐的色彩。

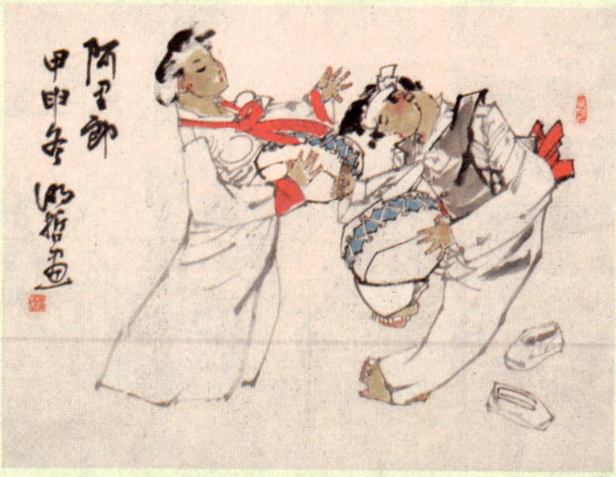

2014年第三届全国少数民族美术作品展中获银质作品奖的《阿里郎》

5. 文化基础设施

近年来，延边州委、州政府大力实施文化基础设施建设工程，新建了延边图书馆、延边博物馆、人民体育场、图们市中国朝鲜族非物质文化遗产展览馆、安图民族文化园、延吉中国朝鲜族民俗园等一大批具有民族文化特色的标志性文化体育设施。文化馆是城市社区和农村精神文明建设的基地，有些县市的文化馆合并了当地的文工团，力量得到了强化。目前，全州有州群众艺术馆、8个县市文化馆、37个乡镇文化站、186个社区文化室、773个村文化室。这些群众文化机构，不仅自己创作文艺节目，还帮助农村俱乐部和城镇职工业余文艺团体培养了大批业余文艺骨干，为普及和提高人民群众的文化艺术水平做出了巨大贡献。

延边朝鲜族自治州博物馆

吉林市朝鲜族文化馆的文化活动

延边作为我国朝鲜族的文化中心，长期以来以开展各类培训活动等形式，把向外界弘扬优秀民族文化作为自己肩负的使命。近年来，积极打造中国朝鲜族公共文化的理论研究基地、人才培养基地、观摩展示基地、产品生产和输出基地等一系列民族文化培育平台，以当地文化资源为依托，将优秀的民族文化向散居地区辐射。散居地区则以当地的朝鲜族文化馆和民间团体为依托，挖掘民族文化的资源，通过艺术节、文化下乡、培训等各种渠道，为弘扬和传承朝鲜族民间文化艺术做出了积极贡献。

6. 广播电视及新闻出版

延边的广电事业在全国属于发展较快的。在延边地区，除了延边人民广播电台、延边电视台外，8个县市都有自己的广播电台和电视台，2000年的时候广播覆盖率就达到99.71%；电视综合覆盖率达97.51%。作为中国唯一一家朝鲜语卫星电

中国延边卫视

视媒体，延边卫视于2006年8月10日正式上星播出，覆盖范围包括中国境内的东北三省、山东半岛、辽东半岛、京、津、沪、粤等部分朝鲜族聚居地区，以及朝鲜半岛、日本、俄罗斯远东地区。目前，延边卫视已在全国25个地区、100多个县（市）级的电视网络实现了落地播出，收视覆盖人口突破了一亿人。

朝鲜文大型文学期刊《长白山》

延边的新闻出版业也取得了较大发展。目前，延边地区有6种朝鲜文报纸、11种朝鲜文期刊，《延边日报》被列入中国百佳报纸之列。此外，吉林省内其他地区有《吉林朝鲜文报》《长白山》等报刊。

在党的民族政策光辉照耀下，延边的出版事业不断壮大，现已形成独具特色、门类齐全、综合配套、自成体系的民族出版事业格局。延边教育出版社、延边人民出版社、延边大学出版社等3个朝鲜文出版社，根据其性质，各自承担编写和编译出版全国朝鲜族中小学教材、大众图书、专业学术图书，为延边的经济建设和社会发展，特别是我国朝鲜族教育文化事业的繁荣发展，发挥了重要作用，做出了重要贡献。自治州出

《长白山》是我国散居地区最大的朝鲜文文学期刊，也是全国朝鲜文期刊中唯一的大型文学双月刊，1980年5月创刊。创刊时，属于通化市文联的内刊，1990年杂志社迁移到长春，归吉林省作家协会、吉林省民委管，2004年归属吉林日报社。《长白山》注重发表地方特色和民族特色突出的长篇和中短篇各类文学作品，深受国内外读者的欢迎，发行量一直居国内同类期刊之首。国外发行12个国家，成为对外宣传我国改革开放和中国少数民族政策的重要窗口。被评为吉林省十佳期刊、北方优秀期刊、国家新闻出版总署“双效”期刊，国家百种重点期刊。

版的《朝鲜语词典》获得了国家图书奖，《中国延边朝鲜族历史画册》获得国家图书推荐奖，这在吉林省是绝无仅有的，在延边民族出版文化史上写下了辉煌的一笔。全州现有9个图书馆，其中州图书馆、延吉市少年儿童图书馆发展成为全国一流图书馆，汪清、敦化、图们、珲春先后成为国家二级、三级图书馆，现正朝着一级图书馆的目标努力。

五、转型中谋发展

1. 同心协力破困境

自20世纪90年代起，随着中韩建交、两国经济文化交流日益密切、中韩双方经济差势和收入差异凸显，以及朝鲜族所特有的人文地缘优势等复合因素的发酵，以探亲形式起始的各种跨国流动愈演愈烈。跨国人口流动在朝鲜族地区已成为一种极其普遍的社会现象，现有近三分之一的朝鲜族人口正在跨国流动。朝鲜族，特别是在延边朝鲜族自治州，形成了大规模的人口外流热潮，这不仅直接影响了延边州经济社会发展的潜力和后劲，而且严重影响了边境地区社会治安稳定。毫无疑问，跨国人口流动群体在推动朝鲜族经济文化发展、缓解当地就业压力、提高朝鲜族市场经济意识等方面带来了积极的影响，但也给边疆民族地区带来一系列显性或隐性的社会问题。

人去屋空的朝鲜族房屋

“景色优美，村容整洁，房屋零星，人员稀少”是吉林省朝鲜族农村的真实写照。据调查，无论是延边、长白等朝鲜族聚居区还是其他散居区，

朝鲜族村庄的留守老人

户籍人口中的50%以上在流动，而且是长年的跨国流动，经济欠发达地区和自然条件差的边境地区人口流动的规模更为突出，加之人口负增长、出生率低，农村地区严重趋于老龄化，基层社会组织后继乏人，农村乡镇缺乏发展的新活力、后劲不足。特别是朝鲜族人口流动中女性人口流动率偏高，造成农村朝鲜族人口男女比例严重失衡，大量男性适婚青年找不到对象、结不了婚。

农村空洞化，尤其是边境地区的空洞化，不仅对边疆地区可持续发展和边疆地区社会稳定造成巨大的隐患，而且对国家边疆地区安全造成威胁。延边和长白两个朝鲜族民族区域自治地方，均在中朝界河图们江、鸭绿江北岸，过去几十年来，在长达1334公里的中朝边境线上，邻国民众、士兵的偷渡事件频频发生，甚至邻国边防军持枪越界行凶犯案的恶性案件也屡屡发生，严重威胁我边民的生命财产安全和边境地区稳定。“稳边、固边”是对边境地区社会的功能定位，如果人口都外流、村落渐消失，又何来守卫边疆、维护国家安全？

面对人口外流现象及其带来的一系列社会问题，延边州把外出务工人员返乡创业作为富民强州的战略举措，作为招商引资的一个主攻方向，作为解决就业的一条重要渠道，深入挖掘外流劳务人员这笔资源和财富，积极引导和扎实做好外出务工人员返乡创业工作，为民族地区的可持续发展和兴边固防提供牢靠的人才支持，也为进一步加强农村基层组织建设奠定了坚实基础。

自2014年末起，延边州谋划实施了外出务工人员返乡创业工程，有关部门按照州委的统一部署，将此项工作列为全州组织工作重点任务。为鼓励返乡创业，州政府于2015年9月9日出台了《关于进一步做好新形势下就业创业工作的实施意见》规定，对州内就地就近从事创业、进城创业和返乡创业

全州外出劳工人员返乡创业工作新闻发布会

的农村劳动者，享受与城镇居民同等的创业扶持政策。其中，返乡创业者从事个体经营的，在符合相关条件下，最高可享受10万元贷款，毕业两年以内的高校毕业生可享受最高15万元贷款，贷款期限为2年，从事微利项目的利息全部由财政贴息，个人不承担利息；创办企业的，在符合相关条件下，可享受贷款额度最高达400万元。同时，返乡创业人员可与当地居民享有同等技能、创业培训补贴政策和职业技能鉴定补贴政策，并根据实际情况给予不同程度的补贴。此外，对返乡创业人员创办企业后新招用的就业困难人员，根据实际情况，在符合相关优惠政策的情况下，政府也会给予相应的补贴政策。对在创业工作中取得显著成绩的单位和个人（包括返乡创业人员），还会给予不同程度的奖励。

目前，延边州建立了返乡创业人才库、项目库、专家库、金融服务平台、商务联络平台、政策服务平台和返乡创业基金，形成了州、县、乡三级联系服务工作体系。对于返乡创业的企业家，梳理出涉及“地、费、技、贷”共4项12条优惠政策，在工商登记注册、土地使用、税收等方面给予优惠或减免。对于返乡创业的大学生，设立返乡创业担保基金，落实小额担保政策。依托各类创业孵化基地，对入驻从事个体经营的返乡创业人员，给予摊位补贴、税费减免和融资服务等扶持，让他们既能提高创业本领，又能实现金钱收益。在延边，返乡创业的外出务工人员越来越多。据估计，全自治州常年外出务工人员在20万人以上，目前，已返乡的外出务工人员有10082人，已开始创业的有4000多人，其中一些创业模范逐渐成为村民创业致富的带头人。

返乡创业结硕果

宋永灿，延吉市朝阳川镇龙盛村农民。1999年，远赴日本留学。2005年，放弃日本的生活，选择回到老家陪伴年迈的父母。回国后，宋永灿一边打理父母先前在山上种植的落叶松林地，一边积累经验学习种植技术。2005年4月，宋永灿选取新的山坡，种植了80公顷的红松。宋永灿本来想跟村民一起搞林业种植，但在村民眼里，林业种植的收益不仅不像养牲畜和耕种那样立竿见影，而且投资大、不保险，是个“不靠谱”的事，所以无人跟随他。但宋永灿还是凭着自己的执着劲儿，起早贪黑，选树苗、种树苗、护林。经过两年的栽培，80公顷红松长势优良，宋永灿在质疑声中成功走出了一条林业种植的创新路。几年后，宋永灿又想挑战试种林下参，改写朝阳川一带无人种植林下参的历史。然而，种植人参可没有种红松那么简单，光是在山上选择合适的坡度、朝阳的方向和适合人参生长的最佳土壤，他就用了整整两年的时间。功夫不负有心人。经过几年的奋斗，宋永灿种植的林下山参开始成形，已经有了出售的价值。

回国创业10余年，宋永灿种植的红松和林下山参逐步形成规模，美好的明天也开始向他招手。与此同时，宋永灿也不忘为村里做些事。2010年，宋永灿开始担任龙盛村的会计工作。村里无论有什么活动，他都积极配合。谈及未来，宋永灿信心十足：“搞林业种植，是一个投入大、回报周期很长的项目，需要细心、耐心和恒心。我坚信，我的事业会越来越好，也希望可以尽自己所能，为村民做最大的贡献。”

宋永灿正在进行清林工作

2. 开局之年谱新章

2016年是“十三五”的开局之年，是吉林省各地朝鲜族经济社会发展的关键时期，也是全面建成小康社会的决胜阶段。尽管社会转型期各地朝鲜族社会都程度不同地面临着一些新的问题和挑战，但各级政府满怀信心，积极勾勒“十三五”发展蓝图。作为朝鲜族最大的聚居区和我国唯一的朝鲜族自治州，延边朝鲜族自治州于2016年1月12日召开第十四届人民代表大会第五次会议，积极规划“十三五”发展蓝图。

“十三五”时期延边州经济增长预期目标是：到2020年，全州地区生产总值达到1270亿元，年均增长7%；公共财政预算收入与GDP基本保持同步增长；社会消费品零售总额年均增长9%；外贸进出口总额年均增长15%；万元地区生产总值能耗比2015年降低14%；城镇常住居民人均可支配收入年均增长10.5%，农村常住居民人均可支配收入年均增

延边朝鲜族自治州第十四届人民代表大会第五次会议

长10.5%。

一是构建现代产业体系。“十三五”期间，将优先发展食品、医药等生态健康产业，提升发展木制品、能源、矿产、装备制造、纺织服装和信息等优势产业，培育发展新能源、新材料和生物等新兴产业，构建“2+6+3”工业体系。

二是提高发展承载能力。优化能源生产和消费结构，促进光伏、风电和生物质等可再生能源项目建设，努力推进“光伏暖民”工程。构筑连接周边地区和州内8个县（市）的高速公路主骨架，加快延吉机场迁建工程，实施铁路电气化改造。扎实推进城市地下综合管廊和海绵城市建设，加大供水、供热、燃气等市政基础设施建设力度。深入实施“宽带吉林”工程，推动“三网”融合和“智慧延边”建设，加快城市信息化建设进程。

三是厚植绿色发展优势。全面开展环境综合整治，加强生态保护与修复。深化国有林场、国有林区改革，探索发展森林碳汇产业。

四是加快开发开放步伐。大力发展开放型经济，全面参与东北亚区域经济合作。要加快推进基础设施互联互通和国际大通道建设，完善口岸基础设施，提升口岸等级。加快建设珲春国际合作示范区、和龙国家级边境经济合作区及延吉重点开发开放试验区等国际合作平台，积极推进中俄跨境经济合作区和中朝罗先经贸区建设。加快建设中韩产业园。推动建立图们江经济带，优化对外开放整体布局。

五是加快社会事业繁荣发展。全力推进义务教育均衡发展，不断提升朝鲜族教育水平，着力发展现代职业教育，加快教育信息化进程，加大朝鲜族文化保护传承力度。深化医药卫生体制改革，建立健全公共卫生服务网络，完善基层医疗卫生机构运行新机制。促进人口均衡发展。积极推进全民健身，支持足球事业发展，发展民族传统体育项目，促进群众体育、民族体育、竞技体育和体育产业协调发展。

六是着力增进人民福祉。“十三五”期间，要以民生为“指南针”，公共财力进一步向民生领域倾斜，切实加大保障和改善民生力度，积极扩大就业，稳步提高城乡居民收入，全面推进社会保障体系建设，建立健全公共服务体系，努力改善城乡居民居住条件，切实加强困难群体帮扶，使全州各族人民在共建共享发展中有更多获得感。

面对新时期新形势，长白朝鲜族自治县也在积极描绘“十三五”蓝图。“十三五”期间，长白县的主要预期目标是：地区生产总值年均增长8.3%；地方级财政收入年均增长5%；固定资产投资年均增长12%；社会消费品零售总额年均增长10%；城镇和农村常住居民人均可支配收入年均增长10%和15%。

长白县“十三五”期间的重点工作是：一是以社会富庶为最高追求，大步伐繁荣经济。倾力培育绿色健康产业、新型材料产业、泛旅游服务产业等“三大特色产业集群”。到2020年，三产比重调整到10：47.5：42.5，实现农业增加值6亿元、工业增加值28.5亿元、服务业增加值25.5亿元。二是以共促和谐为最大目标，大合作开放兴边。倾力创建对外跨境合作先导区、对内区域性合作先导区等“两大经贸合作先导区”。到2020年，建成集边境商贸、生产服务等功能为一体的外向型经济带，长白口岸进出口总额达到2亿美元。三是以人居美丽为最强理念，大手笔改造城乡。倾力建设独具风情的人文城市、服务利民的智慧城市、娟清秀丽的园林城市、造福农民的美丽乡

长白朝鲜族自治县第十七届人民代表大会第五次会议

村等“三城一美城乡布局”。四是以绿色文明为最严标准，大气魄发展生态。倾力打造低碳循环示范带、自然保护示范带、环境治理示范带等“三大生态示范带”。五是以平安幸福为最终宗旨，大动作改善民生。倾力构建常态化平安体系、现代化交通体系、精准化扶贫体系、系统化服务体系等“四大安民利民体系”。到2018年实现全县21个贫困村整体脱贫、3074名建档立卡贫困户全面脱贫销号。

会议号召，全县各族人民将在县委的坚强领导下，奋发有为、开拓进取，不断凝聚发展合力，为全面建设美丽、富庶、文明、和谐、平安、幸福新长白努力奋斗！

第七章 绚丽多彩的民风民俗

中国朝鲜族来自朝鲜半岛的各道，其中以咸镜道、庆尚道、平安道的人占绝大多数。以吉林省来说，延边及长白的绝大部分朝鲜族来自朝鲜半岛北部的咸镜道和平安道，其他地区如吉林、长春等地的朝鲜族则大多来朝鲜半岛南部的庆尚道和全罗道。在长期开发边疆、保卫边疆的过程中，吉林各地朝鲜族人民不仅完好地保存了朝鲜族的传统风俗，而且随着时代的发展不断丰富和发展民俗文化。

一、生活文化

任何民族的衣食住行等生活文化乃至由生活文化折射出的文化特质都体现了这个民族独一无二的文化风范。朝鲜族在漫长的岁月中，创造了具有独特而又浓郁民族色彩的生活文化，而且继续发扬光大。朝鲜族一直以农耕经济为主要的生产方式，所以朝鲜族的生活文化也与之息息相关。朝鲜族的物质生活与精神生活无不渗透着农耕经济生活的浓郁色彩。

1. 饮食文化

（1）日常饮食

在饮食方面，朝鲜族继承了本民族饮食习惯，融合了周边汉族、满族、维吾尔族等饮食风味，汲取了韩国饮食风格，发展出独具特色的饮食民俗，可谓饮食民俗传承和饮食行业发展的典范。

用朝鲜族铁锅做米饭

米饭、酱汤、泡菜构成朝鲜族饮食结构的三大基本要素。从古至今，大部分朝鲜族家庭始终维持着这种饮食结构，以谷物、蔬菜为主要材料，蒸煮、煎烤为主要烹饪方式。在日常生活中，一日三餐的饮食种类区别不大，大多以米饭为主食，以酱汤、泡菜为副食，适当增减一些饭菜而已。这种饮食结构对米饭的制作要求较为苛刻，并且对大酱和泡菜的依赖度较高。

米饭

朝鲜族喜食米饭，擅做米饭，用水、用火都十分讲究。米饭由铁锅煮成，朝鲜族铁锅是专门为了煮米饭而设计的，与为了炒菜而设计的汉族铁锅有很大区别。朝鲜族铁锅底大口小，下端有一圈飞边，便于在灶台上安装。锅口的边沿弯向里边，上面盖以沉重的铁盖，严丝合缝，这样锅里的蒸气不易跑出来，香味也不易外溢。这种铁锅堪称土高压锅，做出来的米饭又香又软，饭味醇正。

石锅饭

大部分朝鲜族家庭还喜欢吃二米饭，一般以大米或小米为主，掺入其他杂粮。以大米为主的二米饭，一般掺入小米、黄米、黏苞米、高粱米等杂粮；以小米为主的二米饭，一般掺入大麦米。另外，朝鲜族还经常吃掺薯类米饭。一般以大米或小米为主，掺入土豆或地瓜。下锅时，把土豆或地瓜切成片放在大米或小米下面。此外，还有石锅饭、五谷饭、茄子饭、米肠饭、紫菜饭、炒饭等。

大酱和酱汤

朝鲜族对汤可谓情有独钟。“三天不喝酱汤，浑身不得劲”，这句话足以说明酱汤在朝鲜族饮食结构中的重要地位。汤的种类非常丰富，有狗肉汤、牛肉汤、参鸡汤、猪肉汤、河鱼汤、梅云汤、海菜汤、豆腐汤、饼汤、龙凤汤、冷面汤、酱汤、汤菜等等，可谓不胜枚举，其做法多达30多种。

在诸多汤类中，酱汤最受青睐，酱汤的主材料为大酱。直到20世纪90

酱汤

年代初，每逢秋冬季节，腌辣白菜、做大酱是每个朝鲜族家庭的头等大事。

大部分朝鲜族家庭在阴历十一月和正月开始腌制大酱。按照习俗，忌讳在腊月腌制，也有的地方忌讳农历初二和初七腌大酱。大酱的原料为黄豆，为了确保够吃一年，每个家庭需要40～50斤黄豆。做大酱要经过煮黄豆、制作酱坨、自然发酵、下酱等步骤，需要几个月的时间。大酱储存在酱缸里，常温下几十年都不会变质。有时候，也把煮好的黄豆留下一部分来做成“臭酱”和“姊妹酱”。朝鲜族还喜欢用大酱或辣椒酱蘸东西吃，因此，家中不能缺少辣椒酱。

在家中做酱汤，大多以白菜、土豆、豆腐为主原料。主料不同，其做法也不尽相同。如，土豆酱汤，就一定要把酱汤做得浓一些，虽然味稍咸，但与米饭一起吃，极为般配。如果放猪肉一起炖，更是锦上添花。过去，朝鲜族家庭买猪肉大多是为了做酱汤吃，而不是用来炒菜。

酱缸

泡菜

泡菜是朝鲜族饮食文化的标志，它是以米饭为主的朝鲜族饮食生活中最重要的副食之一，同时又是入冬后至第二年春天的常备菜肴。

地窖辣白菜

泡菜是一种发酵食品，种类繁多、口味各异，其中最受欢迎的莫过于秋冬辣白菜。深秋来临之时，朝鲜族家庭都忙碌于腌制辣白菜，其味道的好坏，关系到主妇的名声。一直到20世纪90年代初，每到10月末，人们争先购买白菜，少则几百斤，多则上千斤。在缺少食物的年代，泡菜和酱汤是朝鲜族家庭熬过漫长严冬必不可少的饭菜。吉林省冬季气温较低，为了贮藏泡菜，家家户户都在菜园子里挖一口菜窖，泡菜可以保存到第二年的三四月份。另外，用樱菜、雪里蕻、苏子叶、野山菜、香菜等腌制的过冬泡菜，也深受当地人的喜爱。

朝鲜族还善于拌小菜，其风味独特，鲜美爽口，深受欢迎。制作小菜的材料种类繁多，有沙参、桔梗、野芹菜、蕨菜等野菜；也有小鱼、海带等海货。

香葱泡菜

萝卜块

洋葱泡菜

（2）特色饮食

逢年过节，朝鲜族家庭要做各种特色饮食，增添节日气氛。特色饮食主要有打糕、冷面、狗肉汤、拌饭、江米鸡、参鸡汤、烤肉、米肠等。

打糕

朝鲜族喜欢吃打糕，就像北方的汉族喜欢吃饺子一样。每逢佳节，在朝鲜族村镇，几乎家家户户都在制作打糕。年轻小伙子头扎雪白的毛巾，甩开膀子抡起木槌，用全身力气打，小姑娘小媳妇则系上小围裙，两手有节奏地在砧板上翻，直到把蒸好的米饭打成糕为止。

制作打糕

朝鲜族打糕和其他地方的年糕一样，都以糯米为原料，但年糕是用糯米面做成，而打糕则是用糯米饭捶打而成，比一般年糕更加黏润可口，味道更为清香。做打糕要经过洗、蒸、打、切等四道工序。吃打糕，一般蘸豆沙或黄豆面；喜甜食者，可蘸糖食用。

各式糕点

打糕有黏性，容易粘贴。在朝鲜语里，“贴上”和“考上”发音相同，所以每当中考或高考时，很多家长把打糕贴在孩子志愿的学校大门（中考），或者作为考场使用的学校的大门上（高考），并且在早饭时让孩子吃一块打糕，以此希望自己的儿女能够考上好的学校。延边一中是朝鲜族名校，每到中考那一天，很多家长都准备几斤打糕，到延边一中门口的墙壁上粘贴打糕，并附上祝愿的字条。

除了打糕，发糕、蒸糕、松饼等糕饼也非常有特色。朝鲜族在生日、周岁、结婚、祭祀等重要的日子，都制作各种糕饼祈求平安。

冷面

冷面源于朝鲜半岛的平壤和咸兴地区，19世纪中叶随朝鲜族迁入而传入中国，至今约有150多年的历史。

朝鲜族冷面

延吉冷面堪称是中华“面条文化”的一朵奇葩，在国内享有盛名，是吉林省著名的特色小吃。以前，朝鲜族在正月初四中午吃冷面，寄寓长寿福绵，所以冷面又有“长寿面”之称。冷面清凉爽口，酸、甜、辣、香、凉俱佳。作料也别具风味儿，酱油、香油、牛肉片、芝麻，再加上泡菜，也可以加点辣椒调料，冲上清汤搅拌。吃到嘴里，顿觉面条辣酥酥的；嚼口苹果梨片，又觉甜滋滋的；喝口冷面汤又觉清凉凉的。延吉冷面是延边的一张名片，甚至有“不品尝延吉冷面枉到延边”之说。由于吉林省各地区的朝鲜族来自朝鲜半岛的不同地域，因此冷面的制作方法与味道稍有差异，咸镜北道出身的延边朝鲜族喜欢吃酸甜味道的冷面，而吉林地区的冷面不带甜味。

江米鸡

江米鸡作为极具特色的朝鲜族饮食，营养与美味兼备，是来延吉“必吃”的美食之一。

江米鸡

江米鸡是把白条鸡掏出内脏，放入江米、人参或黄芪、大枣、枸杞子、松子、蒜头等蒸熟。传统的做法是把材料放入小陶罐内蒸熟，而现在通常是用高压锅炖鸡焖饭。鸡和米可以同时放入高压锅里一起炖，也可以单独炖鸡，再用鸡汤做饭。

在延边地区，龙井市新化村和延吉市大成村聚集了很多专门经营江米鸡的饭店。其中大成村的“柳树村”非常有名，在中央电视台播放过的电视连续剧《长白山下我的家》剧组曾在该店取景。

拌饭

拌饭是朝鲜族非常喜爱的家常饭之一，它的特点是辣、烫、鲜味十足。在延边地区，若到朝鲜族朋友家做客，热情好客的女主人都会用时蔬和米饭做出美味的拌饭招待客人。每年逢重要的节日，“千人拌饭”都会免费供游客品尝。“千人拌饭”主要原料是延边的优质有机大米，配以无公害蔬菜和当地产的山野菜、胡萝卜、蕨菜、萝卜、牛肉、辣酱、香油等，几个人用大型木铲用力搅拌，香味诱人。

拌饭

千人拌饭

狗肉汤

汤在朝鲜族日常饮食中不可缺少，而狗肉汤则是各种汤菜中的首选。狗肉富含蛋白质，低脂肪，营养价值很高，有滋补保健之功效，所以朝鲜族有句俗语“三伏天喝狗肉汤如同吃补药”。如今，不论是寒冷的冬天，还是炎热的夏季，狗肉汤经常摆在朝鲜族的餐桌上。

狗肉汤的制作方法因地而异。延边的狗肉汤，清水煮肉，辅以狗酱。狗酱是将辣椒面、香菜、酱油、食盐、韭菜花、葱等调料加上肥狗肉，熬成汁酱。汁酱既辣且香，调在汤里异常开胃，是决定狗肉汤味道的关键。吉林其

狗肉

狗肉汤

他散居地区的狗肉汤是把狗肉烀熟，剔除骨头之后，再放入大酱、干白菜或蕨菜一起炖。

现在，朝鲜族狗肉汤不仅受到东北人民的青睐，而且走进北京，出现在全国许多大中城市，成为其他民族竞相品尝的特色佳肴。

参鸡汤

参鸡汤源于朝鲜王朝时期的宫廷，当时只有王公贵族才能享用。后来，参鸡汤传入民间，因其口感清淡鲜美、营养丰富，男女老少皆宜，成为广受欢迎的美味。参鸡汤原料有三黄土鸡、高丽参、大枣、板栗、枸杞、黄芪、当归、大葱、大蒜、洋葱、盐、水、胡椒、味精、糯米等十几种。在1996年“艺玲参鸡汤店”开业之前，延吉市还没有正规的参鸡汤店。参鸡汤技术是该店老板第一个从韩国引进到延吉的。后来，他在传统配方的基础上改进了参鸡汤的做法，使它更适合延边人的口味，从此形成独特的民族特色饮食。

参鸡汤

米肠

米肠是朝鲜族风味饮食之一，是朝鲜族逢年过节和举行传统生活礼仪、祭祀活动时必不可少的食品，后经过发展演变，出现了明太鱼米肠、鱿鱼米肠、

米肠

辣椒米肠、茄子米肠等。传统米肠味道浓香，营养丰富，老少皆宜。用料有糯米、大米、猪血、猪肠衣、白菜叶、猪板油等，将上述用料加上熟豆油、酱油、精盐、葱末等搅拌均匀，做成馅料，把猪肠衣一端用绳系紧，将馅料从另一端灌入肠内扎紧，放热锅中煮熟后，切成斜片装盘，浇汁，即可食用。

烧烤

延边地区的烧烤大体上有两种，一种是朝鲜族传统的烤牛肉，另一种是引进新疆地区的羊肉串烧烤技术并对其进行本土化后完成的延边羊肉串。

朝鲜族自古喜爱吃烤肉。朝鲜族聚居地区随处可见生意兴隆的“朝鲜族烤牛肉馆”。朝鲜族烤牛肉，外稍焦，里香嫩，再蘸以用多种调料所调之汁，美味无比。尤其是在瑞雪纷飞的冬季，亲朋好友围炉而坐，来上几盘牛肉，举杯谈笑中，肉片吱吱作响，香气浓郁扑鼻，再惬意不过了。吃这种烤牛肉，要先将牛肉除去筋、膜、油，切成长一寸半、宽一寸、厚一分的肉片，加适量的醋、酱油、蒜末、白糖、胡椒粉、味精、香油，轻轻拌匀，装盘上桌。另将酱油、辣椒

朝鲜族烤串

面、白糖、白醋、香菜末、大蒜等分别装入小碗，上桌摆好。再将烧好的炭火炉置于桌心，上放铁箅子；食者用铁筷子夹起肉片，放铁箅子上烤制，要及时将肉片散开，使之受热均匀，待肉片烤熟时，即可调作料食用。

另一种烧烤方式为烤羊肉串。延吉人开始吃羊肉串始于20世纪80年代中期。当时，延吉街头纷纷出现了本地人并不熟悉的新疆羊肉串。过路行人觉得好奇，你一串儿我一串儿地品尝，羊肉串开始大卖。因为延边人喜欢喝啤酒，羊肉串逐渐从街头小吃变成了下酒菜，由于风吹雨打的时候串很难烤，于是街头的露天串摊纷纷改头换面为有排烟设施的饭店式串店。随着调料的不断改进，到90年代初，真正的朝鲜族式羊肉串店开始形成。朝鲜族特色的羊肉串不仅成了延边的美食，更是走出延边，走出国门，在北京、上海等国内大城市和韩国首尔、釜山等城市落脚。

2. 民居

朝鲜族聚居的延边地区，属于中温带湿润性季风气候，春季干燥多风，秋季凉爽，冬季寒冷。在文化传统上，朝鲜族深受儒家文化的影响，尊老爱幼、重视礼节。这种独特的气候条件和文化传统，使其建筑构造、外观样式、整体风格极为独特，在祖国各民族的民居建筑中独树一帜，彰显了简洁尚美的精神气质。

朝鲜族民居外观特征极为明显，屋顶以庑殿式和歇山式为主，白灰刷墙的泥草房、瓦房较多。内部结构可分为单排房和双排房两种。单排式结构的房间，排列如同“月”字，房间之间只有横向间隔而无纵向间壁；双排结构的又叫双筒子，房间排列如同“用”字，房间之间既有横向间壁又有纵向间壁。延边朝鲜族传统民居基本上是双排型六间或双排型八间。如图所示，在典型的双排型六间房

龙井市长财村的朝鲜族传统民居

传统的朝鲜族房屋——牛与人同住一个屋檐下

屋中，东为牛舍和碓房，中间为厨房和正厨间（也叫正地间），西为里屋和库房。如果是双排型八间房屋，在西边，向南北方向再加里屋和库房各一间即可。

在双排型六间房屋中，正厨间、库房、里屋全铺火炕，作为吃饭、睡觉、礼仪空间来使用。大炕是朝鲜族人在室内的主要活动空间，亲友们在此围桌对饮，妇女们在此做针线活，还有孩子们在此嬉戏玩耍。炕大，散热面积就大，在冬天显得特别暖和。碓房里安置脚踏式的木碓，舂米、制粉等工序在这里完成。在传统社会里，牛在家庭经济中所占的比重是超乎想象的，为了防止被盗或冻死，牛舍一般都盖在厨房的隔壁，这样，牛与人同住一个屋檐下。

吉林省散居地区的朝鲜族房屋结构与延边地区稍有不同。延边州的朝鲜族传统房屋，屋顶多为庑殿式和歇山式，住房与碓房、牛舍连在一起，而生活在其他地区的朝鲜族，畜舍单盖，并且在周边其他民族的影响下，基本上居住在铺南北炕的满族或汉族式的房屋，屋顶多为悬山式。

在新农村建设进程中，延边朝鲜族的房屋结构有了一些变化，尤其是厨房结构，锅台面积比过去缩小，大部分家庭只留一口朝鲜族铁锅和一口煎饼锅。由于电饭锅及煤气的出现，除非做豆腐或蒸糕等重要饮食，铁锅和煎饼锅很少作为炊具来使用。散居地区的朝鲜族厨房则类似于汉族、满族的厨房结构，厨房与居室分开。

3. 民族服饰

朝鲜族传统服装优雅且有品位，是朝鲜族优秀的传统文化之一。现在，虽然大部分场合很少穿民族服装，但在特殊的日子里，如结婚、花甲、周岁等重要仪式中，朝鲜族男女老少都要穿上传统的服装。在春节等重要节日里进行祭祀和拜年仪式时，也都要穿上传统服装以示庄重和敬意。

朝鲜族传统服饰有男女上衣、裤子、裙子、外套、袍、坎肩及笠帽、船形鞋等。除了日常的服装外，还有周岁服装、结婚礼服、丧服等礼仪服装。朝鲜族服装的特点是斜襟，无纽扣，以长布带打结。不论男女服装，上衣从斜襟到领子都用手工精心缝着白布边，这种白布边可以经常拆洗，使领口保持干净。

朝鲜族自古有“白衣民族”之称。白色是朝鲜族的服装最喜欢用的颜色，因其象征着纯洁、善良、高尚、神圣。朝鲜族“服色尚白”的习俗，有几种说法，一是因为染色技术不发达，因而以衣料的自然色为衣服的颜色；二是源于以净为喜的生活习俗；三是源于太阳崇拜，因为太阳总是白色的。随着生活水平的提高和衣料生产技术的进步，朝鲜族服饰摆脱了单纯的白颜色，变得多彩纷呈。

男装

朝鲜族男装主要有袄子、裤子、坎肩、长袍等。平时穿素色短袄子，外加坎肩，下穿裤腿宽大的长裤，裤脚系上丝带；外出时多穿斜襟以布带打结的长袍。朝鲜族男子服饰色彩单一、稳重，如白、蓝、黑等，节日时也着色彩艳丽的服饰。

袄子为上衣，在朝鲜语中叫“则高利”，前襟可以敞开，有领子、前襟、袖子、领边和袄带。领子平展地围着脖子，在胸前掩住。领子上缝有宽约2厘米的白布领边，领边可以拆除，以便随时洗涤。穿时，左襟掩住右襟，在右前胸上系袄带。袄带宽约3～4厘米，长约40～50厘米。系袄带时要按照一定的格式系成活扣来做装饰。大多数人喜欢在袄子外面加穿带纽扣的有色坎肩，但不镶边，颜色多为灰、棕、黑三色。出门时再加穿长袍，其样式与袄子一样，只是衣襟垂到膝盖以下，下摆渐宽。长袍在朝鲜语中叫“都鲁玛吉”，长袍当大衣穿，有单、夹、棉之分，冬天上穿短袄子或棉、毛长袍。朝鲜族长袍体现出男性持重的风度和雄健的体魄。现在，传统的长袍已无人问津，但男性袄裤仍是老年人“花甲”庆典必穿的礼服。

裤子在朝鲜语中叫“巴基”，裤腰、裤腿较宽，穿时裤腰在前面掩上，然后系上裤腰带，裤脚折向外侧，系裤腰带。走远路或做剧烈动作时，常在膝盖以下打护腿。由于朝鲜族传统房屋都有火炕，人们常常坐卧在地面的垫子或席子上，穿这种裤裆、裤腿肥大的裤子，便于在炕上盘腿而坐，行动轻松自如。

女装

朝鲜族女装有袄子、裙子、长袍等。女袄的样式基本上和男袄相同，不同的是，线条柔和而有曲线美。如，领子稍呈圆形，前襟和下摆呈弧形，多用颜色和花纹华美亮丽的衣料缝制。过去，多穿绿色袄，黄色袄则当礼服穿。姑娘和少妇常穿淡紫色紫红色袄子，中年妇女常穿玉色袄子。

女袄也叫“则高利”，它以直线构成肩、袖、袖头，以曲线构成领条领子，下摆与袖笼呈弧形，斜领、无扣、用布带打结，在袖口、衣襟、腋下镶有色彩鲜艳的绸缎边，只遮盖到胸部，女性穿起来潇洒、美丽、大方。女袄有一般袄、半回装袄、三回装袄之分。衣领和衣带之外的其他部位均为同一颜色的属于一般女袄；领口和袖口不同于袄本身的叫作半回装袄；领口、袖口和腋下部位都用别于袄本身颜色的叫作三回装袄。半回装袄的领子、袖口、袄带采用同一种颜色的衣料；三回装袄的领子、袖口、腋下部位、袄带采用同一种颜色的衣料，一般采用紫色或蓝色。

裙子在朝鲜语中叫“契玛”，是朝鲜族女子的主要服饰，腰间有长皱褶，宽松飘逸，多用丝绸缝制而成，色彩鲜艳，分为缠裙、筒裙、长裙、短裙、

围裙等。年轻女子和少女多爱穿背心式带褶筒裙，裙长过膝盖的短裙便于劳动。筒裙是把裙幅缝成筒状，密密细褶。中老年妇女多穿缠裙、长裙，冬天在上衣外加穿棉（皮）坎肩。缠裙为一幅未经缝合的裙料，由裙腰、裙摆、裙带组成。上窄下宽，裙长及脚面，裙摆较宽，裙上端有许多细褶，穿时缠腰一圈后系结在右腰一侧，穿这种裙子时，里面必须加穿素白色的衬裙。

儿童装

朝鲜族儿童服装主要是七彩衣，是用七色绸缎给儿童做的衣服，好像彩虹在身。朝鲜族让孩子穿上七彩衣，或出于审美心理，或出于辟邪的目的，意在使儿童美丽幸福，让孩子们显得更加聪慧、活泼可爱。也有人认为是过去朝鲜妇女善于保存各种颜色的布块，用来给孩子做衣服等等。

二、人生礼仪

中国朝鲜族是一个重视人生礼仪的民族，从生老病死到婚丧嫁娶都有相应的礼仪规范，内容丰富、形式多样。小生命呱呱坠地，要举办出生礼，之后是三日致诚，到了百日要摆上百日喜宴。然后是周岁礼、成年礼、婚礼、花甲礼，人到七十有古稀宴，结婚60周年有回婚礼，去世有葬礼。

1. 周岁礼

周岁礼，指的是自孩子出生满一周年迎来的第一个生日，也叫“初度日”“晬”“晬日”“期晬”“周日”“周年”。为感谢孩子平安无事地度过了一个完整的春、夏、秋、冬，家人为此摆宴庆贺。

周岁前夜，首先向三神（也叫产神）致诚。在朝鲜族的民间信仰里，三神奶奶掌管婴儿的出生及生长，故先向她表示敬意及祷告。生日前一天，在桌上摆放一碗大米、海带汤和净水（早晨最先打到的井水或泉水），称为“三神桌”。在“三神桌”旁还要放一碗大米面蒸糕。孩子的奶奶或者姥姥跪在三神桌前默祷、叩头，致以虔诚的感谢，求三神婆保佑孩子能够健康成长。

朝鲜族孩子的周岁礼——抓周

孩子一周岁时，父母给孩子换上由奶奶缝制的新礼服。周岁礼服根据孩子的性别而有所不同。男孩子戴头巾、穿彩虹“则高利”配蓝色坎肩、粉色或紫色裤子、穿上花鞋；女孩子穿彩虹“则高利”、粉红或红色裙子、穿上花鞋。另外，不论男孩还是女孩，都在腰间系一条象征长寿的晬带，再戴上晬囊。晬囊，正面绣有牡丹花或菊花，背面绣有“寿”、“福”字样。戴在孩子腰上的晬囊绳挂着绣有银刀、银斧、银锁、银鱼、银蝶等图的装饰物。这些装饰物象征意义是祈福孩子能够长寿、多福、除厄。

接着，准备丰盛的岁桌，举办隆重的抓周仪式。传统的岁桌大多是圆形或八角形，上面摆放大米面蒸糕、红高粱面饼、打糕、发糕、粳米、面条、红枣、赤小豆、棉线、刀、弓箭（男婴）、剪子（女婴）、笔墨、算盘、书（千字文）、钱币、各种水果等。

准备完岁桌后就要举行抓周仪式。“抓周”指的是孩子随意抓起岁桌上的东西，以此来预测孩子的兴趣和命运走向。抓周仪式可谓周岁仪式的中心环节。

父亲或祖母将孩子抱到桌前，让孩子抓周，共抓三次。岁桌上的东西，大体上以“寿”“富”“文”“武”为象征。据说，抓到打糕，会意志坚韧，而且一辈子不愁吃；抓赤小豆，能驱除麻疹；抓线条或红枣，长命百岁，早日成家立业；抓大米，生活富足、子孙满堂、生活红红火火；抓书或笔墨，会成为秀才；抓刀、弓箭，意味着将来会从军尚武；抓剪子，会手巧伶俐；抓到算盘或金钱，经济富足。抓周仪式结束后，来祝贺的亲朋好友边以歌声和舞蹈来表达对新生命的美好祝福，边尽情享用丰盛的美酒佳肴。孩子的父母将岁桌上的各种糕点分送给亲戚和邻居街坊。

2. 婚礼

朝鲜族对婚礼非常重视，婚礼细节繁多，礼俗丰富。古代，传统的婚礼过程分六礼，即纳采、问名、纳吉、纳徵、请期、亲迎。至朝鲜王朝英祖时期，李縡在《四礼便览》中确立了私婚中的四礼，即议婚、纳采、纳币、亲

朝鲜族传统婚礼

迎，四礼流传至今。

亲迎是婚礼中最为重要的程序，包括奠雁礼、交拜礼、合卺礼三个程序。结婚这天，新郎戴纱帽冠带，穿官服，带胸佩，腰系镶嵌犀牛角的革带，脚穿白布袜、木靴，手持锦扇用以遮脸，骑马或坐轿前往新娘家举行婚礼。新郎首先要敬献带来的木雁。新郎带去的木雁（用绸子包着木雁腰部）摆放在一张小桌子上，陈放于踩布的另一端。新郎跪在小桌前，两手横握锦扇轻推木雁三下，行跪拜礼。奠雁礼就此结束。献木雁是因为雁一生只配偶一次，人们通过木雁寄托忠贞不渝、相亲相爱、和睦相处、白头到老的愿望。

交拜礼是新郎新娘行对拜之礼。新娘家事先在院子里搭上凉棚或围上屏风，准备好醮礼厅，为新郎和新郎分别按东西走向摆上醮礼桌，两桌相接处摆上青松和绿竹，上面挂青丝和红丝，桌子两端还放有一对鸡。新郎和新娘各自被侍者引导到交拜桌的一方，两人随着司仪的指挥，隔着桌子相互叩拜。

合卺礼是新郎新娘喝交杯酒。卺是把苹果般大小的小葫芦剖成两半做成的小瓢，在瓢把上钻一个小孔，再拴上一绺五色彩线。进行合卺礼时，新郎新娘各执其一相互敬酒，象征两人成为一体。

传统婚礼中的奠雁礼

合卺礼结束，新郎便上席宴桌（称“大桌”）。“大桌”是举行婚礼时专为新郎而设的筵席。席宴礼开始时，新娘不能同桌，只是新娘的亲属陪伴新郎。

大桌上摆放着各种山珍海味，其中最有特色的是嘴里叼着红色尖椒或红枣的一只炖熟的整只公鸡。大桌上的公鸡是一种婚礼中的吉祥物，红色尖椒和红枣象征男孩儿，意味着早生贵子。新郎接受大桌时，为了考察新郎的才学和聪明，由新娘家的亲朋在一张纸条上书写简短的诗句或字谜，让新郎或对或解开字谜，这叫提“单子”。游戏结束后，新郎同陪坐的客人，一起分享大桌上的美味佳肴。酒过数巡后，给新郎上饭。饭碗里埋入三个剥了皮的熟鸡蛋，象征多子多福。新郎只能抠吃一两个，留下一个给新娘吃，退席后由新娘吃。

上客和随行人员餐饮之后，当天返回。洞房设在里屋。新娘进入洞房之后，由一名女眷在一张小桌上陈放酒瓶、酒杯和一两样食品送进洞房。这时，新娘的亲眷和村里的小伙子们捅开窗纸往里窥探，称之“窥洞房”。第二天，村里的小伙子们都聚到新娘家里，将新郎绑起来，用小木棍抽打脚板，“斥责”新郎是“偷人贼”。此时丈母娘出来哀求。小伙子们借机要求宰鸡备酒，吃喝一顿。此谓“东床礼”。

婚礼后第三天，新娘随新郎一同前往新郎家，这是新娘正式入住新郎家的仪式，称“于归”。新郎骑马或坐轿，新娘单独坐一台轿。新娘在新郎家也接受“大桌”。“大桌”上的食品要全部包起来，送给新娘家。

新娘的上客在与新郎的亲戚们进行告别宴之后，当天就返回。第二天行舅姑礼。新娘在新郎家一名女眷的引导之下，向公婆以及其他近亲一一敬酒并磕头，赠献所带来的礼物。新娘磕头时，新郎的亲戚如果是长辈就不必还礼，如果是平辈则相互对拜。第三天，新娘同新郎一起准备一些食品，前往新娘家拜父母，称为回娘家或“再行”。在新娘家住一两天后，再返回新郎家。经过议婚、纳采、纳币、亲迎等程序之后，整个婚礼仪式就算结束了。

现今，随着全球化和市场经济的发展，朝鲜族婚礼文化也受到现代文明的冲击。婚姻选择上，从媒妁婚姻逐渐转换为自由婚姻，由父母决定婚姻转换为当事人自己选择婚姻对象。婚礼程序大致是：新郎登场、新娘登场、司仪宣布婚礼开始并朗读结婚证书、交换礼物、新郎致谢、新郎新娘接受大桌、于归、入洞房、姑舅礼、再行。

服饰方面，新娘新郎登场时，新娘穿婚纱、新郎穿西服打领带。参加婚礼的男士普遍都穿西服。新娘在向来宾敬酒时，换上韩服。婚礼都在宾馆和饭店里举行。在饮食方面，也一改过往的家宴，都变成饭店的酒席。乘载工具方面，大部分是黑色轿车。根据家庭经济情况，每家的婚车队伍各有不同。在娱乐方面，除了在婚礼时，男方和女方的亲戚唱歌跳舞祝福新人之外，还会请一两位歌手唱歌助兴。婚礼结束后，还会再组织一场娱乐节目。一般是新郎、新娘的亲戚和朋友同新郎、新娘一起去练歌厅唱歌、跳舞。此外，朝鲜族过去在送彩礼时，没有送钱的习惯。可能是受汉族文化的影响，如今，新郎家送彩礼时，为报答岳父岳母对新娘的养育之恩，要在彩礼箱内放一些钱，数额根据每家的经济情况略有不同。

3. 花甲礼

花甲礼，又称还甲礼，是朝鲜族的祝寿风俗，即子女为其健在的父母庆贺60周岁生日。在朝鲜族社会里，孝敬老人、庆贺老人的花甲礼一向被视为子女的荣誉和美德，其礼俗久传不衰。

祝寿前，子女要为父母精心准备里外一新的民族服装、被褥、寿筵大席等。服装的选料要精美，而且还要应季。在摆寿席之前，需先挂幕布或摆屏风，然后现场题写祝寿对联。寿筵大席，朝鲜语称为“望床”，是子女专门为父母摆的，席高一般为五寸至一尺高，只为摆设，不为食用，一般设两桌。如果祖父母仍在世，还要为他们摆设望床，过花甲的人要先为其父母敬酒行大礼，然后才能回到自己的座位接受儿孙的庆贺。如果无力再另设望床，也可以让祖父母坐在献给父母的望床正中的位置，父母则坐在两旁，敬酒跪拜之顺序与前述相同。摆寿席时，菜肴的位置都有讲究，而且多选择儿女双全、三世同堂、懂得礼俗的妇女提前两三天开始操办。寿辰当日上午，在堂屋内桌案上摆各种糕点糖果、整鸡整鱼、大块肉、打糕等必备寿食50余种。摆寿席要突出雄鸡的造型，整体看上去丰盛美观、主次分明。

传统的仪式一般在农家院里举行。花甲日早晨，穿着一新的父母高坐堂前，两旁陪坐着父母的兄弟、姊妹和亲家等人。这时，由家人献上摆满珍馐

花甲礼

美味的望床，朝鲜语称之为“献寿”。之后，由司仪主持寿筵。首先介绍寿星的简历，接着献上祝词，庆贺老人福星高照，儿孙满堂。随后，由长子带头依次走到望床前，向老人敬酒并磕头行大礼，有时还即兴地边唱边舞，然后再由贺客行礼祝寿。礼毕，由长子向诸位贺客致答谢词，并以丰盛的酒宴款待客人。望床上的食品撤下来后，则被很多人纷纷“抢”去带给孩子们，希望像老人一样长寿。寿筵过后，众人载歌载舞，庆贺这一喜庆日子。

4. 葬礼

朝鲜族自古以来重视丧葬礼仪，这是灵魂不灭观念和祖先崇拜思想的反映，也是受传统儒学孝道思想影响的结果。朝鲜族传统的丧葬礼仪十分复杂，主要包括属纩、招魂、小殓、大殓、成服、出丧、安葬、立碑等程序。20世纪60年代前，朝鲜族基本上继承了传统的丧葬礼仪习俗，丧舆契与土葬是其特点。

“文化大革命”时期，朝鲜族传统的丧葬习俗被视为封建迷信，丧舆契组

朝鲜族丧舆

保管丧舆的香徒幕

织被取缔，葬礼程序被简化。20世纪80年代以后，中国推广火葬制度，朝鲜族开始实行火葬。不过也有例外。如，安图县发财村的朝鲜族仍实行土葬，还恢复了丧舆契。发财村丧舆契遵守国家的丧葬制度，提倡移风易俗。如，选墓地时，不占耕地和人工林，不占距公路3公里内之地；同时，废除了一些封建迷信活动，如取消小殓时往死者嘴里放入米粒或硬币、出殡时不唱丧舆歌不讨“路费”、取消挖墓前的开土祝文、铭旌的书写由原来的男性写“学生某公之柩”、女性写“孺人籍贯姓之柩”变为男性写“学生姓名之柩”、女性写“孺人姓名之柩”、取消号哭礼、不拄丧杖等。祭祀习俗也趋简化，只保留清明、中秋、除夕等传统民俗节日的祭祀。

如今，大部分朝鲜族均实行火葬，选择在殡仪馆举行葬礼仪式，其流程也简化，包括祭奠厅、遗体告别、追悼仪式等。火化尸体后，在火化场的固定祭坛举行安神祭。之后，将骨灰埋到山上，或将骨灰存放火化场一段时间后，再拿到山上埋。亲人每逢清明、中秋、除夕进行祭祀。一些家庭在将尸骨火化后，在附近山上或江边，举行山神、江神祭祀，然后将骨灰撒到山上或江里。基督教信徒则在火化尸体时将骨灰直接通过烟筒吹向天空，意味着死者的灵魂升入天堂。如果不留骨灰，则不修坟、不立碑，取消葬礼后的一切祭祀活动。

三、岁时节日

朝鲜族的传统节日形式多样，代表性节日有春节、清明、端午、秋夕、冬至等。另外，朝鲜族从20世纪80年代开始过老人节。在中国，朝鲜族是第一个给老人过节日的民族。

1. 春节

春节是一年中最盛大的传统节日，包括除夕、元日等活动。

除夕

朝鲜族的春节从除夕开始。在这一天，首先要做打糕、蒸糕、松饼、豆腐等食品。然后打扫卫生，女性负责把屋内从天棚到炕面都要打扫干净，男性负责打扫院子、清除牛棚里的粪便。这种清扫象征驱逐一切污秽和邪恶，迎接干干净净的新年。最后，是守夜。这天晚上通宵不能睡觉，大家一起玩柶戏、花图、将棋（象棋）、抓石子儿等游戏。传说，这天晚上睡觉眉毛就会变白。年幼的孩子们实在熬不了，就会倒在炕上入睡。这时大人们会把大米面涂在孩子的眉毛上，叫醒后让他们照镜子。孩子们照了镜子之后，吓得哇哇直哭。此时，大人和年龄大的孩子们在一旁抚掌大笑。

元日

这天的民俗事项有岁装、岁拜、茶礼、岁餐、游艺活动等。

岁装：正月初一穿的节日服装称作岁装，这天要穿新衣或新洗得干净衣服，儿童多以彩条袖子袄作为岁装。年龄大一点的孩子和成年男女通常以传统服装作为岁装。

岁拜：朝鲜族称拜年为“岁拜”。儿孙们给父母或爷爷奶奶磕头祝福称作“家拜”。吃过早饭后，给长辈近亲和村里的老年人岁拜称作“村拜”。长辈接受家拜时，炕面上铺毛毯或薄褥，以男左女右的位序盘腿而坐。儿孙们岁拜

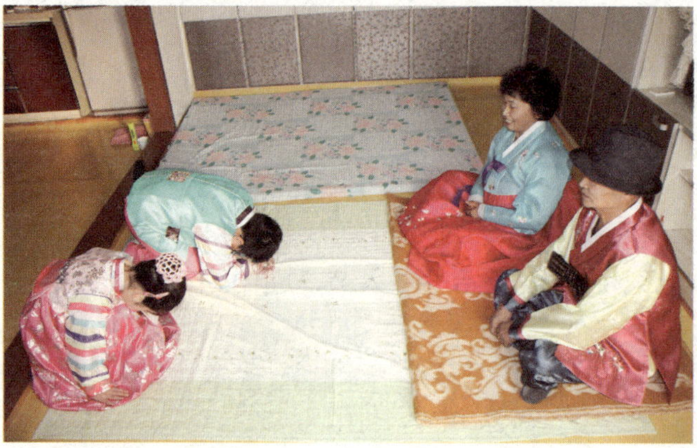
儿孙们给爷爷奶奶磕头拜年（岁拜）

时，排成一行，先口称“爷爷奶奶（或爸爸妈妈）请接受岁拜”，后一起行跪拜礼。长辈接受岁拜时要赏赐岁拜钱（压岁钱）。

村拜时，有老人的人家在一张小桌上备好马格力酒、菜肴和条糖之类的食品，用以招待前来岁拜的人们。村拜者多为男性青壮年。村拜时行磕头礼，相互间以“祝您在新的一年里安康多福”之类的吉利话祝福。岁拜时说的吉利话称作“德谈”。

茶礼：在春节和秋夕（中秋节）等重要的传统节日，在屋内为已故的四代祖先举行祭祀称作茶礼。中国朝鲜族只在春节早晨举行茶礼，称作正初茶礼。举行茶礼要有茶礼桌（祭桌）、纸榜、祭物。茶礼桌用较大的短腿饭桌。在茶礼桌的一侧竖立纸榜，前面陈设祭物。纸榜是用白纸折叠而成的灵牌，是木质神主的代用品。

岁餐：正月初一的早餐称作“岁餐”，此时饮的酒称作“岁酒”。岁餐的代表性主食是饼汤。吃了一次饼汤，意味着年龄增长一岁。延边地区的咸镜道人比起饼汤更喜欢吃打糕。元日的传统饮食还有馒头汤，这里的馒头是指肉馅饺子。馒头有大小两种。在一两个大馒头里放入硬币，盛馒头汤时，每个碗里盛一个大馒头和几个小馒头。谁能吃到有硬币的大馒头就会认为在新的一年里交好运。

2. 正月十五

元宵节，朝鲜族称作“正月十五”或“大十五”，从正月十四日开始过节。十四日称作“小十五”，十五日称作“大十五”、“上元节”、“乌忌日”。朝鲜族是农耕民族，正月十五正值备耕时期，因此其礼俗多与农耕生产相关。十四日这天，家家户户把稻草或谷草捆成小捆，切去梢，用秫秸扎成各种谷穗和豆荚模样插在草捆上，然后用一根长杆顺着插入草捆，将其竖立在仓库旁或肥堆上面。等到农历二月一日（长工节），把“谷穗”全部拿下来“打场”，寄寓五谷丰登。这天还有预测旱涝、实验种子发芽等民俗事项。

正月十五日早饭前或吃早饭时，人人都要嗑一两个榛子之类的坚果，称作咬疖，象征身上一年不生疖子。吃早饭时，不论男女老少都要喝一杯聪耳酒，象征不闹耳病。这天早晨的传统主食是药饭或五谷饭。药饭以江米、蜂蜜为基本原料，掺以大枣、栗子、松子等。因药饭原料较贵，不易凑齐，一般以大米、小米、大黄米、糯米、饭豆五种做的“五合饭”代替，期盼当年五谷丰收。关于这天吃五谷饭的习俗，民间有这样的传说：新罗的毗处王为了报答乌鸦的救命之恩，把正月十五日定为“乌忌日”，并询问文武百官乌鸦最喜欢吃什么谷物，但谁也说不出准确的答案，于是便决定用五种谷物祭祀乌鸦，让乌鸦喜欢什么就吃什么。

正月十五的游艺活动有柶戏、农乐游艺、火炬战、车战、拔河、烧月亮房等。所有娱乐活动，全村人都来参加。围观者敲鼓助威，热闹异常。取胜者唱歌、跳舞，欢庆胜利。晚上，大家举着火炬上东山高处迎圆月，迎月之

烧月亮房

后，男女老少在月光下踏桥。踏桥，也叫踩桥。朝鲜语中“桥”和“腿”两词同音，踏桥意为练腿。踏桥时，每人要在桥上往返几次至几十次不等，其次数必须与自己的岁数相等，以求祈福禳灾。

3. 清明与秋夕

移民初期，朝鲜族过寒食而不过清明，后来受到周边民族的影响，改为清明过节。中秋节，朝鲜族称之为“秋夕”。每年的清明节和中秋节，朝鲜族就会到祖先的坟地扫墓。

前一天，准备好所需的物品，如食物、锹、镰刀等。

节日当天，则到坟地，或上土，或除草。清明节时，经过漫长的冬季，积雪融化成的水会侵蚀坟地，故到了清明节就要用锹把周边的土挖到坟墓上使其更大、醒目，因此朝鲜族把清明扫墓称为“加土”；经过夏季，坟墓周围就会长草、长花或长树，所以中秋上坟时就以镰刀除去周边植物，使其不得毁损，故称之为“伐草”。

上坟饮福

正式祭祀前，先拜后土。后土祭坛在祖坟左肩处，上摆祭品和酒，叩拜三次，把酒洒掉。然后到祖坟开始祭祀，上酒、饭菜，酒杯斟满，叩拜三次，如此反复三次，仪式结束。上坟的食物一般有米饭、米糕、明太鱼、煮鸡蛋、苹果、饼干糖果等。实行火葬之后，如有墓地，一切从简，只带死者最爱吃的食物上坟，或只带一瓶酒和酒杯，或只带一束鲜花。祭祀结束后，在坟前吃“祭品”，也叫“饮福”。“饮福”，有沾神灵或祖先“灵气”的意思，是“视死如生”的体现，也是乞求幸福吉祥的一种观念。

4. 端午节

朝鲜族把端午节称之为“戌衣日”。关于“戌衣日”的由来，有如下记载：“端午俗名戌衣日。戌衣者，东语车也。是日采艾叶烂捣，入粳米粉，发绿色，打而做糕像车轮形，食之。故谓之戌衣日。”另有一种说法认为，“戌衣”是意指“高”、“上”以及“神灵”的古语，也就是说，五月五日是神灵之日，是最为神圣的日子，所以把这天称为“戌衣日”。这与把五月五日视为不吉不祥之日的中原习俗完全相反，说明朝鲜族有自己固有的端午节习俗。后来，朝鲜族接受来自中原的端午节习俗，并把它融入自己的戌衣日习俗之中，如以菖蒲、艾蒿等避瘟疫和辟邪等。

朝鲜族端午习俗有祭祀祖先、菖蒲辟邪、游艺活动、吃艾蒿饼等。端午祭祖时，在墓前摆放艾蒿饼、酒、肉、鱼、水果、糖果等祭品，然后敬酒和跪拜。后来，端午祭祖仪式逐渐减少。

艾蒿饼

以菖蒲辟邪也是朝鲜族过端午节的重要节俗之一。这天，男子们用菖蒲汤洗脸，喝泡菖蒲的酒；妇女用菖蒲汤洗头沐浴，并带上菖蒲根做的簪子，簪子上刻“福”、“寿”等吉祥文字；孩子们也用菖

吉林市端午节秋千表演

蒲汤洗脸，目的是为了防止瘟疫和辟邪。

端午节的节日饮食主要有艾蒿饼。艾蒿饼是把艾蒿捣烂后掺和在大米粉里，和成面团蒸熟后，再用模子压成圆形或用刀切成菱形即可。有些地区也吃打糕。如今，朝鲜族也随汉族习俗吃粽子。

端午节是开展体育运动最热闹的节日。在这一天，吉林省各地的朝鲜族城镇普遍开展大型民俗活动和体育竞赛活动。方圆几十里之内的村民，不论男女老少，都要前来观看比赛。活动主要有摔跤、秋千、农乐游艺。其中，民间盛行的是摔跤和秋千。

5. 老人节

朝鲜族把尊老敬老视为日常生活中最基本的道德规范。在家庭，儿女们对老人关怀备至；在社会，年轻人努力实践“爱吾老以及人之老”。朝鲜族老人节就是继承和发扬这一孝道文化而形成的节日。

在家里，子女们挑出最可口的饭菜摆上独桌，供奉给老人；逢年过节，不管经济条件如何，首先给老人准备新衣，小伙子们成群结队到有老年人的家庭进行“村拜”。在传统社会里，老年人不仅在生产领域，而且在岁时风俗、冠婚丧祭、房屋建造、道德规范等方面都起到举足轻重的作用。因此每到农闲季节或者年末，村里会特意宴请村里的老人以表谢意。

新中国成立后，朝鲜族村里纷纷建立老年读报组，定期学习和讨论党和国家的各项政策和指示，读报组成员还不时地帮助烈属家庭顺利完成生产任务，同时还调解家庭和邻里等各种社会矛盾。老年人在道德和行为上的模范作用，受到全社会的尊重和敬仰。为了报答他们，一直到20世纪80年代初，

和龙市老年人协会活动

每个朝鲜族村子里都选择特定日期，专门为老年人开展祝寿答谢活动。

1983年8月15日，国家及延边朝鲜族自治州的主要领导视察龙井市东盛涌镇老年协会活动后，被朝鲜族尊老敬老的精神所感动，决定每年8月15日为“朝鲜族老人节”。从此，“朝鲜族老人节”成为全州乃至全国朝鲜族老人的共同节日。

6. 冬至

在冬至，普遍吃米团子小豆粥，朝鲜语称“奥古郎粥”，也称“赛儿心粥”，即“小鸟蛋粥”。其做法是，先把小豆煮熟盛在萝里，放在水盆上揉搓小豆，使豆沙渗入水里，把带有豆沙的汤倒入锅里煮开。然后用黏大米面或黏高粱米面做如小鸟蛋似的米团子，把它放入豆沙汤里煮。有的人家还在糯米团里包一枚小硬币，谁咬着了谁有福，在新的一年中能逢凶化吉。另外，有些家庭把煮好的米团子小豆粥往大门、锅台、仓库门等处掷洒或涂抹一点，以防厄辟邪。

在延边，如果冬至日是在十一月上旬，称作“小冬至”。人们认为小冬至

冬至撒豆粥

对小孩儿不吉利，所以这天不吃米团子小豆粥，而吃蒸糕之类的糕饼；如果冬至日是在十一月中旬以后，称作“大冬至”，可以吃米团子小豆粥。不过，在吉林地区，不管小冬至还是大冬至，都吃米团子小豆粥，认为小冬至对孩子好，大冬至对大人好。

四、民间艺术

朝鲜族人民具有悠久而灿烂的民族文化艺术传统，文化艺术非常发达。在长期的生产和生活实践中，朝鲜族创作了许多歌谣和舞蹈，不仅保存和发扬了本民族的优秀传统文化，而且也使得自己的生活更加丰富多彩。

1. 歌谣

朝鲜族称民歌为“民谣”，其旋律优美，自然流畅，富有很强的感染力与表现力。节日或劳动之余，人们喜欢用歌舞来表达自己的感情。家庭中遇有喜事，便高歌欢舞，形成有趣的“家庭歌舞晚会”。一人放歌，众人随和。朝鲜族歌谣充分反映了人们的生产生活，内容广泛，历史悠久。根据歌谣题材和演唱形式，可分为劳动歌谣、爱情歌谣、生活世态歌谣等。

劳动歌谣，也叫“农谣”，是朝鲜族农民在生产生活中创作出来的。比如，朝鲜族重视水稻种植，于是他们就根据水稻生产的顺序和拔秧、插秧等不同时间和劳动内容，创作了“插秧歌谣”。

爱情歌谣大都属于抒情歌谣，体现了浓厚的民族情调，具有很高的艺术性。在这类歌谣中，最具代表性的是《道拉吉》和《阿里郎》。《道拉吉》以朝鲜族群众最喜爱吃的桔梗（朝鲜语音为“道拉吉”）为题，抒发了对心上人的思念之情。《阿里郎》也是朝鲜族民歌中流传最广、人人爱唱、曲调优美的传统民歌之一。

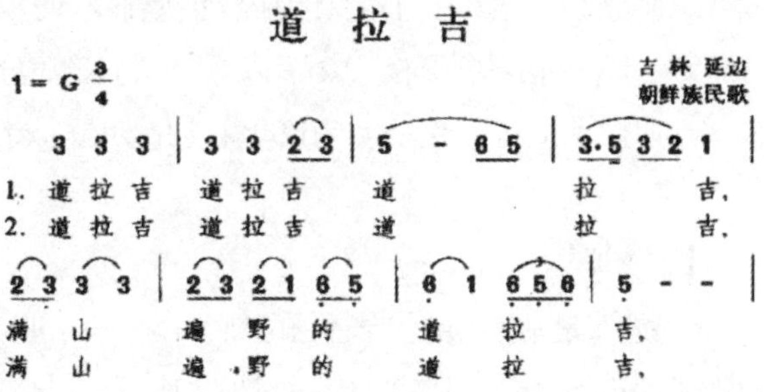

道拉吉歌谱

生活世态歌谣是对过去朝鲜族生活贫困现实，特别是妇女生活凄苦心声的表达，有不少反映妇女之苦和骨肉之情的生活世态歌谣。其中《三年聋，三年哑》是代表作之一，它生动地反映了作为封建伦理道德牺牲品的不幸妇女们只能做聋、哑、瞎人的凄惨生活遭遇。

2. 舞蹈

朝鲜族是从事水田种植的古老民族，其民间舞蹈具有农耕劳动的特征。朝鲜族舞蹈动作即兴幅度大，表演者的内在情绪与动作和谐一致，长于表达潇洒、欢快的情绪。朝鲜族舞蹈形式主要有农乐舞、长鼓舞、象帽舞、顶水舞、扇子舞、假面舞等。这些舞蹈形式多在重大节日或文艺比赛中，经过一定时间的专门排练，以集体舞形式呈现。在日常生活中，人们则以民俗舞为核心。朝鲜族民俗舞蹈有独舞、对舞和群舞等形式，既可以一个人跳，也可以男女两个人对跳，还可以大家在一起跳。无论是在庭院里，还是在野外的空地上，抑或是在朝鲜族的大炕上，人们边吃边喝，边唱边跳，舞蹈动作随意自然，舒展大方，洒脱奔放。

农乐舞

农乐舞原是朝鲜族农村在旧历年、正月十五等节日和各种庆祝活动中进行的综合游艺。打头的人高举大旗，上面写着“农者天下之大本”，几个人手持小锣、锣、手鼓、圆鼓、唢呐等乐器敲打吹奏，其他人身穿农乐服，脸戴假面具，小锣手指挥和引导整个队伍跳舞，这种游戏后来转化为农乐舞。2009年，朝鲜族农乐舞被列入世界非物质文化遗产名录。象帽舞是农乐舞的一种，舞者以颈部的力量频频摇动头部，使所戴象帽的飘带旋转如风，划出一圈又一圈炫目的彩环。象帽以飘带的长度分为大、中、小三种，长则达33米，短则仅1.5米。汪清县和安图县是朝鲜族农乐舞传承中心。

长鼓舞

长鼓舞是朝鲜族代表性的舞蹈之一，脱胎于传统的农乐舞。长鼓原称“杖鼓”，两头粗、中间细，左边鼓皮厚，鼓筒直径比右边大1厘米，右边鼓皮薄，中间用松紧绳来连接和调整。长鼓的右边用一根饰彩穗的竹条敲，左边则用手敲，右边声高，左边声低，能敲击出丰富多彩的节奏。2008年，长鼓舞被列入国家级非物质文化遗产名录。

顶水舞

顶水舞因舞者头顶水罐起舞而得名，是由朝鲜族女性表演的传统舞蹈。朝鲜族妇女习惯用头部顶着器物行走，在插秧、锄草季节，妇女们也常头顶水罐把食物、米酒等送至田间地头。顶水舞即在这

顶水舞

种生活习俗的基础上形成的，并在群众中间广泛流传。

扇子舞

扇子舞源于传统巫俗，后来发展为表演性一种舞蹈形式。过去，卖艺为生的流浪艺人常在村落里表演绳上杂技、地面技艺等，称为“歌舞百戏”，其中就有扇子舞。扇子舞通常由女子表演，用扇子把脸遮住，横线碎步跑出，来到表演场地中央后原地转圈，然后将扇子甩合在一起，向观众行礼。后舞蹈动作由慢转快，其舞姿多变，时常跑大圈，舞动扇子与执扇造型有机融为一体，在舒缓的节奏中给人以优美典雅的感受，在轻巧的节奏中显得欢快活泼。

扇子舞

圆鼓舞

圆鼓是朝鲜族古老的乐器，形似汉族小鼓。舞者胸前悬挂圆鼓，时而手足俱舞，时而击鼓伴乐，意在表达舞者的愉悦心情。特别是群舞，表演者边击边舞，节奏变化多样，动作夸张，身、鼓、神高度协调统一，富有号召力，充分展示出农民对生活的热爱和对美的追求，令人赏心悦目。

阿拉底朝鲜族民俗村第三届辣椒文化旅游节圆鼓舞表演

假面舞

假面舞

假面舞是戴假面具表演的舞蹈，综合唱诵、对话、舞蹈等形式，富有戏剧性。舞蹈节奏为“打令”和“古哥里”，伴奏乐器有箫、笛、鼓、长鼓、三弦琴等。假面舞有30多种假面具，如人物和狮子、猿猴等动物，有行者舞、手腕舞、法鼓舞、爱情舞、老僧舞、两班舞、捕盗神将舞、风骚巫婆舞、南极老人舞等。假面舞多用于表现讽刺性内容，情节活泼、动作幽默，一般在节日和娱乐场合表演。

3. 民间文学

朝鲜族民间文学有民谣、神话、传说、民谭（故事）、民间剧、“盘索里”等。

朝鲜族民谣按其内容，可分为劳动歌、谶歌、时政歌、岁时风俗歌、生活世态歌和情歌等；在形式上又有节歌、通节歌、解字歌、月令歌、十进歌和问答歌等。

朝鲜族民间传说有历史传说、人物传说、地方风物传说和动植物传说等。风物传说和动植物传说的代表作品有《金达莱》《百日红》《三胎星》等。

民谭多是生活故事和幻想故事，主要有《年轻的大力士》《红松与人参》《母子情深》等。这些故事在人物关系上，美与丑、善与恶的对比十分鲜明。

盘索里起源于朝鲜半岛全罗道，19世纪中期至20世纪初传入中国东北朝鲜族聚居地区。盘索里史诗说唱以音乐说唱的形式表演，以一名声乐家与鼓伴奏一起表演。表演时，屏风芦席，一人击鼓，一人执扇，以唱为

中国故事大王——黄龟渊

黄龟渊（1909—1987），一生讲述了1070篇民间故事，被称为中国三大故事大王之一。

黄龟渊先生出生于朝鲜京畿道杨洲郡，七岁入学堂，熟读《小学》《大学》《论语》《孟子》《易》《春秋》等儒学经典。祖父和父亲不仅注意他的功课，还经常给他讲述一些名人轶事和民间故事，时刻教导他将来成为一名正直的人。1937年4月，黄龟渊随父母越过图们江到龙井落户。新中国成立后，黄龟渊一直在龙井市八道乡龙水坪村从事农业。在田野间，在老人读报组，在自己家里，他经常给村民们讲故事，既有神话、伟人传记、历史故事、抗日故事、生活故事、民俗故事、四书五经故事、朝鲜族移民史故事、乡土传说，也有格言、谚语、谜语、笑话等，此外还有像《朱元璋和李成桂》《太原三宝》等有关兄弟民族的民间故事。1987年12月15日，黄龟渊谢世。临终前一天，他还说：“故事还没讲完，我要讲故事。”

黄龟渊不仅是民间故事家，同时也是农业专家和民族医学专家。他曾任延边朝鲜族自治州第一任州长朱德海同志的农业顾问，在哲学、文学、医学、语言学方面造诣颇深。黄龟渊的故事，不仅是他个人的财富，同时也是朝鲜族乃至整个中华民族的重要财富。

黄龟渊全集

故事大王黄龟渊

主，夹叙夹议。盘索里因其大气、血性、深沉的艺术特征和极富感染力的表演形式，以及民谚、俗语、格言、警句、歇后语和比喻等丰富的语言特质，被视为朝鲜族传统文化艺术的精髓，是“活着的文化遗产”。流传至今的盘索里脚本有《春香传》《沈清传》《兴甫传》《赤壁歌》《水宫歌》《裴姬咒语》等。

五、民间游戏

朝鲜族群众游戏有摔跤、秋千、跳板、拔河等。摔跤，在田间地头、村头沙地上即可进行。节日荡秋千、跳板时，妇女着民族服装，彩裙飘摆，绚丽多姿。

1. 摔跤

摔跤在古代称作角力、高丽技、撩跤，民间摔跤比赛多在端午节、秋夕等节日举行。摔跤是朝鲜族男性比力气、比技巧的竞争性游戏，一般分为少

摔跤

儿级和成年级，在特定的摔跤场举行。摔跤时，双方均在腰部和右大腿上套一个用宽布带绑结而成的套儿，称作腰带和腿带。两名摔跤手的腰带和腿带的颜色各不相同，一般为一红一绿。进入赛场后，双方面对面，身子紧贴，跪下右腿弯腰，左手抓住对方的腰带，右手抓住对方的腿带。哨子吹响，即为摔跤开始。摔跤人手脚并用，各出奇招，谁先把对方摔倒或者使对方的膝部、肘部、肩膀、头部着地，谁就取胜。如此摔三次，两次及以上获胜者为最后胜者。按照传统习俗，摔跤冠军获得一头黄牛，牛腰上系一条红布带，头戴大红花，由摔跤手骑着牛或者牵着牛绕场走一圈。

2. 秋千

秋千是朝鲜族妇女最喜欢的体育项目和传统游戏之一。在端午节这天，不论城乡、不分老幼，女人普遍荡秋千。她们荡起秋千，一来一往如飞燕，裙摆飘动如蝴蝶，美不胜收，过去在乡间荡秋千时，往往把秋千绳拴在粗壮的树枝上。但是，在正规比赛时，要竖立标准的秋千架。比赛时，选手用双腿一伸一屈地向高处悠荡，荡到一定高度时，用脚或身子撞响铃铛，以撞响次数多者为胜，景象十分热闹。另有一种比赛方法是，只比荡的高度，不计铃声多寡，谁荡得高谁获胜。2006年，朝鲜族秋千被列入国家级非物质文化遗产名录。

3. 跳板

跳板是朝鲜族女性特有的健身运动和游戏。关于其起源有两种说法：一种是一个女子为了能看到被监禁的丈夫，发明了跳板；另一种说法是被禁锢在深宅大院的妇女们，为了观看墙外的情景而创造了跳板。朝鲜族有句谚语“正月跳跳板，脚板不扎刺儿”，意思是说此时天气最寒冷，玩这种游戏既能御寒，又能健身。跳板用富有弹性的松木制作，成年人的跳板长4.5～5米，宽35～40厘米，厚5～5.5厘米。跳板时，两个人站在两端，由一人先跳起，落下时用双脚猛踏跳板，把对方弹起。跳板比赛一般分为拔高比赛和技巧比赛。拔高时，在选手的脚脖子上拴绳，以选手向上升腾时所抽的绳子长度来计算腾跳的高度；跳板技巧有前后分腿、空中滚翻、钻花环等花样。2006年，朝鲜族跳板被列入国家级非物质文化遗产名录。

4. 拔河

拔河是一种团体性的比赛游戏，所用的绳子比较特殊，由主绳和侧绳构成。主绳由两根组成，一根称作雄绳，另一根称作雌绳，两根绳的粗头均做成环状。比赛时，把雄绳的环插入雌绳环内，而后在雄绳的环里插上一根木头，称作簪子木。主绳的直径有1米左右，由30～40根直径3厘米的草绳组合而成。侧绳连接在主绳两侧，人们站在主绳的两侧拽着侧绳拔河。

参加拔河比赛的人少则几十，多则几百。如果在一个村里进行比赛，往往以村中央的一条道为界，居住在大道两侧的人各为一伙。如果两个村进行比赛，或以一条大道为界，或以一条小河为界。啦啦队敲锣打鼓，呐喊助威，场面十分壮观。正月十五的拔河不仅是单纯的比赛，还带有预祝丰收的寓意。比赛的一方为东部、拉雄绳，象征男性；另一方为西部、拉雌绳，象

拔河

征女性。由于最早从事农业生产的是女性，因而在一个村内进行比赛时，最终要让西部取胜。

5. 柶戏

柶戏是朝鲜族男女老少皆喜爱的传统游戏。至今，每当朝鲜族家庭欢聚一堂或过节时，仍在玩柶戏。玩这种游戏要有柶、筹码、行马图三样东西。柶是4根小木条，把两根等长的小木段劈成两半就成为柶，粗细长短因场合而异。小型木条柶一般用荆条或柳条枝制作，长4～5厘米，大型木条柶用较粗的树枝制作，长30～40厘米。筹码称作马，可以随便找一样东西充当，如火柴杆、苞米粒、瓶盖、石头子儿等，比赛双方所用的马不能相同，以免混淆。行马图一般画在白纸上，或圆或方，中间有两条交叉线，共29个站点，以出马快而多者为胜。

柶戏

掷柶戏

6. 花图

花图是源于日本的一种牌。一副牌分为12个月，每个月4张，共48张，分别为1月松鹤、2月梅鸟、3月樱花、4月黑胡枝子、5月兰草、6月牡丹、7月红胡枝子、8月明月、9月菊花、10月丹枫、11月梧桐、12月雨。其中，1月松鹤、3月樱花、8月明月、11月梧桐、12月雨各有一张

花图

每逢过节时朝鲜族家庭都在玩画图游戏

是光牌为20分。此外，每个月还有10分牌、5分牌、无分牌。根据月份按图片得分，得分最多者为胜方。花图可以双人玩，也可以三四个人玩，一般年纪大的女性玩得多。

7. 将棋

将棋是朝鲜族男性喜爱的大众娱乐之一，结构简单，娱乐性强。将棋分为红绿色两种颜色，长辈持红色。一般让略逊一筹的人先下，这是源于“弱者先手”的礼仪。朝鲜族将棋的棋盘和汉族象棋一样，但走法却不同。如，炮

下将棋

不能直行，也不能炮吃炮，象只能走6格，而且能过界将军，兵可以左右或直行，宫里将士可以随意走，所以朝鲜族将棋里常出现平局。

六、民间组织

朝鲜族是典型的农耕民族，尤擅水田农业。由于水田作业流程复杂，劳动艰苦，非一人一户之力所能承担，为赶季节，提高劳动效率，往往几家联手，由此形成了许多旨在相扶相助的民间组织。如，为了解决资金、劳动力和耕牛不足而组织的“契（gye）”、“扫割里（sogyeori）”、“品阿西（pumasi）”、“读列（dure）”等。随着人口增加和村落扩大，后来还产生了“香徒（heyangdu）”等与村民的冠婚丧祭有关的互助性民间组织。新中国成立后，随着农业合作化的实现，过去在农村建立的相互扶助组织逐渐淡出历史舞台。但是，一些互助习俗一直延续至今。

“契”是为解决村民临时困难而形成的互助性民间组织，从成员中筹款以应急。“契”分很多种，有互助红白喜事的“婚礼契”、“婚丧契”；有为村落共同谋事的“洞契”；有互助农事的“农契”；有为同龄人交谊而组织的“同龄契”。此外还有“进学契”、“钱契”等。契组织一般由村落居民组成，但也有超越村落范围之外的。起初，“契”组织以男性为主，后来出现许多以女性成员为中心的“契”。通常，有关畜力等公共事务方面的“契”男性较多，而女性成员为主的“契”多以息利和扶助为目的。“契”的规模有大有小，小契平均4～5人，而大契有数十人，甚至数百人。契组织在解决村民的应急事情和加强亲睦方面曾起过较大作用。

“品阿西”，即换工，它是在以家庭为单位的农活中，以换工形式解决劳力和畜力不足而临时组织的互助组织。“品阿西”人数一般有2～10人。后来，“品阿西”不仅在农活中，而且在家庭手工业、房屋修缮、磨米等方面也被广泛应用。

“扫割里”是旱田犁地时为劳力和畜力的互通有无而组织起来的劳力扶助组织。它由有牛的家庭和没有牛的家庭组成一个作业单位（一般3～4户），包括5～6名劳力，他们同时作业但各有分工。一个村落里一般有几个“扫割里”。通

“文革”前由香徒操持的传统葬礼

常，“扫割里”由邻里、亲戚之间组成，故维持时间比较长久。

“读列”是在水田地区，为解决灌溉、插秧、田间除草等季节性大型劳动力需要而结成的组织。“读列”以村落为单位组成，包括村中全体男女劳力。“读列”组织有“农旗”和“农乐”。“农旗”一般称为“读列旗”，旗上写有“农者天下之大本”。“农乐”根据地方不同有“风铮”、“风物”、“军物”等不同叫法，其乐器以锣、长鼓、元鼓、法鼓等打击乐器为主。成员出去干活或归来时，一定让“农旗”和“农乐队”打头阵。水田地区的村落一般都有“读列”组织。

“香徒”是为葬礼而组织的互助组织。过去，几乎每个村落都有香徒组织，每户都加入。该组织的负责人称为督监，在老人中选举。“香徒”平时保管和管理“丧舆”(送葬时使用的大抬架，由十几人抬)，如谁家有丧事，香徒均出面操持丧礼，负责动员年轻人抬丧舆和举行葬礼。过去，许多朝鲜族农村有“香徒”，但在“文化大革命”时期被看作封建迷信而取缔，丧舆也被销毁。

七、民间禁忌

在朝鲜族日常生活中曾有过很多禁忌，其中包括饮食禁忌、生育禁忌(含怀孕期禁忌和分娩前后禁忌)、婚姻禁忌、丧礼与祭礼禁忌、建房和搬迁禁忌、种田禁忌、信仰禁忌等。随着城镇化进程的加速和经济文化类型的转型，许多朝鲜族禁忌习俗已经被废弃，只有一些民间禁忌仍延续至今。

朝鲜族忌讳被称为“鲜族”，因为这一称呼是新中国成立前日本占领朝鲜和东三省时对朝鲜人的蔑称。日本吞并朝鲜以后，为了同化和泯灭朝鲜民族，说日本和朝鲜是“内鲜一体”“内鲜同祖”，有意去掉“朝”字，把朝鲜民族说成是日本人的一个“鲜系”，把朝鲜人缩称“鲜人”。因为有些人不了解这一段历史，在日常生活中仍把朝鲜族说成“鲜族”，部分朝鲜族也对此习以为常，不太在意这种称呼。但是严格来讲，“鲜族”这个称呼包含了殖民地时期日帝对朝鲜民族的歧视与侮辱，所以不能称朝鲜族为“鲜族”。

至今为止，在婚姻生育方面仍保留一些禁忌。婚姻禁忌中，同一个祖宗传下来的同姓男女之间不能婚配，此为“同姓同本不婚”；同一个祖宗传下来的异姓男女之间不能通婚，此谓“异姓同本不婚”；不能与姑表亲、姨表亲通婚，此为“近亲禁婚”。朝鲜族妇女怀孕后也有许多禁忌，孕妇不能吃鸭、兔、狗和猪肉，据说孕妇吃了鸭肉，生下的孩子手脚会长蹼；吃了兔肉，孩子会得先天性唇裂；吃了狗肉，孩子会早死；吃了猪肉，孩子的皮肤粗糙；孕妇不能翻越墙壁，怕生出的孩子会行为不轨；不能跨马缰绳，从马缰绳上跨过，会怀胎12个月；不能坐笤帚，不能搬动陶蒸笼、瓦缸等物，因为这些东西都是有精灵的；也不能看人家办丧事，不能看人家迁坟、救火等。

忌绳

朝鲜族十分注重出生仪礼，将其视为人生的开端礼，非常讲究。“忌绳”是出生礼仪中的第一项，带有浓郁的民族特色。一旦婴儿降生，便在自家的屋檐下挂上一条草绳，即“忌绳”，以此告知孩子出世，禁止外人出入。如果生的是男孩，就把辣椒或木炭插放入绳内；如果生的是女孩，则插上松叶和松枝条。“忌绳”一般要悬挂21天，由此产妇及婴儿可以度过20天宁静祥和的日子。

朝鲜族十分注重礼节，讲究礼貌。

吃饭有餐礼。朝鲜族一向有尊老爱老的优良传统，老年人在家庭和社会上普遍受到尊敬。用餐时，给老人摆上单人桌，等老人先动筷勺之后，其他人才开始吃饭，离席时也要等长辈先离席。晚辈更不得与老人同席喝酒、吸

朝鲜族家庭用餐时先给老人备饭桌

烟，如无法回避时，年轻人喝酒时要举杯转身背席而饮，以示对老人的尊重。就餐时，分餐就食，嚼饭时不能弄出声音，不能喋喋不休地说话。餐具要整洁干净，掉牙的餐具不能用，在餐桌上，匙箸、饭汤的摆法也都有讲究。如，匙箸应摆在用餐者的右侧，饭摆在桌面的左侧，汤碗摆在右侧，带汤的菜肴摆在近处，不带汤的菜肴摆在稍远处，调味品摆在中心等。用餐时把筷子搭在菜碟上或拿在手里，把饭勺放入汤碗里；饭后把勺子和筷子平放在桌面上。当长辈或客人放下勺子、筷子时，女主人要及时递上一碗锅巴汤或白水，作为漱口之用。在客人吃完放筷子之前，主人不能先放下筷勺，否则就是失礼。

走路有路礼。与长者同路时，年轻者必须走在长者后面，若有急事非超前不可，须向长者恭敬地说明理由；途中遇有长者迎面走来，年轻人应恭敬地站立路旁让路问安。说话有言礼，晚辈对长辈说话必须用敬语，平辈之间初次相见也用敬语。

朝鲜族一向注重节令。每逢年节和喜庆的日子，饮食更加讲究，所有的菜肴和糕饼，都要用辣椒丝、鸡蛋片、紫菜丝、绿葱丝或松仁米、胡桃仁等加以点缀，造型也讲究优美华丽，好多食品都要做成鸟兽形。节日菜肴品种繁多，并备时令名菜。如“神仙炉”是用牛里脊肉和各种海鲜烧成的火锅，味道鲜美，是入冬后一些节日的名菜；“补身炉”又称补身汤，是用狗肉加各种调料烧成的狗肉火锅，鲜美味辛，滋补强身，是入伏后一些节日里的名菜。明太鱼是清明节必不可少的菜肴，民间认为，清明节吃明太鱼，不仅补肾壮阳，还可保佑一年平安。节日菜肴都要有冷盘和生拌。如生拌牛肉、生拌明太鱼等。朝鲜族在制作生拌菜时，要加适量香油和醋用以杀菌。饮食习俗上，朝鲜族喜食狗肉，但婚丧与佳节期间不杀狗、不食狗肉。

第八章 大美延边

延边位于吉林省东部，所辖面积4.27万平方公里，总人口214.6万，其中朝鲜族人口77.8万，占全自治州总人口的36.3%，占全国朝鲜族总人口的43%，是全国唯一的朝鲜族自治州和最大的朝鲜族聚居地。延边朝鲜族自治州地处吉林省东部，中、俄、朝三国交界处，面临日本海，位于北纬41°59′～44°30′，东经127°27′～131°18′分之间，东与俄罗斯滨海区接壤，南隔图们江与朝鲜咸镜北道、两江道相望，西邻吉林市、白山市，北接黑龙江省牡丹江市。边境线总长768.5公里。其中，中朝边境线522.5公里，中俄边境线246公里。延边依托吉、黑、辽三省广阔的腹地，是东三省沟通海内外的重要窗口，也是东北亚区域经济、人口、地理三个重心的交汇点，在联结亚、欧、美海陆运输格局中居于重要的枢纽地位。延边民风淳厚，朝鲜族能歌善舞，尊老爱幼，注重礼仪，崇文重教，各族群众热情好客，素有“礼仪之乡”、“歌舞之乡”、“教育之乡”、“足球之乡”的美誉。

一、延边自然风光

长白山

长白山位于吉林省延边朝鲜族自治州安图县和白山市抚松县境内，是中华十大名山之一，并与五岳齐名，因其主峰多白色浮石与积雪而得名，素有“千年积雪万年松，直上人间第一峰”的美誉。中国境内的白云峰海拔高度2691米，是东北第一高峰，而长白山最高峰是位于朝鲜境内的将军峰。长白山是中国东北境内海拔最高、喷口最大的火山体。长白山还有一个美好的寓意“长相守、到白头”。

长白山风光秀丽，景色迷人，是关东第一山，于2007年成为国家首批AAAAA级风景区，区内有天池、瀑布、温泉、小天池、地下森林、高山滑雪场、岳桦幽谷等代表性景观。受山地地形垂直变化影响，即便是在夏季，长白山从山脚到山顶形成了由温带到寒带四个景观带。“一山有四季，十里不

同天”，长白山四季皆有令人叹为观止的景色。

长白山第一美景天池，是我国最深的高山湖泊，是松花江、图们江、鸭绿江三江之源，也是中朝两国的界湖，它像一块瑰丽的碧玉镶嵌在雄伟壮丽的长白山群峰之中。据《长白山江冈志略》记载：“天池在长白山巅的中心点，群峰环抱，离地高20余里，故名为天池。”天池实际湖面高度为2194米，是我国最高的火口湖，不愧“天池”之称。天池的湖水面积为98平方公里，湖水平均深度204米，最深处达373米，是我国最深的湖泊。长白山天池由于高度较高，气候多变，风狂、雨暴、雪多是它的特点。冬季长达10个月，湖水冻结时间达6个月之久。当风力达5级以上时，天池如同任性的少女发怒，平静的湖面霎时狂风呼啸，沙石飞腾，甚至暴雨倾盆，冰雪骤落，池中浪高可达1米以上。瞬息万变，虚无缥缈的白山风云，既绘出了“水光潋滟晴方好，山色空蒙雨亦奇”的绝妙美景，又为长白山天池增添了无限的神秘感。

长白山第一美景天池

防川

国家级风景名胜区防川风景区，位于吉林省延边朝鲜族自治州珲春市南部，距市区75公里。风景区位于中朝俄三国交界的地带，面积为20平方公里，濒江临海，依山傍水，自古就有“鸡鸣闻三国，犬吠惊三疆”之称。该区以其独特的“一眼望三国”以及区内的自然湖泊、森林、珍稀植物、鸟类等闻名于世，是国家级森林公园、远东豹保护区的核心地带。防川东面是俄罗斯的边境路小站包得哥尔那亚，西南面隔图们江与朝鲜豆满江市相望，俄朝的这两个城市由图们江上的一座铁路桥相连接，是联结俄朝陆路贸易的唯一纽带。从防川沿图们江而下15公里即进入日本海，可成为中国、俄罗斯、日本、朝鲜半岛乃至东北亚国家和地区进行贸易的“海上丝绸之路”。防川村东数公里处有1886年由清政府钦差大臣吴大澂会同沙俄代表巴拉诺夫监立的“土”字界碑。此处到图们江口只有15公里，登上附近的瞭望塔，远处雾气蒙蒙的日本海连着天际，近处中朝俄三国的景致尽收眼底；左侧是俄罗斯的

防川金三角

边城包德哥尔那亚，右侧隔江则是朝鲜的豆满江市，真可谓“眼看三疆山川风貌，耳听三国鸡鸣狗吠”。

仙景台

仙景台位于延边朝鲜族自治州和龙市境内，隔图们江与朝鲜相望。2002年，经国务院批准成为第四批国家级风景名胜区，是国家旅游局批准的AAA级旅游景区。仙景台风景区总面积32平方公里，是奇峰、奇岩、奇松、奇花、云海日出等300多处荟萃的景观世界，精品景观有十大名峰、十大名岩、十大名松、十大名景。尤其是历经大自然的天然雕塑所形成的造型完美、形象逼真的骆驼峰、仙人岩、仙耳岩、象鼻岩、金龟爬山岩、神仙宫等花岗岩群峰群岩景观，已成为国内独具特色的国宝精品天然雕塑博物馆。颇具神韵的中华第一奇松盘龙松身背4000斤重石压身2米下，卧盘生长在悬崖绝壁之上数百年而茂盛不衰，是国内罕见的精品奇松。仙景台风景之美凸显群峰之“雄伟”，悬崖绝壁之“险”，天然雕塑岩之“绝”。每到百花盛开的春天，朵朵金达莱花漫山遍野，景色宜人。夏季雨后登上峰顶，云海景观更是奇特，滚滚白云时而攀上峰顶，时而像巨大的瀑布泄入山谷，奇峰异岩笼罩在朝雾祥云间，好似诸仙相会在人间仙境。到了金秋时节，景区穿上了红、黄、绿、蓝的盛装，各种野生果实，满山遍野硕果累累，好像来到了五彩缤纷的世界。银装素裹的冬季，奇峰、奇岩、奇松等雪景与蓝天碧云相接，宛如北国仙境天堂。因此，仙景台自古就有以奇闻名的“天下第一仙景”之美称。

仙景台

图们江

图们江，发源中朝边境长白山山脉主峰东麓，江水由南向北流经延边的和龙市、龙井市、图们市、珲春市四县市，朝鲜两江道、咸镜北道，俄罗斯的滨海边疆区的哈桑区，在俄朝边界处注入日本海。干流总长525公里，中朝界河段长510公里，俄朝界河15公里。总流域面积33168平方公里。河道总落差为1297米，平均坡降1.2‰。

图们江在不同地段都有独特风光，上游石壁陡峭，林木茂盛，山花妖艳，江水清澈，宁静安详的边境风貌令人陶醉；中游则茂山、会宁、南阳与我国三合、图们辉映，日光山下图们江水在脚下蜿蜒东去，两国风光尽收眼底；下游则一眼望三国，"鸡鸣闻三国，犬吠惊三疆"，边陲小镇珲春绽放无限魅力。

图们江

二、延边历史文化资源

1. 近代启蒙教育遗址

19世纪末，朝鲜移民大批迁入中国东北。素有尊师重教传统的朝鲜族人民，迁入伊始就十分重视本民族教育。尤其是1905年日本强迫朝鲜缔结《乙巳保护条约》，朝鲜沦为日本的“保护国”之后，朝鲜国内大批儒林人士、民族主义者、宗教人士、义兵将领等爱国人士纷纷移居延边，投入到反日民族独立运动的洪流中，以兴办学校、设立教堂等形式，致力于民众的启蒙运动，使民族教育运动在朝鲜族聚居区广泛兴起。现如今，延边境内到处都有20世纪初的朝鲜族学校遗址，具代表性的有朝鲜族第一所近代私立学校瑞甸书塾（现位于龙井实验小学）、昌东书塾、明东学校、正东学校、大成中学、恩真中学、东兴中学等。作为民族教育的摇篮，这些学校遗址具有非常重要的教育价值和文化价值。

2. 日本殖民侵略遗址

19世纪末，由于清政府的“移民实边”政策和“专垦区”的设置，延边成为朝鲜族最大的聚居区。1907年，日本为了控制朝鲜人，扩大对中国东北的侵略，悍然在龙井村设立“朝鲜统监府间岛派出所”，并以此为大本营，唆使朝鲜人摆脱中国的行政管辖，处处与中国主权作对。1909年“间岛协约”签订后，日本撤派出所，在龙井等延边重镇改设领事馆及其分馆，使其成为侵略延边、统治延边各族人民的大本营。

“间岛日本总领事馆”旧址，即为现龙井市人民政府办公楼。1909年9月，日本根据“间岛协约”撤销原“派出所”，设立“间岛日本总领事馆”。1922年11月27日，“间岛日本总领事馆”被大火烧毁，后重建占地面积4.3万平方米的总领事馆，建筑面积2503平方米的主楼，1926年竣工。“间岛日

日本“间岛”总领事馆

头道沟日本领事分馆

本总领事馆”是日本帝国主义在延边执行侵略政策、镇压各族人民反帝反封建革命斗争、掠夺延边地区经济资源的大本营和首脑机关，它拥有庞大的武装警察机构、特务机构和亲日走狗团体，肆意镇压抗日爱国武装力量，屠杀抗日人士和人民群众，是地地道道的魔窟。“间岛日本总领事馆”作为日本帝国主义侵略延边的重要罪证，具有重要的历史文化价值和教育价值。现今该楼成为展览馆，是对青少年进行爱国主义教育的重要基地。除龙井间岛日本总领事馆遗址之外，头道沟、百草沟、珲春等地也有领事分馆的遗址。

此外，延边各地还有日军实施惨无人道的“三光政策”的遗迹，如海兰江惨案、依兰沟大血案、獐岩洞大血案、三合惨案（包括松堰洞惨案、鹤栖洞惨案、西来洞惨案）、细鳞河村惨案、榛柴沟惨案、西沟惨案等。

3. 反日斗争遗址

1907年日本侵略者在龙井挂起“朝鲜统监府间岛临时派出所”牌子之日起，延边朝鲜族人民便担负起反日民族解放的历史使命。朝鲜人民在民族主义者及其团体的领导下，开展了如火如荼的反日斗争。九一八事变之后，富有反日传统的朝鲜族人民在中国共产党的领导下，又迅速投入到伟大的抗日民族斗争。在长达14年的抗日斗争中，朝鲜族人民与各族人民同仇敌忾，前仆后继，谱写了无数可歌可泣的壮美诗篇，并留下了许多抗日遗址。在延边各地，抗日遗址星罗棋布，如三·一三反日义士之墓、夺取15万元事件旧址、枫梧洞反日战迹地、青山里战迹地、大倧教三义士之陵墓、三道湾抗日

大倧教三义士之陵墓

游击根据地、王隅沟抗日游击根据地、马村抗日游击队根据地、腰营子抗日游击队根据地、大荒沟抗日游击队根据地、罗子沟抗日营地遗址、鱼浪村抗日营地遗址、车厂子抗日根据地等。这些反日斗争遗址，是朝鲜族人民反日活动的真实写照。

4. 名人故居

朱德海故居

位于龙井市智新镇胜地村二屯，占地面积1400余平方米，是龙井人民为缅怀朱德海而修建的。朱德海在九一八事变后，积极参加反抗日本帝国主义侵略的斗争。解放战争时期，先后任东北民主联军义勇军第三支队政委、东北行政委员会民政部民族事务处处长、吉林省延边公署专员和中共延边地委书记等要职，为东北根据地的巩固和发展做出了巨大贡献。不仅如此，为了创建培养朝鲜族高级人才的大学，呕心沥血、鞠躬尽瘁，在他亲自主导下，1949年4月，我国第一所少数民族大学延边大学宣告成立。新中国成立以后，朱德海任延边朝鲜族自治州第一任州长，长期主持延边地区工作，重视维护民族团结，重视发展民族文化教育事业，为延边地区的社会主义革命和建设做出了重要贡献。1986年6月，龙井县人民在智新镇胜地村其故居处立“朱德海故居址”纪念碑。2007年12月28日，“朱德海故居址”被延边朝鲜族自治州人民政府列为自治州级文物保护单位。

尹东柱故居

位于龙井市智新镇明东村。尹东柱是朝鲜族著名抗日诗人。1917年12月30日，尹东柱出生于吉林省和龙县明东村（今龙井市智新镇明东村）。1943年3月，以参与反日民族独立运动为由，被日警逮捕判刑两年。在狱中，他受到日帝残酷迫害，于1945年2月在日本福冈刑务所逝世，年仅29岁。尹东柱在短暂文学生涯中，共发表117篇诗和散文。他的一生虽然短暂，但是流传下来的诗作却无比辉煌，不仅在反抗侵略时期给了人们坚定的勇气去斗争，在许多年后的今天，仍然在人们的心中闪耀着不灭的光芒。为缅怀这位伟大的民族诗人，在龙井市智新镇明东村重新修建了尹东柱故居。尹东柱故居遗址为传统的朝鲜族瓦房，10开间，建筑面积106平方米，房屋保存完

尹东柱故居

好，结构稳定。1994年8月29日，龙井市智新镇人民政府和龙井市文学艺术界联合会为纪念尹东柱在其故居处联合立了纪念碑。1997年6月3日，龙井市人民政府把尹东柱故居命名为市级文物保护单位。2007年12月28日，延边州人民政府将其命名为州级文物保护单位。

三、美丽乡村——长白山下我的家

1. 中国少数民族特色村寨

2014年6月5日，国家民委公布了首批中国少数民族特色村寨入选名录(共340个)，吉林省有9个少数民族特色村寨跻身其中，其中8个为朝鲜族村寨，详细名录如下：吉林市龙潭区乌拉街满族镇阿拉底村、白山市浑江区七道江镇鲜明村、白山市长白朝鲜族自治县马鹿沟镇果园村、延边朝鲜族自治州图们市月晴镇白龙村、延边朝鲜族自治州珲春市敬信镇防川村、延边朝鲜族自治州和龙市西城镇金达莱村、延边朝鲜族自治州安图县石门镇茶条村、延边朝鲜族自治州安图县二道白河镇奶头山村。

和龙县金达莱村

和龙素有“山山金达莱”“长白山下金达莱”的美称，其西城镇境内的金达莱民俗村是延边地区为数不多的全部由朝鲜族构成的村落，至今已有100多年历史，仍然保存着非常完整的朝鲜族生活习俗和文化传统。金达莱村位

和龙市西城镇金达莱民俗村

于吉林省延边州和龙市延和一级公路北侧，距和龙市区21公里，全村面积4369公顷。金达莱村共计511户1332人。其中朝鲜族人口1209人，占全村总人口的91%。金达莱村是和龙市2010年遭受洪灾的重灾区。镇党委、政府经过深入调研，历经50天的奋斗，完成了85户住房重建任务，实现了“灾村”变“新村”的华丽转身。

金达莱村精心打造具有和龙当地地域特点和民族特色的创建文明生态村活动，加强农村精神文明建设，农村环境整体提升，农村精神文明建设工作取得明显成效。金达莱村现已成为和龙市“平岗绿洲”建设的重要节点。金达莱朝鲜族民俗村总体规划占地面积达45公顷，主要分为特色农业产业区、金达莱庆典广场、假日农场、民俗商业区、高级私人别墅区、民俗酒店等。按照总体规划，金达莱村将依托历史、民俗、生态、文化等特色，建设成为名副其实的中国朝鲜族民俗第一村。2013年3月，在国家农业部公布的“2013中国最有魅力休闲乡村”中，金达莱村在全国近百个乡村中脱颖而出，成为吉林省唯一的入选村。

安图县茶条村

茶条村，位于石门镇的所在地，东离州府延吉市58公里，西距县城明月镇13公里，长图铁路、图乌公路均穿镇而过，交通十分便利。面积19.85平方公里，全村总户数336户，总人口1214人，其中，朝鲜族976人，汉族238人，朝鲜族比例占总人口的80%，是典型的朝鲜族聚居区。

2009年起，茶条村充分发挥朝鲜族传统文化优势，通过加大资金投入，建设完成茶条村民俗风情园、酱文化产业园、朝鲜族传统民居以及草莓采摘基地等项目，将茶条村打造成以发展朝鲜族民族文化为底蕴的原生态特色村寨和延边州朝鲜族农耕文化旅游区域的重要节点之一。茶条村少数民族特色村寨项目建设内容，由餐饮区、民俗文化教育区、农家民居区、周边生态延伸区及客运住宿等综合服务设施组成。目前，该项目已完成总建筑面积1197平方米，建筑基地面积2148平方米，主要建设内容有民俗饮食馆（分五个馆）、民俗展览体验馆（分三个馆）、民俗文体休闲广场、步行街道路工程、庭院绿化工程，以及凉亭、水塘水车、水溪水渠、广场廊桥、地面硬化等附属设施。

安图县石门镇茶条村风景

2. 中国传统村落

自2012年起，为促进传统村落的保护和发展，住房和城乡建设部、文化部、财政部组织开展了全国传统村落摸底调查，在各地初步评价推荐的基础上，经传统村落保护和发展专家委员会评审认定并公示，截至2014年年底，确定了2555个具有重要保护价值的村落列入中国传统村落名录（2012年第一批共计646个，2013年第二批共计915个，2014年第三批共计994个）。吉林省共有6个村落上榜，其中，延边的图们市月晴镇白龙村、图们市石岘镇水南村跻身其中。

图们市月晴镇白龙村

图们市月晴镇白龙村，位于吉林省东南部延边朝鲜族自治州图们市境内，距镇区9.5公里，东以图们江为界与朝鲜隔江相望，西与延吉小河龙相邻，南与龙井市开山屯镇相邻，北接石建村。白龙村建于清光绪初年，当初村民常被老虎伤害，多次发布告驱虎，故取名为“布瑞坪”。朝鲜语意为发布

图们市月晴镇白龙村百年老宅

告驱虎。后来，人们以朝鲜族民间传说中白龙能驱虎之意，把村名改为白龙。

月晴镇白龙村地势平坦，依山傍水，土壤质地肥沃，适宜种植水稻。现辖3个自然村屯，村域面积35.35平方公里，现有耕地2130亩。全村共150户，455人，其中，常住人口90人，外出务工人员356人，均为朝鲜族，是传统的朝鲜族聚居地。

月晴镇白龙村的标志性建筑是百年老宅，由朝鲜移民朴如根于1898年始建，1901年9月竣工。房屋采用土木和瓦结构建造，无一根钉子，使用工具为大锛、小锛、斧子等，所用木材从长白山用木排运至此地，建房所用瓦片均由对岸朝鲜运至，是传统的朝鲜族民居。房屋坐北朝南，为八间，以火炕取暖是房屋内部结构的一个显著特点，炕的面积占屋内总面积的2/3，屋内分外屋、里屋、厨房、牛房、外廊。门窗均为细木格子门棂，房屋间的隔断全部是木制推拉门。整洁的青色瓦垄，耸立的屋脊，雪白的墙壁，给人一种清新、舒适、整洁的美感，具有传统朝鲜族民宅的代表性，是一种不可再生资源，具有极高的历史价值、艺术价值和科学价值，是朝鲜族变迁、兴衰、演化的历史及人民生活进化的历史文脉。

以百年老宅为中心，周边有典型的朝鲜族建筑群“中国朝鲜族百年部落”，由13座风格各异、用途别样的朝鲜族房屋构成。园内有百年泉水井、豆腐坊、米肠坊、打糕坊、米酒坊、咸菜坊、农事作坊、铁匠铺、民间古董展示店、民间集市区、民俗表演区等，牛车、辘轳、坛子等传统的农耕器具和物品随处可见，散发着浓郁的朝鲜族乡间气息，是集民俗饮食、传统农耕生活、民俗表演娱乐为一体的“农家乐”旅游区，让人直观感受近百年来朝鲜族农耕、生产生活、饮食、娱乐等原汁原味的民俗风情。2014年，白龙村入选第六批中国历史文化名村，是中国朝鲜族唯一的中国历史文化名村。

图们市水南村

图们市水南村，位于图们市区北7公里处，全村幅员25.54平方公里，森林面积达16平方公里，现有耕地2310亩。水南村为典型的朝鲜族聚居村，全村分为5个自然屯，8个村民小组，总户数403户，总人口1205人。水南村的沿革是朝鲜族农耕文化发展的历史。早在1886年左右，就已经有朝鲜移民过来定居。目前，在图们市以及全州范围内，水南村属于传承朝鲜族农耕文化

图们市水南村

比较完整的村落，很多文物依然保存完好，主要农耕习俗流传至今，民俗礼节人人皆知，是知名度很高的朝鲜族民俗村。

“有文化的村，有未来”，这是水南村公园墙上的一幅标语。作为典型的朝鲜族聚居村，水南村根据本村的地理位置和民族文化优势，积极挖掘具有自身特色的个性文化，积极构建朝鲜族生态乡村园地。水南村风景宜人，村内有枫梧水库风景区，有抗日英雄洪范图枫梧洞战迹地纪念碑，水南村将自然、人文景观、配套服务有机结合，打造了一张水南村的文化景观名片。此外，水南村也积极塑造着新的文化景观。村心公园内，木亭、怪石、水井、石桌、石凳，错落有致，相映成趣，成为居民休闲娱乐的重要场所。水南村还利用小巷做起了胡同文化（现有杏花胡同、桃花胡同），简单的一块木牌却竖起了一处文化坐标。水南村现有老年协会、圆鼓队、长鼓队、门球队、书法协会等文化组织10个，村里建有标准的门球场、排球场、网球场地，配备了乒乓球案、笔墨纸砚、长鼓、圆鼓、长笛等文化设备，各项文化活动开展得有声有色，村民的精神文化生活日益充实。

3. 全国特色景观旅游名镇（村）

自2010年起，为了保护村镇的自然环境、田园景观、传统文化、民族特色、特色产业等资源，促进城乡统筹协调发展，促进农村经济社会全面发展，国家住房和城乡建设部、国家旅游局联合举办全国特色景观旅游名镇（村）活动。截至2015年，经三次评选，公布了553个全国特色景观旅游名镇（2010年第一批105个；2011年第二批111个；2015年第三批337个），吉林省有20个乡镇荣膺“全国特色景观旅游名镇”称号，其中延边乡镇有4个：珲春市敬信镇、敦化市雁鸣湖镇、图们市月晴镇、安图县万宝镇红旗村。

珲春市敬信镇

敬信镇，位于吉林省珲春市东南部，距市区32公里，是全市重点边境口岸镇、旅游强镇和全省的经济生态镇。东南与俄罗斯的包德哥尔邦亚镇陆地相接，西南与朝鲜的豆满港市隔江相望，是“鸡鸣闻三国，犬吠惊三疆，花开香三疆，笑声传三邦”的边疆近海镇。下辖14个行政村，总人口31100人，其中汉族7712人，占总人口的24.8%；朝鲜族23045人，占总人口的74.1%。

敬信镇口岸优势明显，交通快捷便利。镇区内的圈河大桥可直接与朝鲜开发区罗津港相连，直通日本海。镇区内的圈河口岸（国家级一类口岸），距市区39公里，距镇区7公里，可直接进入朝鲜的罗津—先锋自由贸易区，年过客能力60万人次，过货能力60万吨。镇区东南的防川村，是中、朝、俄三国交界的鼎足地带，从此沿图们江而下15公里便可进入日本海，是我国陆路直接进入日本海的唯一通道，也是我国从水上到俄罗斯、朝鲜东海岸、日本西海岸乃至北美、北欧的最近点。

敬信地理位置优越，具有丰富的旅游资源，图们江在中朝两国山间随地势蜿蜒流过，江水迂回间，敬信平原内9个水库像银珠般散落在如茵大地，水库内水草丰美，盛产各种鱼、蚌、虾、荷花等动植物。除“一眼望三国、水流峰鸟瞰、海湾第一峰、天下第一堤、江口观海潮、莲塘万里红、绿洲沙漠行”外，还有许多新开发的景点，如沙丘公园、莲花湖、龙山水库、敬信镇湿地生态游、圈河口岸、安重根义士故居、UN世界公园等，每年接待国

“鱼米之乡”——敬信

敬信湿地大雁成群

内外游客20万人次。图们江中盛产大麻哈鱼、雅鲈鱼、滩头鱼等鱼类，除了为旅游观光的客人提供了美味佳肴，同时也为当地群众增加了一笔不小的收入，被称为“鱼米之乡”“北方小江南”。

2002年，经国务院批准，敬信镇区域内的防川省级风景名胜区成为国家级风景名胜区，该景区位于中、朝、俄三国交界处，是东北亚金三角的几何中心、山水连三国之地，“鸟瞰三疆”的边境景观充满了神秘的色彩。加之融河流、湖泊、草原、森林、沙漠多种地貌类型的原始自然的风貌以及与淳朴的朝鲜族民风民俗，敬信镇当之无愧是延边一道美丽的风景。

图们市月晴镇

月晴镇，地处我国东北边陲，既是特色鲜明的民族镇，又是图们江畔边境重镇，南连龙井，西接延吉，东与朝鲜稳城郡隔江相望，像一条绚丽的丝带将图们市区环绕。月晴镇的边境线长达35.4公里，而奔腾不息的图们江就是其界河。月晴镇幅员238.65平方公里，现辖13个行政村和1个社区，全镇总户数3497户，人口9953人，80%以上为朝鲜族，是传统的朝鲜族聚居地。现民俗保存完好，村寨各具特色，既有凸显朝鲜族水稻农耕文化历史的“朝鲜族农耕文化第一村”，也有由延边特产实业有限公司打造的集工业观光、科普休闲、购物为一体的图们特产第一村，还有集朝鲜族美食于一体的图们江烧烤第一村。

近年来，月晴镇依托独特的地理位置、人文环境、民俗特色等资源优势，大力开发以“品民族美食、住传统民屋、赏边境风光、享特色民俗”为主要内容的“农家乐”旅游，现已形成了以马牌村星级接待点、白龙村中国朝鲜族部落传统农家接待地为核心，辐射杰满、笠峰的农家乐民俗旅游区。“中国朝鲜族百年部落”让人直观感受近百年来朝鲜族农耕、生产生活、饮食、娱乐等原汁原味的民俗风情。农家乐星级接待点，屋内配套设施齐全，均按标准化客房配置，同时配有捕鱼垂钓区、民俗游戏体验区、有机蔬菜采摘区、农耕文化展示区等。

精美绝伦的民族歌舞、浓郁淳朴的民风民俗、独树一帜的饮食文化，别具特色的农家旅游，构成了这里多姿多彩的民族风情，赏心悦目的民俗文化。目前，月晴镇利用区位地理、人文环境优势，继续深入实施“产业升级、旅游带动”的发展战略，坚持以“精农”“兴游”为主导，努力将月晴建设成为集物流、现代有机农业和边境民俗农家旅游三大功能于一体的宜商、宜居、宜游，民族特色鲜明、边境和谐繁荣、人民安居乐业的朝鲜族生态镇。

安图县红旗村

长白山脚下的红旗朝鲜族民俗村，坐落于延边朝鲜族自治州安图县万宝镇，距县城72公里，距延吉市140公里，距长白山150公里。通往长白山的明东公路穿村而过。村子坐落在山间开阔地，依山傍水，一幢幢具有民族建筑风格的房屋整齐地排列在小溪两旁，到此可以领略到朝鲜族传统的乡土风情。

长白山下第一村——安图县万宝镇红旗村

红旗村农民自办文化事业红红火火。全村共有86户，326人，均为朝鲜族，能歌善舞的村民每当劳动之余，男女老幼便集中在一起，跳起多彩多姿的朝鲜族舞蹈，不时有人出来高歌古老而优美的民谣，人们沉浸在浓郁的欢乐气氛之中。早在1996年，红旗村组建了由12名村民组成的民俗文化旅游表演队，在自娱自乐的同时也为游客进行表演。2007年，随着表演队伍的逐渐扩大，表演队扩大为两支。村民们凭借本地与长白山旅游景区相连的地缘优势，一方面通过餐饮业增加收入，另一方面通过特色鲜明的朝鲜族文化表演来吸引游客，使红旗村成为长白山旅游的一道风景线。目前，红旗村已建有700平方米的民俗表演厅一处，1200平方米的露天表演场地一处，1000平方米的民俗展览厅一处，全方位打造民俗文化品牌。

在红旗村，文化与旅游逐步紧密结合在一起，成为经济发展新的增长点。每年的民俗表演《雅拍舞》《背架舞》《农乐舞》《象帽舞》《鹤舞》等节目深受广大游客的欢迎，演出收入以15%的速度增长，加上秋千、跳板、摔跤场等各种民俗风情体验项目以及餐饮业等第三产业收入，目前红旗村旅游收入已占村财政收入的三分之二，人均收入接近万元。现今红旗村基本上形成了融行、游、食、住、购、娱为一体的服务体系，红旗村先后获得“全国创建文明村镇先进单位”“全国美德在农家示范点”“全国文明村镇”等荣誉称号。

四、朝鲜族非物质文化遗产

吉林省是朝鲜族人口最多的省份，占中国朝鲜族人口总数的60%以上，朝鲜族最大的聚居区延边朝鲜族自治州和长白朝鲜族自治县均在吉林省。由于吉林省朝鲜族人口基本上属于聚居，所以至今还保留着完整的朝鲜族传统文化。

延边州拥有丰富多彩的非物质文化遗产。截至目前，延边拥有联合国教科文组织“人类非物质文化遗产代表作”1项，列入国家级非物质文化遗产名录项目17项、省级名录项目77项、州级名录项目89项。国家级以上项目全部为朝鲜族项目，省级和州级项目中的朝鲜族项目占76%。其中，国家级项目占全省的40%，省级项目占全省的32%。延边州非常重视非物质文化遗产的保护，2015年制定的吉林省首个地方性关于非物质文化遗产保护的条例——《延边朝鲜族自治州非物质文化遗产保护条例》，对朝鲜族非物质文化遗产的保护经费、具体项目、项目传承人都进行了细致的规定。

朝鲜族世界级非遗名录——农乐舞

农乐舞

朝鲜族农乐舞是集演奏、演唱、舞蹈于一体，反映朝鲜族传统农耕生产生活中祭祀祈福、欢庆丰收的民间表演艺术，它源于古代的祭祀和狩猎活动，后发展成为农事劳动中的自娱性舞蹈形式。农乐舞分情节表演与技巧表演，表演队伍均由持小锣的舞者指挥，一般由29人组成，先导者持“令旗”或“农旗”，后面是乐队及扮演的各种人物，其中有唢呐、太平釜、上剑、副剑、从剑、首长鼓、无杖鼓、首鼓、副鼓、首法鼓、副法鼓及官吏、猎人、执事、农妪、假女、舞童等。舞蹈中“象帽”的表演别具一格，舞者头戴系有长短两根飘带的特制斗笠，边击小鼓边转动飘带起舞，同时将舞蹈表演引向高潮。农乐舞的伴奏音乐由12段曲调组成，音乐欢快热烈，舞蹈风趣活泼。

17项朝鲜族国家级非物质文化遗产

象帽舞

象帽舞是农乐舞中表演难度和艺术价值最高的艺术形式，因此一般由象帽舞将农乐舞推向高潮。象帽，视其彩带长短，分为短象帽、中象帽、长象帽。中象帽是最为常用的象帽。朝鲜族象帽舞中使用的33米长的象帽彩带，是目前世界上最长的彩带。朝鲜族象帽舞的甩帽动作由过去仅有的“平甩”、“左右甩”，发展到“立甩”、“抖甩”、“旋甩”、“飞甩”、“抖露珠”，还创造了

象帽舞

“穿圈技法”、“三彩带齐甩技法”。其中，“穿圈技法”和“三彩带齐甩技法”是世界上独一无二的表演技法。

秋千与跳板

秋千是朝鲜族妇女最喜爱的传统体育运动。秋千一般是一人荡起，也有两人合力的双秋千。秋千绳一般拴在高大结实的树木横枝上，在秋千的前方上空悬挂彩带或铃铛，秋千板要碰触这个标志才能获得欢呼与赞扬。常常是一人荡起，众人瞩目，场边喝彩连连。大型荡秋千竞技比赛尤为精彩，比赛中常常可见空中悬挂着一面皮鼓，荡秋千的姑娘在观众的助威声中高高荡起，在空中用力踢鼓，谁踢响的次数最多，谁就成为冠军。

秋千

跳板也是朝鲜族妇女最喜爱的传统体育运动，一般在元宵节、端午节和中秋节等传统民俗节日里举行。跳板中间有一个支点，跳时两人分别站

跳板

在两端，轮流跳起，利用跳板的反弹力把自己和对方弹向空中。这样反复地一起一伏，参加者奋力向上跃起，不断增加腾空的高度并做出各种花样动作。跳板讲究多种技巧和空中姿态，有腾空而起、翻滚而下的动作；有跃身屈体、双腿伸开、落地垂立的动作；有挺胸展臂、双腿叉开、落地合拢的姿态。

洞箫

洞箫是朝鲜族独有的、最具代表性的一种传统乐器，迄今已有1500年历史。洞箫是一种竹木管乐器，用吹气振动洞箫膜，同时协调十指按眼，演奏出优美动听的旋律。合奏时，可多达几十人至上百人，演奏队伍庞大，观赏性极强，充分体现出朝鲜民族独特的艺术风格。

洞箫

长鼓舞

又称“杖鼓舞”，具有上千年的历史，是朝鲜族代表性舞蹈之一。长鼓表演以柔软的扛手、伸肩、鹊雀步等动作为主，肩挎长鼓，右手持鼓鞭，边跳敲鼓，身、鼓、神态融为一体。长鼓两面具有不同的音高。舞蹈时，右手用鼓鞭敲打高音鼓面，左手拍打低音鼓面。由于音高不同，节奏不同，变化多端的鼓点和妩媚优美的舞姿，使人格外兴奋和愉悦。长鼓舞融舞蹈、鼓、乐为一体，实现了人、鼓、乐的高度协调，具有很高的艺术欣赏价值。

长鼓舞

三老人

三老人是朝鲜族特有的一种曲艺表演形式，以说为主，唱演为辅，运用延边地区的方言，具有人物定型化的特点。先进者正气凛然，彰显智慧；中间派则为墙头草形象，左右逢源，对白滑稽；落后者易走极端，头脑简单，三个人物相得益彰，浑然成趣。

三老人

三老人从群众中吸取智慧和幽默，表达了人们对真善美的追求，并对生活中的假恶丑进行揭露和讽刺。三老人以其精湛的生活内容和独特的艺术形式，成为朝鲜族优秀的文化财富。

传统服饰

朝鲜族传统服饰

朝鲜族传统服饰素净、淡雅，色彩以白色为主，象征纯洁、善良、高尚、神圣，因而朝鲜族素有“白衣民族”之称。朝鲜族传统服饰最大的特点是斜襟，无纽扣，以长布带打结。男女服饰迥然不同，男人穿裤，女人穿裙。朝鲜族服饰由于采用平面裁剪法，穿在身上，直线显得简洁明快，曲线则显得优雅灵动而富于变化，完美地体现了服饰的直线美和曲线美。

鹤舞

鹤舞

鹤舞历史悠久，是朝鲜族民间舞蹈中唯一的鸟类假面舞。朝鲜族鹤舞一般是以“古哥里长短”节奏起舞。表演者下穿土色长裤，脚穿红色木鞋，身着“白鹤”或“青鹤”制具，围绕莲花起舞。表演分鹤蹲、探步、悠腿、搭颈、啄鱼、展翅飞翔、摆臂、鹤飞等8种动作。朝鲜族鹤舞主要通过模拟鹤的悠闲动作，搭颈、啄鱼和摆臂等动作，描绘出人们向往美好生活的心态，生动形象地表现了朝鲜族人民崇敬仙鹤的精神信仰和对善与美的强烈追求。

传统乐器制作

朝鲜民族的传统乐器距今已有近2000年的历史。朝鲜族乐器制作讲究乐器音色，而且都以手工完成，对材质、制作工序尤其是个人制作技术有着严格要求。常用的朝鲜族传统乐器有30多种，均以竹木管乐器和打击乐器为主、弦乐器为辅。流传至今的弦乐器有伽倻琴、扬琴、牙筝、奚琴等；竹木管乐器有横笛、洞箫、短箫等；铜管乐器有唢呐；打击乐器有长鼓、圆鼓、龙鼓、手鼓等。

国家级非物质文化遗产传承人金季凤在制作洞箫

花甲宴

花甲宴是朝鲜族人民为60岁老人举行的生日宴，由生日祝寿和尊重老人的风俗演变而来。在老人花甲那天，儿女们为老人摆设宴席，广邀亲朋邻里，欢聚一堂，感谢父母养育之恩。花甲老人坐在寿席中央，男左女右，同亲朋邻里中的同辈兄弟一起接受祝寿礼。筵席上摆满糖果、鱼肉、糕点和酒类。祝寿礼是基本仪式。祝寿礼一开始，按儿女长幼之序，亲朋远近之别，或敬酒磕头，或献祝寿诗，或载歌载舞，祝福老人健康长寿。

传统婚礼

在20世纪50年代以前，朝鲜族婚礼有“半亲迎”和“亲迎”两种，其中以“半亲迎”为主，后统一为“亲迎”。传统的朝鲜族婚娶方式包括议婚、大礼、后礼三部分。议婚包括核对宫合、书写婚书、涓吉等内容。大礼包括新郎家向新娘家赠送礼装函、奠雁礼、交拜礼、合卺礼、新郎接受大桌等内容。后礼包括新娘前往新郎家接受大桌，第二天举行妇见舅姑礼等内容。

伽倻琴

伽倻琴是朝鲜族最具代表性的弹拨弦鸣乐器，音色柔和，琴声深沉，外形似筝。演奏时，奏者席地而坐，将琴体横在身前，琴首置于右膝上，琴尾触地，也可将琴身平置于桌面上。右手用拇指、食指、中指和无名指弹奏琴柱右侧弦段，左手按抑琴柱左侧弦段。伽倻琴低音区音色内敛浑厚，中音区音色轻柔和缓柔，高音区音色明亮清冽，表现力极为丰富。

国家级非物质文化遗产伽倻琴艺术传承人、延边大学艺术学院金星三教授

阿里郎打令

阿里郎打令是中国朝鲜族的代表性民歌，各种各样的《阿里郎》凝聚成了一个歌曲群。《阿里郎》歌曲群的内涵包括：对翻越“阿里郎山冈”的“郎”的真挚爱情，对抛下妻子翻越“阿里郎山冈”的“郎”的怨恨以及对翻越“阿里郎山冈”后的美好未来生活的憧憬和向往。歌曲群生动地表现了朝鲜族人民的内心世界，旋律明朗，优美动听，感情哀婉。

朝鲜族民谣歌后卞英花在演唱《阿里郎》

秋夕

农历八月十五日，朝鲜族称之为秋夕。在朝鲜民族的历史上，秋夕曾经是乡里田家“一年最重之名节”，今天仍是朝鲜民族最重要的节日之

秋夕松饼

一。秋夕这天，人们先要到墓地割除坟上的杂草，而后陈设祭品，举行祭祀。在秋夕节，家家户户都用刚收获的新谷制作打糕和松饼请邻居共享酒宴，还要宰牛。此外，屯与屯、村与村都要举行秋千、跳板、摔跤等民俗体育活动，全村、全屯的人都前往观看助威，气氛十分活跃。

回婚礼

回婚礼是为纪念结婚60周年而举行的贺礼。在朝鲜族先人的观念中，回婚礼是一种特殊的时间概念，它不仅是结婚60周年的代名词，而且含有长久和吉祥的寓意。回婚礼并不是什么人都可以举行的，它有严格的要求：一是老两口都健在；二是亲生子女都在世；三是孙子孙女无夭折。如果丧偶或亲生子女、孙子孙女中有死亡者，则不能举行回婚礼。因此，谁家能举办回婚礼，是种莫大的荣耀，亲朋好友都要前来祝贺。回婚礼比普通婚礼还要盛大，老两口穿着结婚礼服，相互搀扶着入席，接受摆满山珍海味的婚席，大家频频举杯祝福。

回婚礼

盘索里国家级传承人延边大学姜信子教授与学生

“盘索里”

“盘索里”一词是朝鲜语的音译，意为在大庭广众之前演唱之歌。盘索里具有较强的叙事性，被称为“唱优之戏”，表演时，“一人立，一人坐，而立者唱，坐者以鼓击之”，是朝鲜族喜闻乐见的传统综艺节目。它由演唱、阿尼里、科、鼓伴奏等要素构成，还要以对话的形式向观众交代必要的情景和故事，具有演唱难度大、节奏情绪难掌握、调整和引导听众参与等特点。

摔跤

朝鲜族摔跤在古代被称作“角力”、“高丽技”、“撩跤”、“脚戏”，是朝鲜族传统竞技体育的代表性项目。朝鲜族摔跤一般根据参赛人数先进行预赛，选拔出八强或六强参加决赛，争夺冠亚军的决赛放在最后进行，是整场比赛的高潮。为了鼓舞士气、活跃气氛，决赛前会先将披红挂彩的大黄牛绕场一周，并拴在场边等待新的主人。比赛双方的亲朋好友和观众为选手呐喊助威，边歌边舞，热闹非凡。

朝鲜族泡菜制作技艺

朝鲜族泡菜是极具民族特色的风味食品，是广大朝鲜族群众日常三餐不可缺少的佐餐帮手。泡菜种类繁多，选料广泛，既有天然的山野菜，又有常见的农家蔬菜。所用原料随季节的变化而变化，千百年来代代相传，形成了独具特色的朝鲜族泡菜文化。泡菜富含人体所需的维生素、蛋白质、纤维素等多种营养成分，并且在发酵过程中形成大量乳酸菌，被世界卫生组织认定为世界五大健康食品。

泡菜制作

国家级朝鲜族非物质文化遗产名录

批准时间	分类	目录	申请部门
第一次（2006年）	传统舞蹈	农乐舞（象帽舞）	汪清县
	杂技和竞技	秋千、跳板	延吉市
第二次（2008年）	传统音乐	洞箫音乐	珲春市 延吉市
	传统舞蹈	长鼓舞	图们市
		鹤舞	安图县
	曲艺	三老人	和龙市
	传统技艺	民族乐器制作技艺	延吉市
		服饰	延吉市
	民俗	花甲礼	延边州
		传统婚礼	延边州
第三次（2011年）	传统音乐	伽倻琴	延吉市
		阿里郎	延边州
	民俗	除夕	延边州
		婚礼	延边州
	曲艺	盘索里	延边州
	传统体育	摔跤	延吉市
第四次（2014）	传统技艺	泡菜制作技艺	延边州

第九章

名人风采

一、教育家

金跃渊——民族教育的先驱

金跃渊

金跃渊（1868—1942），1868年出生在朝鲜咸境北道会宁。1899年2月，来到和龙县智新乡长财屯（今属龙井市）。1901年，在长财屯办私塾——“圭岩斋”。1908年，圭岩斋、素岩斋、五龙斋三个私塾合并，成立明东书塾。1909年，明东书塾改名为明东学校，1910年增设中学部，金跃渊任校长。1911年又设女学部，致力于女性教育。金跃渊坚持反日民族教育的方针，依照中国教育法和统一编制，制定教学内容的同时，又从中国地方政府争取朝鲜语文、历史、地理等提高民族意识的课目的教学权，并从朝鲜聘请有名望的教员任教。明东学校的声望日益提高，被誉为“北间岛民族教育摇篮”，不仅有延边的学生来就读，而且来自中国各地和朝鲜、俄罗斯沿海州的学生也踊跃前来就读。金跃渊又是一位社会活动家，致力于间岛地区朝鲜移民的民生及其自治活动。1910年，同李同春、朴赞益、尹海等民族志士一同，成立“垦民教育会”，任总务。1913年，把“垦民教育会”改组为“垦民会”，亲任会长，开展归化入籍、教育普及、置产兴业活动。为了适应反日斗争的需要，他广招人才，自编教材，强化朝鲜族私立学校的民族文化教育，尤其重视军事教育。1919年龙井爆发大规模的“三一三”反日群众示威，明东学校的师生成为示威游行的中心和主力。他们不仅积极准备和投入示威运动，而且组成“忠烈队”打先锋。1920年，在日帝的疯狂“讨伐”下，明东的反日抗日运动陷入低潮，明东中学也于1925年2月关闭。自1910年至1925年，明东中学办学15年间，共培养出1200余名学生和许多反日民族运动人士、革命家、文学家、艺术家，成为延边反日启蒙教育的基地。1929年，金跃渊成为牧师。1937年，搬迁到龙井任恩真中学和明信女子学校的理事和理事长。1942年10月29日，在龙井病故，临终时留下一句遗言："我的行动就是我的遗言。"

林民镐——延边大学的创始人

林民镐

林民镐（1904—1970），1904年生于朝鲜咸镜北道会宁郡。同年，随家人移居延吉县（今龙井市）。1913年，同家人又迁移到和龙县东城村古城屯。1923年，加入高丽共产青年团。1926年1月，参加在苏联的符拉迪沃斯托克举行的高丽共产青年会中央本部会议。同年6月，加入朝鲜共产党，10月担任朝鲜共产党满洲总局东满区委青年部长。1928年9月，被派到苏联莫斯科东方大学学习。1932年9月，受命去朝鲜咸兴、兴南地区组建国际赤色劳动组合。1933年，在咸兴参加工人运动时被日本警方逮捕，囚禁在汉城南大门监狱。由于在服役期间经常组织难友反抗监狱当局，延长刑期一年。1940年9月出狱后，回到和龙县东城村古城屯务农。1942年初，就职于敦化林产工作所。1945年8月15日，日本宣布无条件投降。8月19日，苏联红军进入敦化城，他协助苏联红军维持治安和剿匪工作。1945年10月，加入中国共产党。1946年3月，被选为敦化县副县长、民主同盟委员长。同年10月，根据中国延边地委的指示，调任《延边日报》的前身《吉林日报》（朝文版）总编辑。为了满足广大朝鲜族人民对高等教育的需要，1948年延边各界人士积极着手延边大学筹备工作，1948年12月，林民镐调任延边大学筹备委员会副主任，开始主持延边大学的创建工作。1949年3月20日，延边大学成立，他担任常务副校长兼党委书记，主持日常工作。此后20年，一直担任延边大学党委书记。他勤俭运营延边大学，推行民族教育和教学改革，为延边大学的建设与发展做出了重要贡献。1950年10月，林民镐作为东北朝鲜族代表参加了中华人民共和国成立一周年的庆祝活动，受到毛泽东主席和朱德副主席的接见。1970年，他在“文革”中受到迫害致死。

卢基舜——第一位朝鲜族博士

卢基舜

卢基舜（1893—1957），延边大学创始人之一，延边大学医学部主要创始人，延边大学历史上第一个拥有博士学位的学者。著名生物化学家、医学教育家和临床医学家。出生于朝鲜黄海道的一个农民家庭。1915年在朝鲜汉城医学专门学校毕业后赴日本留学，同年4月以优异的成绩考入日本九州帝国大学医学部。1917年，到汉城世富兰斯医学专门学校任讲师。在医疗实践和教学过程中，深切感到自身还需要进一步深造医学理论，于是1929年7月再次考入日本九州帝大医学部研究生科，专攻生物化学。1931年毕业后留在九州帝大医学部附属医院内科任医师。他撰写的关于尿酸酶、尿囊素的4篇论文曾发表在《日本生物化学杂志》和美国的《化学文献》上。1932年1月，他被纳入日本著名生物化学家行列，继而被选为当代日本生物化学委员会委员。1932年，在日本九州帝国大学获得医学博士学位。1936年6月来到中国，任图们公立医院院长。不久，又担任了伪满洲国“间岛”（今延边）医学会副会长、东满医学会顾问等职务。1945年8月，延边光复后，先后担任龙井医学大学校长、东北军政大学吉林分校医学院副院长、中国医科大学第一分校教授等职。1948年，创建延边医科专门学校，任校长。1949年4月，任延边大学医学部部长。1950年8月，被东北人民政府教育部授予高教二级教授。他不仅学识渊博，而且拥有高明的医术和崇高的医德，被人们尊称为“神医卢博士”。他不仅是延边医疗教育的创始人，同时又是延边防疫工作的奠基者，他对预防和治疗当地的流行病和地方病做出了很大贡献。1957年6月7日离世。当时，中共延边朝鲜族自治州委员会书记兼州长朱德海亲自背起了他的丧舆。按照他的遗愿，卢博士遗体的主要部位以病理标本陈列在延边医学院的病理标本室里。

郑判龙——著名教育家

郑判龙

郑判龙（1931—2001），出生于朝鲜全罗南道潭阳郡。1938年随家人移居到黑龙江省珠河县河东县。1946年3月，进入松江省朝鲜族中学。1949年春，听到延边大学成立的消息赶到延边，在朱德海州长的帮助下，进入延边大学理工科数学系，后转到朝文系。1952年以优异的成绩毕业并留校任教员，并加入了中国共产党。1955年，选派到苏联莫斯科大学语文系攻读苏联文学。1960年2月获得文学副博士学位。同年5月，他放弃了留在中国社会科学院的机会，带着妻子回到了延边大学。从此，他与妻子一起为延边大学的教育事业奉献了自己全部的光和热。1980年7月15日，他被正式任命为延边大学副校长。1986年，通过他的努力，延边大学成功申请了博士点授予权，建立了朝鲜语言文学博士点，他成为中国第一个朝鲜语言文学博士生导师。1989年，他亲手创立了朝鲜韩国研究中心，使研究中心在朝鲜韩国学领域的研究达到全国领先水平，该中心于2007年12月经教育部批准已成为教育部普通高校人文社会科学研究重点研究基地。1997年，他用自己学术研究所得的奖金设立了郑判龙教育基金会，资助贫困学生。1999年5月，被诊断得了结肠癌。在与病魔抗争的岁月里，他完成了《中国朝鲜族作家轶事》的创作，为朝鲜族文学史研究留下了宝贵的资料。2001年10月7日病逝于延吉，终年70岁。历任中国外国文学学会常务理事、中国朝鲜文学研究会理事长、吉林省文联副主席、延边文联副主席。享受政府特殊津贴。1959年开始发表作品，著有《外国文学史》（合著）、《世界文学简史》《二战后的世界文学》《文艺学方法论》《高尔基评传》，散文集《国外见闻》《大雾弥漫的俄罗斯大地》《世界各地的朝鲜人》《中国朝鲜族作家轶事》，回忆录《风雨五十载》《我和我的妻子》等。1993年获吉林省英才奖章。

二、军事家

洪范图——大韩独立军司令

洪范图

洪范图（1868—1943），生于朝鲜平安道阳德郡。早年在军队服役，并在金矿做过工，后迁至咸境道甲山郡，以打猎为生。1907年冬，与车道善、许瑾等人一起举义，反抗日本侵略者发布的《铳炮及火药类管制法》，在北青厚峙岭战斗中歼灭日军一个连，声名大震，后转至朝鲜北部三水、甲山一带与敌周旋。1910年，日本吞并朝鲜，洪范图率领部队转移到中国吉林省长白县一带，在中朝边境坚持反日斗争。1919年，“三一”运动爆发，洪范图以中国延边地区明月沟、凤梧洞等地为据点，建立大韩独立军，开展独立军运动。1919年8月至10月，他率领独立军士兵打回朝鲜，在甲山、惠山、江界、满浦等地多次袭击日军据点。1920年6月初，洪范图派新民团小分队佯攻图们江南岸江阳洞日军哨所，日军纠集罗南十九师团一个大队和南阳守备队大部兵力越江追击，洪范图与崔明禄等当地朝鲜族反日武装团体携手，诱敌深入，在汪清县凤梧洞伏击日军，一举歼敌150余名。8月，日本政府照会张作霖，派出重兵对延边地区的反日武装团体进行了疯狂围剿。洪范图的大韩独立军、金佐镇的北路军政署等朝鲜族反日团体陆续转移到和龙县境内。1920年10月22日，洪范图在二道沟的完流沟击退日本军队后，得知金佐镇的部队被日军围困在渔浪村874高地，便连忙率军赶到鱼浪村，利用有利地形从背后袭击日军。在洪范图和金佐镇部队的夹攻下，日军突陷困境，伤亡鳞叠，最终力不能支，遂趁夜幕降临，仓皇收兵。渔浪村战斗，歼敌数百人，是青山里战役中规模最大的战斗，也是北路军政署和洪范图联合部队联合进行的唯一战斗。青山里战斗以后，各路部队陆续转移到黑龙江省密山，组建联合部队——大韩独立军团，由徐一任总裁，洪范图、金佐镇、曹成焕任副总裁。该军团后前往苏联地区，与那里的抗日队伍联合作战，给日寇以沉重打击。1921年6月，苏联背信弃义，通知在苏联境内的韩国独立军解除武装，遭到洪范图、金佐镇的坚决反对，双方展开激战。后因独立军团弹尽粮绝、孤立无援，被迫解散。洪范图转移至苏联远东地区，继续从事反日独立运动，并建立高丽军事学校，培育军事人才。1943年，在苏联病逝。

李红光——"打狗队"队长

李红光

李红光（1910—1935），原名李弘海。磐石抗日游击队创始人，东北人民革命军第一军第一师的创建人和领导人。1910年生于朝鲜京畿道龙岩郡。1925年，随父母迁至中国吉林省磐石县。1926年定居于吉林省伊通县（今长春市）流沙嘴子屯。1930年，加入中国共产党。1931年春，被选为中共磐石中心县委领导下的"打狗队"队长。1932年4月，组织发动了著名的蛤蟆河子农民大暴动。5月，任磐石工农义勇军游击队队长。6月，任"满洲工农义勇军第四军第一纵队"参谋长兼第二分队政委。在杨靖宇领导下率部在磐石、双阳、伊通、海龙、桦甸等地，开展游击活动，建立了以磐石红石砬子为中心的抗日游击区。1933年春季，参加挫败日伪军的四次"讨伐"作战。7月，选为抗日联合军参谋部参谋长。9月18日，任东北人民革命军第一军独立师参谋长。同年11月，参与指挥攻克大荒沟、凉水河子、三源浦等城镇据点。经过数月的战斗，开辟了濛江、金川、辉南、海龙、柳河、通化、临江等县新的游击区，队伍也得到了发展壮大。而后，他率第三团随杨靖宇进入辽东地区，打击了日伪军，扩大了影响。1934年6月，率队在通化地区经3个小时战斗，毙日军铁杆司令，毙伤日伪军100多人，击毁汽车11辆，缴获机枪5挺、步枪百余支及其他物资若干。11月7日，任东北人民革命军第一军第一师师长兼政委。同年冬天，率部队在辉南、金川一带开展游击战。在凉水河子东边曾化装日军守备队大队长击毙日军守备队龙马队长、智截日伪军4车弹药和两车食品。1935年初，他率100多人攻打了朝鲜平安北道的东兴县城，日本的关东军报也承认“这是国境警备史上的空前事变”。1935年4月，他奉命进入恒兴游击区，配合第一军司令部开创游击根据地。5月9日，率部来到新宾和桓仁交界地的老爷岭，突然与200余日伪军遭遇。他在指挥战斗中胸部中弹负伤，后在桓仁县黑瞎沟密营牺牲，年仅25岁。毛泽东主席曾赞扬说：“李红光是东北有名的义勇军领袖之一。”为了纪念他，在解放战争时期，曾以他的名字成立了“李红光支队”。这支队伍在东北战场上，为解放全中国、消灭国民党军立下了不朽的战功。2014年9月，李红光被中华人民共和国民政部授予抗日英烈荣誉称号。

杨林——黄埔军校出身的红军参谋长

杨林

杨林（1901—1936），中国工农红军将领，原名金勋，曾用名杨宁、毕士悌，出生于朝鲜平安北道。1919年参加“三一”运动，被日本占领当局通缉，后流亡中国吉林省珠河（今黑龙江省尚志市）。1920年，来到中国通化。1921年，入云南讲武堂第16期炮兵科学习，1924年以全校第一名毕业。1925年，考入黄埔军校，任教官，并加入中国共产党。同年11月，被任命为国民革命军第四军独立团三营营长，作为先锋参加了汀泗桥战役和贺胜桥战役。1925年2月，参加了广东革命政府第一次东征。同年6月，参加讨伐与平定滇军总司令杨希闵和桂军总司令刘震寰企图推翻革命政府的叛乱。1927年8月1日，参加南昌起义，起义部队溃散后，受中共派遣前往苏联莫斯科中山大学和莫斯科步兵学校学习。1930年春回国后，被派到中共满洲省委工作，担任东满特委委员兼军委书记，负责领导军事工作。此间，他积极组织农民武装，广泛发动延吉、和龙、汪清等地中朝群众夺取反动地主和军警的武器，为后来建立游击队提供了宝贵经验。当年12月，杨林领导了以延吉为中心的东满人民举行了反对日本增兵延边和纪念广州起义3周年的群众大会，镇压了30多名日本走狗，同时发展和建立了赤卫队等革命武装。九一八事变后，杨林被调回省委，担任省委军委书记工作。1932年5月，协助磐石县委以赤卫队为基础创立“磐石工农义勇军”，这支队伍就是后来的南满游击队和由杨靖宇领导的东北抗日联军第一军的前身。1932年秋，调赴中央苏区，先后担任红一方面军补充师师长、中华苏维埃共和国中央政府劳动与战争委员会参谋长、红二十三军军长、中共中央军委总动员武装部参谋长、红一军团参谋长、粤赣军区司令员等职。1934年10月，随军委干部团开始长征。1935年2月，担任军委干部团参谋长。4月，率领干部团前卫连强行军180余里，夺取了皎平渡，保证红军主力安全渡过金沙江。9月，红一方面军与陕北红军会师后，1936年2月间，担任十五军团七十五师参谋长。在毛泽东率领下渡黄河东征，杨林亲率七十五师二二三团一个营为渡河打先锋，胜利占领了敌人吹嘘的插翅难飞的天险阵地，完成了掩护大军渡过黄河的光荣任务。在攻占了贺家凹敌堡后，向敌人纵深地带攻击前进时，杨林不幸腹部受重伤，没有看到最后的胜利便与世长辞，时年35岁。杨林的爱人叫李秋岳，中共党员，与杨林在黄埔军校一起学习和工作，一同赴苏联学习。回国后，他们一同在东北进行抗日活动。杨林调到中央苏区后，李秋岳坚持在东北战斗，就是与赵一曼齐名的“黑李”。1936年，李秋岳不幸被捕，面对鬼子的酷刑毫不动摇，最后英勇牺牲。

李学福——东北抗日联军第七军军长

李学福

李学福（1901—1938），东北抗日联军第七军军长，民政部公布的第一批著名抗日英烈。出生于吉林省延吉县山菜沟老虎山屯。12岁时，父亲病故。1915年举家迁居到黑龙江省饶河县。1931年，李学福光荣地加入了中国共产党。为了创立党领导下的抗日武装，他和崔石泉等同志在饶河县城北的三义屯举办了70余名青年参加的军政干部训练班，为建立游击队准备了人才。他还利用自己的社会关系，与救国军取得联系并获得支持，使游击队和反日会组织得到很快发展、壮大。后因汉奸出卖被捕，险遭枪杀。逃脱成功后，参加饶河反日游击队，投身于倥偬的兵戎生涯。不久，游击队改编为救国军独立营。1933年12月27日，在抗日部队联合攻打虎林县城的战斗中，独立营歼敌百余名，威名大震。1934年2月，饶河地区的救国军全部溃散，独立营再次改称饶河反日游击大队，李学福担任游击大队的领导职务，同年7月任大队长职务。李学福带领游击队，多次袭击伪军驻地，屡建战功。1935年9月初，根据吉东特委的指示，饶河反日游击大队正式改编为东北人民革命军第四军第四团，李学福被任命为团长。1936年4月，第四团扩编为第四军第二师，李学福任副师长。同年11月间，四军二师改编为东北抗日联军第七军，李学福任七军第二师师长。1937年春，一师和二师合并组成新编第一师，李学福任师长。他率一师，灵活运用战略战术，为民除掉伪军“讨伐”队长张大胡子、土豪左殿生两大害，接着缴获警察队24支步枪，打开同江、富锦两地的游击活动局面，争取二龙山伪军的哗变，以此壮大七军一师队伍。李学福不仅英勇善战，而且非常注重军政和军民团结，关心群众，部队纪律严明，深受人民群众和战士的爱戴。1938年1月，中共下江特委决定整编东北抗联第七军部队，李学福当选为第七军军长和七军党委执行委员会常委。不久，李学福因长期艰苦斗争积劳成疾，于同年8月8日病逝，时年37岁。

李福林——“哈东司令”

李福林

李福林（1907—1937），原名公道轸，又名崔东范，生于朝鲜咸镜北道稳城郡一个农民家里。7岁入村私塾读书。11岁时，因家庭债台高筑无力偿还，全家5口逃到中国，在吉林省和龙县明岩村定居。1920年，为了减轻父母负担，他经人介绍到和龙县城一家中药铺当学徒，在此期间，阅读进步书籍，接受进步思想，并参与一些革命活动。1928年春，他和五名志同道合者在家里召开秘密会议时，突遭敌人逮捕。押解途中，他把警察打落水里，趁机逃跑，从此走上抗日救亡的道路。1929年，李福林先后到宁安、海林、阿城等地开展农民运动，不久加入中国共产党。1930年11月，在海沟一带发动群众时，李福林再次被捕，九一八事变后被党组织营救出狱，到哈尔滨担任中共满洲省委巡视员。1932年，李福林按照省委指示改组中共珠河县委为珠河中心县委，并担任中共珠河县委组织部长，组建珠河地区反日会、反帝同盟等组织，开展反日斗争。同年秋，他与金策在珠河县蚂蚁河东组织了一次1000多人参加的反日游行，震惊全城，但遭到敌人的疯狂镇压，珠河中心县委机关也被迫转移。1933年初，根据珠河中心县委的指示，李福林组建珠河地区抗日武装。为了争取义勇军、山林队等反日武装，赵尚志、李福林、李启东等7名同志于1933年6月打入义勇军孙朝阳部队，进行统一战线工作，后得知孙朝阳为敌特奸计所愚，阴谋杀害赵尚志等人的情报，七名同志便逃出孙朝阳部队，正式成立珠河反日游击队，赵尚志任队长，李福林任党支部书记。1934年6月，珠河反日游击队改编为东北反日游击队哈东支队，李福林任哈东支队党委书记。1935年1月，根据满洲省委的指示，以哈东支队为基础，吸收地方青年义勇军，成立了东北人民革命军第三军，李福林出任第三军执法处长。同年9月，第三军扩编为六个团，李福林任第一团政治部主任。1936年初，赵尚志率三军主力西征，李福林率一团在延寿、方正一带坚持游击战争，建立根据地，从军需物资和兵员等方面，有力地支援了西征部队。8月，东北人民革命军第三军改编为东北抗日联军第三军。李福林担任第一师政治部主任兼哈东游击队司令。他率领一师指战员，有力地粉碎了日军的“讨伐”，保护了群众利益，极大地鼓舞了群众。人们亲切地称他为“哈东司令”。9月，在珠河联席会议上，李福林当选为中共北满临时省委委员、省委组织部部长。1937年4月，李福林率少年连和警卫连去省委开会，因汉奸告密，途经通河县二道河子时，被六七百日伪军包围。激战至黄昏时分，指挥部队突围时，李福林不幸中弹，双腿被打断。战友们要背他突围，被他拒绝。他架起机枪一边掩护战友，一边迅速销毁文件，当他目送部队成功突出包围圈时，日伪军冲了上来，在敌人密集的扫射下，李福林壮烈牺牲，时年30岁。2015年李福林被中华人民共和国民政部授予抗日英烈荣誉称号。

金根——民众救国军的政治工作者

金根

金根（1903—1937），原名金光珍，别名金弦，1903年出生于朝鲜咸镜北道庆兴郡雄基邑的一个农民家庭里。1908年，随同全家移居到中国吉林省和龙县光昭屯。1918年考入吉林工业学校，毕业后考入南京大学，因生活困难交不起学杂费而失去了继续学习的机会。1924年至1928年，先后担任和龙县北獐洞、大扇洞等小学校校长，向学生传播革命思想。他还利用夜校和识字班等形式，积极向农民宣传革命道理，对农民进行革命思想教育。1929年，到龙井镇大成中学任教，他以教书为掩护，和十几名革命青年积极进行反帝反封建的革命活动。1930年6月，加入中国共产党。1930年秋，根据党的指示在汪清罗子沟建立40多人的革命武装组织。1931年，先后转移到宁安和穆棱的梨树镇等地进行活动。1932年6月，建立23人的北满工农义勇队，担任队长。1934年2月，成立密山游击队，担任参谋长。1934年10月，任东北抗日同盟军第四军参谋处长兼经济委员会主任。1935年3月，任代理四军二团团长。1936年夏，为发展三江地区抗日游击战争的大好形势，根据上级领导的指示，通过反复做工作，终于将谢文东的民众救国军改编为东北抗日联军第八军。8月，金根被调到八军第一师任政治部主任，后任第三师政治部主任。新组建的部队，情况非常复杂，纪律松弛。他根据部队的实际情况，抓紧进行思想政治工作，进行部队的宗旨教育，做出“要遵守群众纪律，不准抢老百姓东西，不准吸鸦片”等项规定。经过一段时间的艰苦工作，部队的组织纪律性和战斗力有了明显的提高。1937年10月，日寇从佳木斯派来了以原“间岛”协助会会长金东汉为首的“治安工作班”，对第八军进行政治诱降活动。金根同敌人进行了针锋相对的斗争，以灵活的策略和果断的措施，击毙金东汉，并将劝降人员全部消灭。12月3日，在日寇的威逼利诱下，八军三师警卫连出现了少数叛变投敌分子，两个叛徒手持枪支突然闯入桦川县七星砬子金根的住处，对他进行威胁、恐吓，金根坚贞不屈，最后惨遭杀害，时年34岁。

李东光——中共南满省委组织部长

李东光

李东光（1904—1937），原名李相俊，曾用名李东日、李东一，别名张世贤。1904年生于朝鲜咸镜北道庆源郡一个中农家庭，1918年移居中国珲春县大荒沟。1922年在龙井东兴中学读书时，就开始革命活动。1925年，在珲春大荒沟的三一小学教书，并从事革命活动。1926年，回到东兴中学，积极从事学生运动，成为“间岛”地区（现延边地区）青年运动领导者之一。1928年冬，在桦甸彭密顶子山沟里开办300多人的短期训练班，传播革命思想，启发群众觉悟，培养骨干力量。1929年，加入中国共产党。1930年6月，任中共磐石县盘东区委书记，领导呼兰镇等地的群众积极进行抗日斗争。1932年春，领导盘东地区中朝农民进行抗日、抗租、抗债、分粮、抓走狗等斗争。同年4、5月份，在中共满洲省委巡视员杨林同志的领导下，与李红光一起创建了磐石工农义勇军。1933年春，与杨靖宇、李红光领导游击队转战各地，粉碎了日军对玻璃河套根据地发动的四次大规模“讨伐”，给敌人以沉重打击，并创建了红石砬子游击根据地。1933年5月，当选为磐石中心县委书记。1934年11月5日，当选为南满临时特委委员，任特委书记兼宣传部长，主持特委机关的工作。到1936年7月，南满地区的工作在李东光的领导下，取得了很大的成绩，党员发展到650名，共青团员发展到550名，抗日联军第一军发展到1300余人，活动在南满20余县，成为南满反日游击战争中最有战斗力的一支队伍和中心的领导力量。1936年夏，李东光当选为中共南满省委委员、南满省委组织部长。1937年6月后，李东光和杨靖宇一起到各师传达贯彻抗联一军党委扩大会议精神，途经兴京县（今辽宁省新宾满族自治县）永陵镇黄土岗子时，与日军遭遇。战斗持续了一整天，终于击退了日军，部队安全转移。李东光却在战斗中不幸中弹，壮烈牺牲，时年33岁。2015年李东光被中华人民共和国民政部授予抗日英烈荣誉称号。

朴翰宗——东北人民革命军第一军参谋长

朴翰宗

朴翰宗（1911—1935），又名朴焕宗，生于朝鲜庆尚南道陕川郡一户农民家庭。1927年，随家人移居中国吉林省磐石县玻璃河套落户。1930年春，加入中国共产党，并被派往中共磐东支部任支部组织委员。1930年4月，参与领导了磐东郭家店的农民暴动。1930年6月，任中共磐东区委"特务队"副队长。1932年5月，受组织派遣打入伪军第五旅第十三团第一营，策动了龙齐天连的哗变，随后又受命对伪营长宋国荣做兵变工作。经过艰辛努力，9月宋国荣营长率全营官兵起义抗日，组成了"吉南民众抗日救国军"。1933年1月，任中国工农红军第三十二军南满游击队第一大队队长，跟随杨靖宇转战磐石、伊通、桦甸等地，连续打破了日伪军的4次大"讨伐"，取得了攻打大兴川兵营、伊通营城子、桦甸八道河子和磐石呼兰镇等战斗的胜利，游击队得到很大发展。9月18日，任人民革命军第一军独立师第一团政委，率队随司令部转战在磐石西部和伊通、西安等地，取得了联合抗日军宋团攻打西安县（今东辽）夹信子、沙河子的伪奉天教导队战斗等胜利，歼灭不少日伪军，扩大了游击队的影响。1934年1月，他率领第一团一部在临江县八道江附近与独立师司令部会师，并参加了由杨靖宇指挥的攻打八道江等战斗。3月，朴翰宗率第一团和少年营返回磐石游击区，开展游击战。11月，东北人民革命军第一军正式成立，朴翰宗任参谋长，协助杨靖宇指挥各师开展游击战，运用灵活的游击战术，神出鬼没地打击日伪军。曾连续取得围攻通化三源浦、袭击柳河元宝顶子、攻克孤山子等战斗的胜利，大振人民革命军的声威。1935年1月11日，在红土崖伏击伪军战斗中，带头冲锋时中弹牺牲，年仅24岁。2015年朴翰宗被中华人民共和国民政部授予抗日英烈荣誉称号。

韩浩——东北人民革命军第一军第一师师长

韩浩

韩浩（1905—1935），原名金翰杰。东北抗日联军第一军第一师创建人和领导人。1930加入中国共产党。1932年6月，参加磐石工农义勇军。1933年初，任中国工农红军第32军南满游击队第二大队大队长。9月，任东北人民革命军第一军独立师第三团团长。10月27日，率部进军辉发江南，连克三源浦、凉水河子、八道江三重镇，打破了日伪军的“讨伐”，开辟了新的游击区。1934年11月7日，任东北人民革命军第一军第一师副师长。1935年1月8日，他指挥第一师第三团，在通化县二密河附近的北甸子伏击日伪军“讨伐”队，激战4小时，很快地打垮了敌人，缴获机枪1挺，步枪100余支。这年冬天，他率领70多名战士，攻进了桓仁县的木盂街，严惩了伪村公所的汉奸走狗。接着，又与铧尖子的200多日本守备队相遇，他和战士们一起与敌人展开白刃格斗，刺死30多个敌人。他在战斗中，善于利用地形，指挥灵活，打起仗来身先士卒，敢于冲锋陷阵。他的模范行动对战士鼓舞极大，他带领的部队战斗力强，日伪军闻风丧胆。为开展辽东山区的抗日游击战，韩浩奉军部指示，带领第三、第五团各一部共80余人，先行到兴京、桓仁一带开展群众工作，为大部队南进做准备。杨靖宇、李红光率部南下后，韩浩指挥第三团一部和第五团，以兴京、恒仁为中心开展游击活动，与李红光部相呼应。李红光师长牺牲后，他接任第一师师长，率领部队转战于兴京、桓仁、宽甸、辑安、本溪、清原、柳河等广大地区。1935年8月28日，韩浩率部在通化县泉源乡刘家街附近与日伪军发生激战，毙俘故军30余人。正当朝浩率部冲出包围圈时，不幸中弹壮烈牺牲，时年30岁。2015年韩浩被中华人民共和国民政部授予抗日英烈荣誉称号。

李光林——忠肝义胆写忠诚

李光林

李光林（1910—1935），出生在吉林延边一个贫苦的农民家庭。1929年，加入中国共产主义青年团。1931年，被任命为共青团宁安县委书记。他经常深入宁安县境内的花脸沟、五凤楼等地宣传党的抗日方针、政策，组建和发展团组织，发动青年参加抗日斗争。1933年，被任命为共青团吉东局委常委。1934年，被任命为共青团吉东局委书记兼吉东局巡视员。

1934年底，中共吉东特委、宁安县委和当时的绥宁反日同盟军党委决定将绥宁反日同盟军改编为东北反日联合军第五军。为了把流散的抗日武装组织起来，成为我党直接领导的真正的抗日武装力量，1935年1月，党组织派李光林到汪清一带去说服柴世荣部、傅显明部接受改编。李光林向这两支队伍传达了中共吉东特委、宁安县委和绥宁反日同盟军党委关于成立反日联合军第五军的决定，耐心细致地说明了共产党的抗日救国主张，反复阐述这次改编的重大意义。经过李光林的艰苦细致工作，柴世荣、傅显明接受改编，以此为基础，1935年2月正式组建了反日联合军第五军第二师，李光林任师政治部主任。1935年4月，李光林和傅显明率三、五、七团随军部留在宁安境内活动。

1935年冬，日本侵略者加紧对我抗日武装力量进行“讨伐”，使我军给养出现困难。李光林带领四连和五连的一部分战士到嘎子沟一带征收给养和服装。在宁安江南山东屯活动时，由于汉奸告密，李光林等人被伪军一个团重重包围在尤家窝棚后面的一间空房里。他临危不惧，从容镇定率领战士们英勇抵抗，激战两小时后，终因敌众我寡，弹尽援绝，李光林等13名同志不幸被俘。面对敌人的淫威，李光林坚贞不屈，大义凛然，怒斥伪军甘当日寇的鹰犬、为虎作伥、残害同胞的罪行。恼羞成怒的敌人当场残忍地将李光林杀害，李光林年仅25岁。2015年李光林被中华人民共和国民政部授予抗日英烈荣誉称号。

李敏焕——骁勇善战的年轻指挥员

李敏焕

李敏焕（1913—1936），又名韩敏焕，金敏焕，生于朝鲜咸镜北道，幼时全家因贫迁居吉林省延吉县。1928年入龙井大成中学，并加入共青团。1929年，到清原搞地下活动，1930年加入中国共产党，任清原县委委员、团县委书记。1931年九一八事变后，李敏焕在柳河县三源浦一带从事抗日活动。1933年，创建“农民自卫队”，后改编为东北人民革命军第一军独立师直属少年连，李敏焕任连政委。随着少年连规模不断扩大，后扩编为少年营，李敏焕任营政委。1934年，被任命为东北抗日联军第一军第一师参谋长，参与领导东北人民革命军第一师，转战于辑安（集安）、兴京（新宾）、桓仁、本溪、宽甸、凤城等地。他先后指挥和参加了围歼辑安县治安队长“张轴子”、智取兴京窟窿榆树伪警察署、火烧王家大院等战斗，打垮了威胁南满根据地的反动堡垒，令日伪军闻风丧胆，威震南满。

李敏焕不仅是一位出色的军事指挥员，而且还是一名优秀的政工干部，被战友们亲切地称为拥有两个背包的“革命骆驼”。在残酷的对日作战中，他经常用活教材、活榜样教育鼓舞官兵，引导和启发他们的阶级觉悟和民族自尊心，增强了官兵们抗战必胜的信心。

1936年7月15日，李敏焕率领西征部队师部和警卫连60余人为一路，向本溪根据地迂回。行至辽阳和本溪交界的摩天岭时，与前来堵截的连山关守备二中队日军50人遭遇。李敏焕观察并分析当地的地形和敌我军力，果断在摩天岭“对面炕”的山梁上设埋伏，当日军爬上“对面炕”的小岗梁时，命令战士枪弹齐发，打得日军措手不及，仅用十几分钟，日军除一名翻译和一名士兵逃走外，其余皆被击毙，摩天岭战斗告捷。但由于此次战斗暴露了目标，队伍尚未来得及撤离便被蜂拥而来的千余名日伪军包围，李敏焕在指挥激战中壮烈牺牲，年仅23岁。2015年李敏焕被中华人民共和国民政部授予抗日英烈荣誉称号。

韩仁和——抗联第一路军警卫旅政委兼总司令部参谋

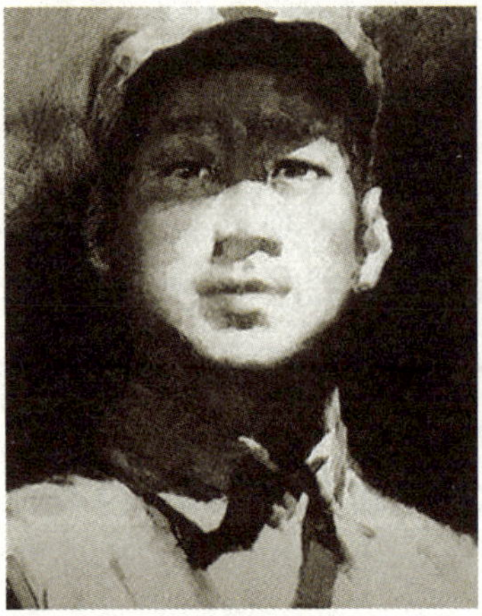
韩仁和

韩仁和（1913—1941），吉林永吉人。曾在伪铁道警备队迫击炮连当班长。1933年5月，中共地下党组织迫击炮连哗变，带领全班积极响应。同年8月，加入中国共产党。1934年11月，任东北人民革命军第一军军部秘书长。1936年2月，任东北抗日联军第一军军部秘书长，并当选为军党委委员。1936年7月，任东北人民革命军第一军军部秘书处处长，并成为军党委委员。韩仁和负责全军的通信联络、起草文件和政治宣传等项工作，第一军的许多文件、标语、口号多出自他手。他还协助杨靖宇研究决策重要的军事行动和作战方案以及指挥部队作战，成为杨靖宇将军的得力助手。七七事变后，7月16日，部队在兴京县永陵附近山上与日军松原部队遭遇。战斗中，他协助杨靖宇军长指挥部队，激战6小时，在左眼和左手负伤情况下，忍着剧痛，坚持到最后胜利。在多年的战斗中，韩仁和敢打敢拼，英勇顽强，文武双全，成为一名优秀的政治工作干部和军事指挥员。1938年2月，参与指挥袭击辑安县老龄隧道战斗，毙俘日伪军100余名，解放中国劳工500余人。1938年5月，任东北抗日联军第一军第三师政委，被选为中共南满省委委员。7月又任东北抗日联军第一路军警卫旅政委兼总司令部参谋。而后，率警卫旅随总司令部向北转移，取得长岗伏击、岔沟突围等战斗胜利。12月，在桦甸县柳树河子沟里，夜袭日伪“讨伐队”宿营地，取得歼日伪军百余人的胜利。1939年4月，协助杨靖宇夜袭桦甸县大蒲柴河镇，缴获大量军用物资。同年5月，又率警卫旅第一团攻克桦甸会全栈，缴获大量枪械弹药、被服和粮食。秋后，东北抗联的斗争环境更加恶劣。杨靖宇牺牲后，他率领警卫旅转战于敦化、五常、安图、宁安、汪清、东宁等地，取得了攻取五常香水河子、汪清大兴沟、宁安鹿道和北湖头等战斗的胜利。1941年3月13日，他带领9名战士在宁安县上湾沟与日军遭遇，虽顽强战斗，终因寡不敌众，壮烈牺牲，年仅28岁。2015年韩仁和被中华人民共和国民政部授予抗日英烈荣誉称号。

安顺花——东北抗日联军第二军缝纫队队长

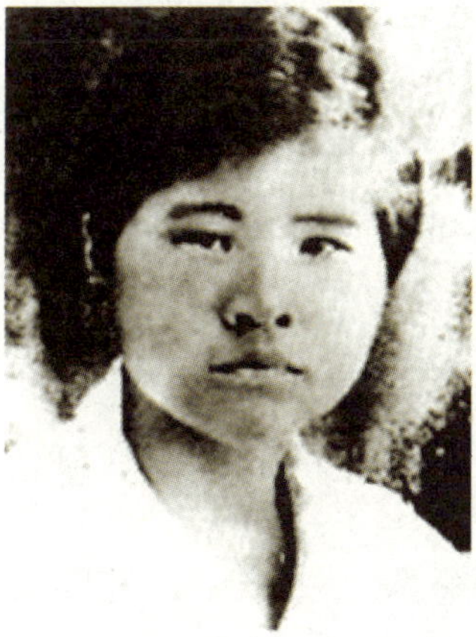
安顺花

安顺花（1909—1937），东北抗日联军第二军缝纫队队长。1909出生于朝鲜咸镜南道瑞川郡一个贫苦的家庭。1930年，和丈夫李凤珠一起背井离乡，来到中国吉林省珲春县。1930年10月，和丈夫一起加入了共产党领导的“反日会”，负责通信联络工作。她工作认真，积极勇敢，每次都很好地完成了任务。1931年1月，加入中国共产党。从此，她把全部精力都投入到革命事业中。1932年4月，参加了抗日游击队。1933年秋，安顺花带领7名妇女为抗联游击队缝制军装。1934年春，她带领的缝纫组被编为东北人民革命军第二军独立师四团缝纫队，她任队长。从此开始了艰辛的军工生活。她带领缝纫队背着机器和布匹随部队转战，利用日伪军“讨伐”的间隙生产军服。从珲春到汪清，从金仓到宁安，到处都留下了缝纫队的足迹。1934年夏，中共东满特委指示第二军独立师分南北两路转移。根据组织的决定，让安顺花带着孩子转移到宁安县马厂二道沟，担任护理伤员和炊事员的工作。在艰苦的对敌斗争中，安顺花的小女儿因病饿夭折、大儿子也被日寇杀害。但这丝毫没有动摇她的革命意志，她早已做好了为抗日献出一切的准备。她带领缝纫队背着机器和布匹随部队转战，利用日伪军“讨伐”的间隙生产军服。1937年3月26日，日伪“讨伐队”袭击密营。安顺花组织大家把粮食和缝纫工具等埋在两米深的山涧积雪下，然后向山顶撤退。为了引开敌人，掩护同志们，她毅然向一个小山坡跑去，不幸负伤被捕。敌人对她进行了惨无人道的审讯、逼问，都没能使她屈服。凶残的日寇残忍地往她胸部和腹部钉进削好的柞木橛子。一根根木橛深深钉入她的肌体，被木橛钉进身体时，她使出最后的力气高呼："妇女解放万岁！"钉到第四根时，气绝惨死，年仅28岁。2015年，安顺花被中华人民共和国民政部授予抗日英烈荣誉称号。

朴吉松——抗联三军七团政治部主任

朴吉松

朴吉松（1917—1943），出生于吉林省汪清县永昌洞的一个贫苦农民家庭。青少年时期，受共产主义思想的影响，在家乡参加学生进步团体，1933年，加入青年团，投身于抗日救国活动。1934年9月，日本侵略者对东满抗日根据地进行四次大"讨伐"，中共东满特委和第二军独立师于1935年3月召开腰营沟会议，决定战略转移到南满和北满地区。已经成为抗日队伍一员的朴吉松被留在罗子沟一带从事地下工作，同年12月，由于叛徒出卖，朴吉松被捕入狱。在狱中，他面对敌人的软硬兼施和严刑逼供，表现出坚定的革命气节，敌人无奈，于1936年3月将朴吉松释放。出狱后，由于敌人严密监视，一时无法与党组织取得联系，留在家乡秘密同进步青年商量投奔抗日游击队。1936年，朴吉松带着妻子和岳父逃出汪清县，到北满寻找抗日游击队，于同年6月20日在宁安县二道河子找到了北满抗日游击队。朴吉松作战勇敢机智，连升班长、排长、连长、组织科长、政治部主任及支队长等职。1938年，朴吉松随同抗日队伍转战到铁骊，当年10月带领抗联战士袭击了铁骊二屯伪自卫团，俘敌6人，缴枪多支。1939年任三军七团政治部主任。1939年11月，他同30多名抗联战士在铁骊城北的密林中与200多名日本讨伐队相遇，经过几天周旋，将敌人引进了深山老林，敌人除一部分逃窜外，大部分被歼灭在密林中。1940年春，任抗联第六支队第十七队指导员，同年秋任六支队政治部主任。朴吉松率领部队，转战于铁骊一带，一方面开展抗日救国宣传活动，另一方面袭击地方伪警察分驻所、火车站、各地铁路警护团分驻所等，消灭日伪军，缴获大量军用物资，不断壮大队伍。1943年1月4日，朴吉松率部队袭击了庆城伪警察署，在返回密营途中，与庆城日本讨伐队遭遇。在掩护部队转移的战斗中，朴吉松身负重伤，不幸被敌人抓获，同年8月12日在北安伪满监狱被杀害，年仅25岁。2015年，朴吉松被中华人民共和国民政部授予抗日英烈荣誉称号。

柳万熙——东北抗联第一军第三师政治部主任

柳万熙

柳万熙（1917—1940），出生于朝鲜庆尚北道安东郡的一个农民家庭。8岁时随家人逃到了中国吉林省磐石县，几经辗转，1930年在辽宁省清原县三间房定居下来。该地为中共满洲省委时期清原县委所在地，农民协会、反帝同盟、妇女和共青团等革命组织非常活跃。柳万熙深受影响，15岁就参加了童子军，担任童子团支队长。他曾带领童子团参加了山城镇日本“领事馆”门前的示威游行，还经常到太平甸子、黑石头、杨树崴子等地贴标语、撒传单、斗地主。在对敌斗争中，柳万熙胆大心细，工作积极，进步很快，1933年加入了共青团。同年秋，为躲避敌人的追捕，离家参军，到东北人民革命军第一军独立师第五团当通信员。不久，日军竟将他母亲和两个弟弟活埋，日军野蛮行径更激起他的满腔仇恨。1934年，柳万熙加入中国共产党，次年被提升为东北人民革命军第一军第一师第五团青年科科长，先后率队攻打柳河五道沟和南山城伪军。1936年5月，升任东北抗联第一军第三师政治部主任，在柳河、金川（今吉林省辉南县）一带活动。同年秋，随第三师进入清原南山城地区，负责各地地下交通联络站工作。1936年11月，参与第三师西征作战的组织指挥，1937年春率第三师一部返回清原，多次袭击阿尔当、黑冲、高砬子、黑石头等地伪军。随后，与第二师政委周建华带领的队伍会合，坚持清原、兴京（今辽宁省新宾满族自治县）、西丰一带的抗日斗争。1937年10月以后，第三师师长王仁斋和政委周建华先后牺牲，他实际上负起领导全师的责任，多方加强军民联系，努力提高部队的战斗力，并逐步扩大抗日统一战线，使第三师不断取得新战果。1938年冬，率第三师到金川县东山里与杨靖宇会师，后在桦甸县柳树河战斗中右臂负伤。1940年，日军为稳定东北这块侵略基地，对抗联进行疯狂的“讨伐”，加紧实施“治安肃正”计划，活动在临江一带山林中的柳万熙处境更为艰难，身边只剩13人，伤势日趋恶化。1940年3月24日深夜，在临江黑瞎子沟密营不幸惨遭叛徒杀害。2015年，柳万熙被中华人民共和国民政部授予抗日英烈荣誉称号。

李松波——东北人民革命军第一军第二师参谋长

李松波

李松波（1904—1935），又名崔松波，出生在吉林省磐石县驿马泊子一个贫苦农民家庭。青年时期跟着父母租种地主土地，受尽盘剥、欺凌。1930年春，加入中国共产党，积极开展抗日工作。同年8月，参加中共磐石县委成立的武装自卫组织特务队。由于屡次出色完成任务，于1931年8月被任命为特务队队长。1931年九一八事变爆发后，他积极率领队员开展锄奸御敌活动。1932年，改任磐石游击队参谋长。1932年4月，李松波参加中共满洲省委军委书记杨林举办的政治、军事干部训练班，强化军事素质，提高打赢本领。同年6月，被派遣到磐石工农反日义勇军纵队部工作，同年10月，被任命为义勇军第四大队大队长。1933年1月下旬，中共满洲省委军委代理书记杨靖宇再次对磐石工农反日义勇军进行整顿，李松波被任命为纵队代理参谋长，协助杨靖宇指挥部队，转战磐石、桦甸、双阳、永吉、伊通、海龙、东丰一带，进行了大小战斗60余次，歼敌数百名。1933年8月，李松波组织各路抗日救国军和山林队1600余人，共同攻打磐东重镇呼兰集场子，击毙了大汉奸高希甲。同年9月，改任东北人民革命军第一军独立师第一团参谋长，先后率部进攻西安（今吉林省辽源市）夹信子、沙河子和东丰十八道岗子敌军。10月，杨靖宇率独立师一部渡辉发江开辟新区后，李松波奉命与第一团及少年营留在老游击区坚持斗争，参与筹划和指挥多次战斗，屡创敌军。1934年3月，李松波随第一团返回磐石游击区，推动建立江北抗日联合军总指挥部，并进行了一系列战斗，屡建战功。1934年11月，李松波升任东北人民革命军第一军第二师参谋长。次年2月，他率机枪连、少年营等部到桦甸二道溜河和抚松北部活动，以打通与第二军联络点并开辟新游击区。1935年9月中旬，李松波指挥第二师袭击桦甸县红石砬子敌据点。战斗打响后，他身先士卒，率先杀敌，不幸中弹牺牲，时年仅31岁。2015年，李松波被中华人民共和国民政部授予抗日英烈荣誉称号。

金顺姬——宁死不屈的女英雄

金顺姬

金顺姬（1910—1931），1910年出生于吉林省安图县小沙河贫困农民家庭。1930年，加入中国共产党。1931年4月，被党派到和龙县药水洞村担任妇女主任。她发动妇女积极加入妇女组织，还经常配合游击队袭击日伪军，传递情报，破坏敌人的电话线。在1931年中共东满特委领导的减租减息的“秋收斗争”中，反复宣传群众坚决抗租。秋收斗争的胜利，惹恼了日伪反动势力，日伪军警纠集200多名围剿队进行“围剿”。由于叛徒的出卖，不幸被捕。面对敌人的严刑拷打，她毫无惧色，视死如归。当敌人逼她说出村赤卫队的下落，金顺姬竟把自己的舌头咬掉。敌人又拿来纸和笔，逼着她写出共产党员的名字，金顺姬咬断了自己的十指。凶残的敌人束手无策，将金顺姬等另外几个战友拖进一间草房。敌人在房子的周围堆满柴草，接着用机枪猛扫，烈焰腾空而起，草房很快化为灰烬，金顺姬等抗日勇士在烈火中壮烈牺牲。宁死不屈的金顺姬成为东北最早被广为传颂的抗日女英雄。

李桂顺——和龙县委女秘书

李桂顺

李桂顺（1914—1938），出生于吉林省和龙县德新乡金谷村。1928年入金谷村小学，翌年入儿童团，参加通信联络和反日宣传活动。1933年，任和龙平岗区妇女委员，发动广大妇女为游击队洗衣做饭，护理伤员；组织儿童团站岗放哨、传送情报。同年5月，加入中国共产党，并任和龙县委秘书，负责筹集给养、建立通讯联络站和侦察敌情工作。1933年末，到安图车厂子，以佃农身份从事地下工作。1935年冬，在车厂子新安岔密林开展游击活动。1936年春，她所在游击小分队编入东北抗日联军第二军第三师第八团，参加了大德水、小德水、半截沟、二道岗等战斗，每次她都勇敢杀敌，受到团部表扬。她的背包里总是装着针线、布块之类的东西，每当部队休息时，总是抓紧时间给同志们缝缝补补。她性格开朗，和同志们有说有笑，休息时拉歌赛舞，活跃气氛。1937年春，领导决定让她和一些冻伤的同志到长白县黑瞎子沟后方医院养伤。同年12月，日伪“讨伐队”袭击密营医院，李桂顺在掩护伤病员安全转移的激战中不幸负伤被俘，被押送到长白县警察署看守所监狱。在狱中，屡受宪兵特务提审及酷刑拷问，但她始终坚贞不屈。1938年1月，在押送二道岗桥本宪兵队本部审讯途中，因伤重失血过多而昏迷。惨无人道的敌人将奄奄一息的她推入长白县梨树沟峡谷大湖中。烈士牺牲时，年仅24岁。李桂顺牺牲后，梨树沟大湖附近的金、白、赵3户朝鲜族农民冒着生命危险，安葬了烈士的遗体。1972年12月3日，长白朝鲜族自治县人民政府将李桂顺烈士的遗骨迁葬于长白镇塔山脚下，并为其建立了墓碑。1989年5月，应朝鲜党和政府的多次请求，迁葬烈士遗骸于朝鲜平壤市大城山革命烈士陵园。

崔姬淑——最早的女游击队员

崔姬淑

崔姬淑（1909—1941），又名崔希淑。东北抗日联军第一路军第二军（朝鲜人民革命军）第六师裁缝队队长。1909年，出生于吉林省延吉县龙井一个贫苦农民家庭。1926年，在夜校上课时开始接受革命教育。九一八事变后，先后担任过龙岩洞妇女委员、八道沟抗日根据地互济会妇女委员职务，积极扩大妇女组织，筹措粮食、衣服，供应抗日部队，并经常为部队做饭、站岗、放哨，动员青壮年参加抗日队伍。1931年，积极参加“秋收斗争”与“春荒斗争”，其丈夫在斗争中被捕入狱，她坚决要求到丈夫原来的岗位上工作。1931年底，加入中国共产党。历任龙岩洞妇女委员，八道沟抗日根据地互济会妇女委员等职，组织妇女支持抗日活动。1932年8月，延吉县游击队成立，崔姬淑满怀革命热情，加入游击队，成为当地最早的女游击队员。1934年3月，调到东北人民革命军第二军独立师第一团被服厂工作。1936年3月，任东北抗日联军第二军第六师裁缝队队长。她克服种种困难，为部队突击赶制军服，保障部队穿上统一的服装。她还经常拖着疲惫的身体，给战士们缝补衣服、烘烤鞋袜、照顾伤员、生火做饭。1938年以后，东北抗日战争进入最艰苦的年月。这年冬天，随部队转战至长白山区的崔姬淑率领队员经常往来于各个密营之间，赶制军服，出色地完成各项任务。所在部队首长特意授给她一个金戒指和一块怀表，以资鼓励。1940年以后，形势急剧恶化，她随部队开展小部队活动，同年2月，转移至延吉县。在一次携带重要情报返回司令部途中，遭遇敌人“漫山讨伐”。在战斗中，她被子弹击中大腿，为不连累战友，她坚决留下掩护同志撤退，不幸被敌包围俘获，押往龙井警察署关押。敌人为逼迫她供出秘密，将她五花大绑，施以不可言状的严刑拷打，但无法动摇她的坚定革命气节。刑场上，敌人残忍地剜去她的双目，她仍坚贞不屈，高呼：“现在，我的眼睛没有了。但是，我看到了革命的胜利!”敌人凶残地剖开她的胸膛，剜出她的心脏。遗骸后被移葬于朝鲜首都平壤市大城山革命烈士陵园。

许成淑——“女神枪手”

许成淑

许成淑（1915—1939)，女，生于吉林省延吉县茶条沟仲坪村。1930年参加村里的反日活动，第二年加入少先队，1933年加入共青团，成为一名勇敢的反日战士。同年8月，加入延吉游击队。1935年，在东北人民革命军第二军独立师一团一连当机枪射手。1936年，加入中国共产党。她射击准确，杀伤力高，每次战斗都能出色地完成任务，被战友誉为“女神枪手”、“女将军”。先后参加了临江庙岭战斗、安图战斗、三间峰战斗。1938年，出色完成了桦甸木棋河、敦化大蒲柴河战斗的战前侦察任务。1939年4月，在安图西北岔战斗中，冲锋在前，打死许多敌人，并缴获一挺机枪。同年8月，第一路军攻打大沙河，引诱安图县城及明月沟方面的敌人出援。在大酱缸南边的南沟里和小沙河激战中，她为了掩护部队，迎着敌人的方向，开枪阻击敌人前进，不幸腿部负伤被俘。敌人用酷刑折磨她，并把她父亲搬出来劝降，她斩钉截铁地说：“我是党的女儿，是中华民族的女儿，只要日本侵略者还在我们的国土上，我就坚决抗战到底!”。敌人无奈，判处她死刑。临终前，她高呼：“打倒日本帝国主义!”“中国共产党万岁!”牺牲时年仅24岁。

朴洛权——长春战役中的“朝鲜团”团长

朴洛权（1917—1946)，1917年出生在吉林省长春市。1919年，随家迁居延边地区汪清县。1931年，参加儿童团组织，负责站岗放哨、张贴标语等任务。1934年，加入中国共产主义青年团。同年，参加汪清抗日游击队。不

朴洛权

久，到珲春游击队任队长。1935年，调往东北反日同盟军第五军工作。次年，加入中国共产党，先后任第五军教导队班长、排长。1937年7月，带领两名战士炸毁牡丹江至佳木斯间的一座铁路桥梁，使正驶上桥面的日寇军用列车倾覆到河中。在当时引起了很大轰动。1938年9月，朴洛权任东北抗日联军第五军第二师第五团二连连长。不久，调到抗联第二路军指挥部，担任警卫队长，多次冒着生命危险完成保卫首长和指挥部的任务。1940年以后，在极端艰难困苦的环境中坚持战斗。1942年，转移到苏联伯力，参加东北抗联野营教导旅的训练，任四营七连排长。这期间，曾3次带小分队回东北执行侦察、联络任务。1945年9月，随抗联延边分遣队回国，任中共延边委员会委员，龙井城防副司令员，积极筹建人民武装。1945年10月，任新成立的延边警备旅第一团团长。1946年1月，率部剿灭流窜在延吉县三道湾一带的叛匪。同年2月，又率部将汪清县天桥岭的一营土匪包围，然后亲自深入匪巢开展政治攻势，迫使土匪投降。经过两个多月的战斗，汪清县境内的土匪全部肃清，他指挥的一团也以敢打硬仗而出名。因为该团全部由朝鲜族战士组成，被习惯地称为“朝鲜团”。1946年4月，率部参加攻打长春战役。4月15日清晨，朴洛权率部围歼了敌“铁石”第五团，连克伪满警官学校、大陆科学院等目标，沿大同大街（今斯大林大街）向前推进。4月18日下午5时，在向敌人的最后巢穴——银行大楼发起攻击时，突然遭到大队敌人的反扑，双方展开了白刃战。搏斗中，朴洛权腹部受伤，在送往后方抢救的路上因失血过多而牺牲。

崔成杰——“阶级硬骨头”

崔成杰（1928—1948），出生在吉林省延吉县一个贫苦的朝鲜族农民家庭里。1947年参军，第二年就加入了中国共产党。参军后编入吉东军区后勤部运输连的崔成杰，多次请求上前线，第二年如愿以偿，被调到十纵队二十八

崔成杰

师八十三团三营八连一排三班当战士。八连是由黑龙江和吉林省延吉县入伍的朝鲜族指战员组成的部队，在一排三班副班长池达万的帮助下，崔成杰的战术素养大有提高，不久被提升为副班长。1948年，决定东北战局的辽沈战役打响，为了掩护主力，攻克锦州，10月初八从开原出发，直插辽西，与由沈阳西援锦州的廖耀湘兵团拼打了十余天。锦州解放后，长春守敌相继起义或投降，廖耀湘极为恐慌，企图抢占黑山，夺路南逃。八连奉命到黑山一线顽强坚守，堵住敌人，等待主力到达时聚而歼之。八连按时到达大白台子村，把阵地构筑在村右侧一座大庙后的漫坡上。这里距黑山县六七里路，是黑山北来之敌的必经之路。八连到达大白台子村的第二天，天刚破晓，敌人就集中火力炮轰大白台子村，炮弹冰雹似地落了下来，敌人的数架野马式战斗机也在空中接连轰炸和扫射，大白台屯顿时变成火海，三班一个地堡被震塌了一角。当敌人距我阵地不远时，随着高凤华副连长一声令下，一排战士扣动扳机，一长串怒吼的弹丸，射向敌群，敌人马上倒下了一片，其余的扭过头逃命。第一次冲锋的敌人刚刚被打退，第二次冲锋的敌人又涌上来，约有两个连兵力，轻重机枪，山炮野炮齐开火，还有八架飞机助战，敌人企图用炸弹突破防线。三班阵地是八连门户，八连阵地又是黑山北面的屏障，崔成哲与副连长一起，配合全连拼死打退了敌人的第二次冲锋。在反击敌人的第三次冲锋的战役中，崔成哲头部和右肩部被炸伤，他缠着绷带，仍坚持战斗。中午过后，敌人又发起第四次、第五次冲锋，战斗也变得愈加激烈。在打退敌人第五次冲锋后，八连一排只剩下7个战士和6发子弹，三班只剩下崔成杰一个人。他两次负伤，仍然不下火线。这时敌人又开始了第六次冲锋，情况非常紧急。一排的子弹、炮弹全部用光，只剩两颗手榴弹。崔成杰号召大家："没有枪，我们可以用刺刀、用枪托、用石头打敌人，就是用牙齿，也咬死他几个。"崔成杰举起铁锹，向一个端冲锋枪的敌人劈头砍去，顺手夺过冲锋枪向迎面敌人扫射。生死存亡的关键时刻，我增援部队及时到来，崔成杰要了100发子弹，顺着白台子大庙右边的大墙，飞快地冲向敌群。当快要接近地堡时，一颗炮弹在他面前爆炸，崔成杰当场就昏迷了过去，醒来后发现左腿被炸断，不远处又有一群敌人正端枪扑来。他把心一横，用刺刀照准自己断腿的连接处猛力砍下去，忍着剧痛向前面的土堆爬去，端枪对准敌人，打出了一梭子弹。敌人集中火力向他猛烈扫射，他又一次中弹昏倒，壮烈牺牲。在黑山战役中，八连全体指战员人人顽强，个个英勇。全连荣立两等功以上的有20余人。三班副班长崔成杰荣立大功，师党委授予他“阶级硬骨头”光荣称号。庆功大会上，师党委将一面大红锦旗，赠给了八连，上面写着“钢铁连守得顽强，攻得勇猛”。从此，“钢八连”的美名响遍了全军。

赵灿洙——海南岛护航英雄

赵灿洙

赵灿洙（1926—1950），出生于朝鲜江原道扬州郡，日帝投降以后，为了寻找之前移居东北吉林省敦化县的父亲而只身来到敦化县。但其父早已去世，他便于1946年6月末加入东北民主联军。不久编入到吉东军区独立五团三营，因擅长于投弹，1948年编入东北人民解放军第十二纵队直属炮兵团高射机关炮连，任副班长。先后参加四平解放战、辽沈战役、天津战役。1949年9月，参加渡江作战，于湖南省湘潭县加入中国共产党，继之投入海南岛战役，编入到护航大队二连。1950年4月16日晚上，随着出发信号弹升上高空，护航营全体指战员乘船驶向大海。当船队行驶约15公里时，突然夜空照明弹照得如同白昼，敌人的飞机向我军船队猛烈扫射，敌舰又在身后紧追。炮兵营的指战员见敌舰驶来，所有的木船一齐向敌舰开炮。敌舰掉头后退，逃至几千米外向我军盲目开炮。炮兵营的木船与其他部队船队继续前进，海南岛已隐约在望。此时，突然刮起大风，船队逆风前行相当艰难，而敌舰发现我船队后，炮轰不止。全营指战员冒着炮轰边护航边前进。快到岸时，我军指战员纷纷跳入水里争相登陆。胜利完成护航任务后，上级旋即命令部队立即回师大陆，接受新的战斗任务。尽管此时护航部队的指战员已是疲惫不堪，但他们依旧立即调转船头驶向大海。船行5公里时，天色渐亮，忽然东面出现6艘敌舰，向我军开炮。我军不畏强敌，准备一场生死决战。在与敌舰相距约400米时，二连一排副班长、第一炮手赵灿洙瞄准敌舰的发动机发射4发炮弹，发发命中，敌舰立即着火，其余敌舰慌忙掉头逃之夭夭。着火的敌舰也边掉头逃窜并盲目开炮，有的炮弹落到我军的木船上爆炸，赵灿洙和副炮手小金在战斗中不幸中弹，壮烈牺牲。当炮兵营的指战员回到雷州半岛的西门市后，他们以木船击溃敌人美式装备军舰的佳话很快传遍雷州半岛。海南岛解放后，四十军军部在海港市举行评功大会，赵灿洙荣立三等功，追认为全军战斗英雄。赵灿洙生前所在的一排木船被命名为“赵灿洙号木船”，生前所在的班命名为“赵灿洙班”。二连则记集体立功一次。赵灿洙烈士的遗体安葬在西门市南山上，碑上刻着“战斗英雄赵灿洙之墓”。

李永泰——“空中坦克”

李永泰

李永泰（1928—2015），吉林通化人。战斗英雄，空军中将。1945年，加入中国共产党领导的东北民主联军，在消灭日本帝国主义残余势力和国民党军队的战斗中屡次立下显赫战功。1949年，入选为第一批中国人民解放军空军，在理论学习和飞行实践中显示出过人的聪明才智，很快就晋升为中国人民解放军航空部队大队长，当时年仅21岁。朝鲜战争爆发后，奉命入朝作战。1951年9月25日，在遭到8架敌机围攻、飞机座舱被打了个大窟窿的情况下，硬是驾驶着负伤56处的战机安全返航。他自参加空中作战以来，独自击落4架美军F-86战斗机，成为志愿军飞行师击落敌机最多的一名射手，被誉为“空中坦克”。荣立一等功、二等功、三等功各一次，荣获朝鲜民主主义共和国二级自由独立勋章、三级国旗勋章等多种奖励。朝鲜战争结束后，历任中国人民解放军空军航空兵团长、副师长、师长、副军长，带领官兵投入部队正规化建设。1959年10月1日，在纪念中华人民共和国成立10周年的阅兵式上，他指挥和训练的空军出动25架米格-19型歼击机，在空中列成阅兵队，顺利飞过天安门广场上空。1975年，被任命为武汉部队空军司令员。1982年11月晋升为中国人民解放军空军副司令员，1988年被授予空军中将军衔。期间，出色完成了备战演习、作战飞行训练、领导和指挥特别专机飞行等各项任务。1984年为纪念中华人民共和国成立35周年而举行的第二次阅兵式上，他担任空军阅兵队伍领导小组组长，顺利完成了阅兵任务。1986年，协助国家有关部门建立中国联合航空公司，为我国的民用航空事业发展做出了贡献。1993年12月，退役后，先后当选为第八、第九届全国人民代表大会常务委员会委员、中捷联谊会主席、中马联谊会副主席、中韩联谊会委员、中华民族团结进步协会副会长等职务。2015年10月5日在北京去世。

金仁燮——成都军区副司令员

金仁燮

金仁燮（1939—2008），1939年4月生于吉林省延吉县（今延边朝鲜族自治州龙井市）。1958年入伍，1959年加入中国共产主义青年团，1960年加入中国共产党。1981年3月至1983年5月任中国人民解放军陆军第四十六军第一三八师参谋长。1983年5月至1985年10月任中国人民解放军陆军第四十六军第一三八师师长。1985年10月至1986年11月任中国人民解放军陆军第二十六集团军一三八师师长。1986年11月至1990年2月任中国人民解放军陆军第二十六集团军副军长（其间：1988年9月至12月在中国人民解放军国防大学进修学习）。1990年2月至1993年6月任中国人民武装警察部队参谋长、武警部队党委委员。1993年6月至1994年4月任中国人民解放军北京军区副参谋长。1994年4月至1998年3月任中国人民解放军天津警备区司令员、警备区党委副书记。1998年3月至1999年9月任中国人民解放军成都军区参谋长、军区党委常委。1999年9月至2000年6月任中国人民解放军成都军区副司令员兼参谋长、军区党委常委，晋升中将军衔。2000年6月至2003年1月任中国人民解放军成都军区副司令员、军区党委常委。2003年1月退役。他在抓班子自身建设、机关思想作风建设、基层建设和后备力量建设等方面均有建树。他坚持以军事理论创新引领训练改革，狠抓质量建军、科技强军，为部队革命化、现代化、正规化做出了贡献；2008年10月，因病医治无效在北京逝世，享年69岁。曾任第九届全国人大代表，第十届全国政协委员。

三、政治家

朱德海——延边朝鲜族自治州第一任州长

朱德海

朱德海（1911—1972），吉林延吉人。原名吴基涉。1911年生于俄罗斯远东双城子，1920年3月迁到我国吉林省和龙定居。1930年，加入中国共产主义青年团，任团支部书记。1931年，加入中国共产党。九一八事变后，积极参加反对日本帝国主义侵略的斗争。1932年，任黑龙江省宁安县东京城于家屯共青团特别支部书记、密山县锅全村党支部书记。1934年，任东北抗日联军第四军第三团后方留守处党支部书记。1936年，去莫斯科东方劳动大学学习。1939年9月回到延安，任八路军三五九旅八团特务连指导员和八团供给处指导员。1941年，在抗日军政大学和中央海外研究班学习，并参加整风运动。1943年，参加延安朝鲜革命军政学校的筹建工作，任延安朝鲜革命军政学校党委委员、总务处长。1945年日本投降后，随革命军政学校开赴东北。12月，任东北民主联军义勇军第三支队政委，配合兄弟部队担负消灭土匪、发动群众、建立和巩固后方根据地的任务。1948年4月，调任东北行政委员会民政部民族事务处处长。1949年3月，任吉林省延边公署专员和中共延边地委书记，兼任延边大学第一任校长。1949年6月，参加全国政治协商会议筹备会议，并当选为第一届政协全国委员会委员。1952年9月，延边朝鲜族自治区成立，当选为中共延边朝鲜族自治区区委书记、自治区主席。1955年12月，延边朝鲜族自治区改为自治州，他任州委第一书记、自治州州长、延边军分区第一政委、州政协主席等职，同时任吉林省副省长。1956年9月，在中共第八次全国代表大会上，当选为中央候补委员。1966年1月，任中共吉林省委常委。他长期主持延边地区工作，重视维护民族团结，重视发展民族文化教育事业，为延边地区的社会主义革命和社会主义建设做出了重要贡献。“文化大革命”时期，遭到打击和迫害，1969年被下放到湖北农场劳动。1972年7月3日逝世，享年61岁。中共十一届三中全会以后，中共延边自治州州委做出决定，为他平反，恢复名誉。1986年6月，延吉市委、市政府修建朱德海纪念碑，胡耀邦亲笔题写“朱德海同志纪念碑”碑名。

文正一——转战中华大地的革命家

文正一（1914—2003），原名李云龙。出生于朝鲜咸镜北道会宁郡一个医生家庭。1920年，随父母来到中国吉林省珲春县北旗村。自幼受到父兄参加抗日活动的影响，很早就接触到了共产主义思想。1934年，在南京参加“十月会”并任组长。1937年秋，赴湖北江陵，在国民党中央军校（即后期的黄埔军校）第六期特训班学习。1938年，在武汉参加“朝鲜义勇队”（后改编为朝鲜义勇军），任义勇队第二支队二分队队长。1939年，在八路军洛阳办事处任朝鲜义勇队队长，负责宣传工作和对日伪士兵的策反工作。1940年，加入中国共产党。1940年春到1941年秋，根据上级命令，文正一负责把朝鲜义勇队大部分成员及我

文正一

党在洛阳的数十名地下工作者安全转送到太行山抗日根据地。1942年7月，参与筹建“华北朝鲜独立同盟”并任秘书处处长。1942年10月，被选为晋绥边区临时参议会参议员，并任晋西北朝鲜独立同盟分部处长、主任。1945年，担任延安朝鲜革命军政学校组教干事，同年12月带领朝鲜义勇军第三支队部分指战员进入延吉地区，先后担任延吉县委副书记、书记，中共吉林省委社会部第一科科长，吉林军区政治部副秘书长，东北军政大学吉林分校高干班党总支书记等职务。1947年10月，任吉东专署副专员。1948年，任延边专署副专员，1949年3月任专员。1950年下旬，参加中国人民志愿军入朝作战，先后担任志愿军后勤部运输处处长、政治部保卫部副部长，为抗美援朝做出了贡献，荣获朝鲜民主主义人民共和国二级国旗勋章。1953年底，任国家民委财经司副司长，为我国少数民族地区的经济发展做了大量工作。“文化大革命”期间，遭受迫害，但始终如一地对党忠诚，经受住血与火的考验。1979年，当选为第五届全国政协常委。1980年后，历任国家民委副主任、党组成员、顾问，1982年，当选为中央纪律检查委员会委员。

四、文学艺术家

韩乐然——中国的毕加索

韩乐然（1898—1947），是我国杰出的政治活动家、人民艺术家，有“中国的毕加索”之美誉。1898年，生于吉林省延吉市龙井村一个朝鲜族农民家庭。1923年，在上海加入中国共产党，成为最早的朝鲜族党员。1924年，被党组织派往沈阳（当时称奉天）为党的筹建做准备工作，后又被派遣到黑龙江等地，是东北早期建党领导人之一。随之在友人的支持下创办了东北第一所美术学校——奉天美术专科学校，自任校长，向学生系统教授绘画技法和理论，传播爱国思想。1925年下半年到1929年，韩乐然以中学美术教员等身份，在哈尔滨、齐齐哈尔从事秘密革命工作，为党的建设做出了很大贡献。1929年，赴法国勤工俭学，1931年入有名的巴黎卢佛尔艺术学院学习。后又

韩乐然

到荷兰、比利时、英国、意大利等国写生。1937年回国后，被党组织安排在武汉的东北抗日救亡总会负责宣传和联络工作。他以画笔为武器，给中共东北特委的《反攻》（半月刊）画了许多封面，创作巨幅油画《全民抗战》《不愿做奴隶的人们起来消灭日本帝国主义》。他通过路易·艾黎、斯诺、史沫特莱等国际友人，将拍摄的大量抗日照片发往国外，进行国际宣传。1940年，在陕西宝鸡被国民党特务机关秘密逮捕，先后被关押在国民党陕西省党部和西安“特种拘留所”。在狱中，他保持共产党人的气节，机智地与敌人做斗争。1943年初，党组织通过李济深和东北人士的多方努力，将韩乐然营救出狱。

韩乐然是第一位考察和研究克孜尔石窟的中国艺术家。1944年，赴西北写生，并秘密从事西北地区高层的统战工作。他的足迹遍布新疆、甘肃和青海等地，描绘当地风物，关注民众生活。1946年和1947年两次赴克孜尔石窟进行考察，并对洞窟做了较细致的记录、编号、摄影、临摹和清理发掘工作。在考察过程中意外地发现了现在的第69窟。他在对敦煌和克孜尔石窟艺术进行深入考察、整理、研究的基础上，首创以油画、水彩等西画临摹壁画，被誉为丝绸之路文化遗产保护先驱。1947年7月，因飞机失事不幸遇难。其200多幅代表作品收藏于中国美术馆，成为珍贵的文化遗产。新中国成立后，被追认为革命烈士。

金学铁——“朝鲜民族文坛的鲁迅”

金学铁（1916—2001），原名洪性杰。日本帝国主义时期朝鲜独立运动家，朝鲜族著名小说家，有“朝鲜民族文坛的鲁迅”之称。1916年出生于朝鲜咸镜南道元山，就读于首尔宝成高中时，远渡重洋来到中国上海，加入了朝鲜民族革命党，参加抗日活动。1935年，在上海参加抗日地下组织。1938年，从中央陆军军官学校（黄埔军校）毕业后，当年10月在武汉加入朝鲜义勇队，担任分队长。1940年，加入中国共产党。1940年5月，在太行山胡家

金学铁

庄对日作战中身负重伤被俘，押送到日本并被判刑十年，关押在日本长崎监狱。1945年日本投降后获释，回到首尔，并出版短篇小说《长虫（蜈蚣）》，开始创作描绘朝鲜义勇军战士战斗生活的小说，同时发表有关文化政策与中国共产党、民族文化的阶级性等评论文章。当时，在美军政治统治下，韩国左翼运动受到打击，1946年12月，经过九死一生来到朝鲜。在朝鲜，历任《劳动新闻》记者、《民族军队》总编等职务。1950年10月，离开平壤来到北京，在中央文学研究所（所长丁玲）工作，与丁玲终生保持深厚的友情与交往。1952年9月3日，延边朝鲜族自治州成立，受朱德海邀请到延边组建“延边文学艺术联合会”，并任筹委会主任。1953年到1957年，从事文学创作，同时将鲁迅的《阿Q正传》和丁玲的《太阳照在桑乾河上》翻译成朝鲜文。“文化大革命”期间，因写作为彭德怀辩护的长篇小说《20世纪的神话》被判处十年徒刑，1977年刑满释放。1980年得到平反，重返文坛。1989年12月，恢复中国共产党党籍，1987年加入中国作家协会。2001年获“长白山作家奖”。2001年9月25日逝世，走完了波澜壮阔、充满传奇色彩的一生，留下临终遗言：“若要安度一生就漠视世间不以，但要像人一样活着就得对之挑战”。根据生前遗愿，他的骨灰撒入了图们江。主要长篇著作有《说吧、海兰江！》《激情时代》《二十世纪的神话》等。

尹东柱——黑暗时代的抵抗诗人

尹东柱（1917—1945），朝鲜族著名抗日诗人，原名尹海波，吉林省龙井市智新镇明东村人。1925年入明东小学，从小接受民族主义熏陶。1932年考入龙井恩真中学，1934年12月，发表《生与死》《一支蜡烛》《没有明天》等三篇处女诗作。1935年9月，转学至朝鲜平壤崇实中学，10月发表《空想》。1936年，回到龙井，转入光明中学，并先后发表《小鸡》《扫帚》《基督教少年》《撒谎》《吃什么活着》等诗篇。1938年4月，考入朝鲜汉城延禧专门学

尹东柱

校。1939年在朝鲜日报上发表散文《射月亮》和诗《遗言》《弟弟的印象》等作品，1941年创作他的代表作品《序诗》《数星星的夜晚》。毕业前夕，尹东柱想要出版诗集《苍穹·风·星斗与诗》，但因日本的高压统治未能付梓出版。1942年，尹东柱入日本东京立教大学文学部，后转入同洛社大学。1943年7月，以朝鲜独立运动分子的罪名，被下鸭警察署逮捕。1944年3月，被判二年徒刑。1945年2月，尹东柱在福冈刑务所逝世，时年29岁。

尹东柱在短暂生涯中，共写了117篇诗和散文。尹东柱生前是不为人知的诗人。在那个年代，他的诗无法公开发表，诗稿沉睡在箱底。至20世纪80年代初，其弟尹一柱将哥哥尹东柱的遗稿在韩国发表，人们才开始认识这位了不起的诗人。尹东柱诗歌的基本精神是自认羞愧和自我反省。在殖民地时代，尽管人们对黑暗现实感到不满和愤怒，但却不能把这种不满和愤怒表露出来，因此才觉得羞愧，才需要自我反省，这就是尹东柱诗歌羞愧美学和自我反省的原因所在。尹东柱诗歌的另一个核心主题是移民者的身份认同。他在许多作品中表露出作为间岛移民的身份认识。除了在移民素材的作品中表现这一主题之外，他还把中国的龙井明东当作自己的故乡，并通过作品真切表现对故乡的思乡之情，这也是一种对身份认同的关注和接近。在这种乡愁情感里，诗人还融入“揿亮灯火”驱除黑暗的意志与理想，不仅作为自然人，而且作为具有时代责任感的知识分子为民族尽一份力。

尹东柱是享誉国内外的朝鲜文坛著名爱国抗日诗人。人们对他的崇敬超出一般：小学至高中的朝鲜族学校语文教科书有他的诗篇，民族大学朝鲜语系的课堂，更是大讲特讲他的生平和诗作。可以说，在朝鲜族人群里，凡是有点文学常识的无不知晓诗人尹东柱；对于诗人作家来说，他更是被推崇的偶像。

五、科学家

柳昌银——长白山下的种子迷

柳昌银

柳昌银（1937—2010），出生于安图县的一个农民家庭。由于早年丧父，家里生活条件十分艰苦，他很小就下地帮母亲干活，对农作物产生了浓厚的兴趣。14岁那年，柳昌银放学回家，路上看到一大片被早下的秋霜打死的水稻和听到乡亲们悲叹的声音，心情非常沉重，立志要开发适合于高寒山区的水稻品种。

1956年，柳昌银中学毕业后在家乡安图县新兴大队参加农业生产。为了实现自己的理想，他一方面向农民请教，认真总结他们的生产经验，一方面翻阅大量书籍，将理论和实际结合起来，制订了自己的试验计划。新兴大队地处高寒山区，气温低、无霜期短，当时水稻一垧地的产量只有1000公斤左右，柳昌银组织当地老农、干部、青年成立了科学实验小组，经过反复的试验，成功总结出“长催芽”育苗新方法，这种育苗方法使苗儿长得又快又好，可以提前十天插秧，每垧水稻的产量可达到3000公斤左右。1958年，柳昌银开始了复杂的改良品种的工作。当时农业社的条件十分艰苦，连进行科学实验的简单工具都没有，他就自己想办法从水文站借来温度计，用铁丝做夹子、镊子等工具。为了尽快选育出早熟高产的品种，他还常钻进稻田里寻找天然杂交的优良植株，附近的几百垧稻田印满了他的足迹。

功夫不负有心人，经过几年的栽培、观察和试验，他选出的“万宝11号”的产量比当地原来的品种超出百分之二十几到三十几，使这个高寒山区的水稻产量，从1957年以前每垧的1280公斤提高到每垧3100公斤。后又培育出“万宝17号”、“万宝21号”、“万宝22号”等优良水稻品种，为延边朝鲜族自治州水稻增产、农民增收做出了很大贡献。其中，“万宝21号”在安图县曾主推23年，一个品种主推这么长时间，在延边朝鲜族自治州乃至吉林省历史上尚属首例。1987年柳昌银荣获全国“五一”奖状，1989年被国务院授予全国民族团结先进个人称号。1978年和1989年被国务院授予全国先进工作者称号。

韩京清——控制理论的开拓者

韩京清

韩京清（1937—2008），吉林长白龙岗村人，系统与控制专家，中国科学院数学与系统科学研究院研究员、博士生导师，中国系统仿真学会常务理事、控制系统仿真与计算机辅助设计专业委员会主任、中国系统工程学会理事、系统理论专业委员会副主任、中国朝鲜族科技工作者协会常务理事。他长期从事控制理论与应用研究工作，是我国控制理论和应用早期开拓者之一。1958年毕业于吉林大学数学系，同年分配至中国科学院数学研究所工作。1963—1966年赴苏联莫斯科大学数学力学系留学。1962年与合作者一起发展完善了线性最速控制理论中的“等时区”方法。20世纪70年代中，用最优控制理论提出了拦截问题中的新的制导概念和方法。20世纪70年代末，率先主持运用讨论班的形式在全国高校开展现代控制理论的知识传播，为培养控制理论人才起到了重要作用。20世纪80年代，倡议并领导了中国控制系统计算机辅助设计软件的开发和研究，并主持完成了国家自然科学基金重大项目“中国控制系统计算机辅助设计软件系统（CADCSC）”。20世纪80年代末期开创了“自抗扰控制技术”，为现代控制理论应用于工程实际开创了一条新的途径。这一技术先后取得了国内、国际的专利权，在国内以及美国、日本等国都已有多项应用成果。

参考文献

1. 文献资料

吴禄贞. 延吉边务报告. 长春：吉林文史出版社，1986

王铁崖. 中国旧约章汇编. 北京：三联书店，1962

统监府临时间岛派出所残务整理所. 统监府临时间岛派出所纪要，1910

东洋拓殖株式会社. 间岛事情. 日本：同会社，1918

牛丸润亮. 最近间岛事情. 朝鲜及朝鲜人社，1927

朝鲜总督府警务局. 在满朝鲜人与支那官宪，1930

桑畑忍. 在满朝鲜人与教育问题. 社团法人中日文化协会，1929

文教部学务司. 满洲国少数民族教育事情，1934

嶋田道弥. 满洲教育史. 大连：文教社，1935

朝鲜总督府. 在满朝鲜人概况，1936

玄圭焕. 韩国流移民史. 汉城：大韩语教科书株式会社，1967

和龙县地名委员会. 和龙县地名志，1984

龙井县地名委员会. 龙井县地名志，1985

中共中央统战部. 民族问题文献汇编. 北京:中共中央党校出版社,1991

杨昭全，等. 东北地区朝鲜人革命斗争资料汇编. 沈阳：辽宁民族出版社，1992

金泽. 吉林朝鲜人. 长春：吉林人民出版社，1993

千寿山. 朝鲜族风俗. 延吉：延边人民出版社，2003

朴炳淳. 长白朝鲜族发展史. 延吉：延边人民出版社，2008

《长白朝鲜族自治县概况》编写组. 长白朝鲜族自治县概况. 北京：民族出版社，2008

《延边朝鲜族自治州概况》编写组. 吉林延边朝鲜族自治州概况. 北京：民族出版社，2009

孙春日. 中国朝鲜族移民史. 北京：中华书局，2009

金虎雄，赵成日，金宽雄. 中国朝鲜族文学通史. 延吉：延边人民出版社，2011

朴今海. 中国朝鲜族教育的历史与现状. 韩国：景仁文化社，2012

黄有福. 朝鲜族. 沈阳：辽宁民族出版社，2012

太平武. 中国朝鲜族. 宁夏：宁夏人民出版社，2012

金春善. 中国朝鲜族通史. 延吉：延边人民出版社，2013

2. 网络资料

百度图片 http://image.baidu.com/

搜狐图片 http://pic.sogou.com/

延边州人民政府网站 http://www.yanbian.gov.cn/

长白朝鲜族自治县人民政府网 http://www.changbai.gov.cn/

通化市通化县大泉源满族朝鲜族乡 http://www.jlthx.gov.cn/ws/config/

3. 图片资料

刘载学、韩正军、李光平、崔文植、金炯龙、金楠、季秀旭、金智恩、许永吉、蔡熙龙、杜有、冯飞、崔敏浩先生为本书提供了部分珍贵图片资料

后 记

为了保护、传承和弘扬吉林各民族优秀传统文化，增强文化认同，促进各民族交往、交流与交融，建设各民族共有精神家园，在全省上下进一步营造和彰显关心、支持民族工作的良好氛围，吉林省民族事务委员会责成吉林省民族宗教研究中心组织策划完成了《吉林少数民族丛书》（以下简称《丛书》）。

《丛书》由《吉林朝鲜族》《吉林满族》《吉林蒙古族》《吉林回族》《吉林锡伯族》等五卷和《吉林少数民族风情》画册组成。全书各卷的编著者分别来自延边大学、吉林师范大学、吉林省教育学院、通化师范学院和吉林省民族宗教研究中心等高校和科研院所，均由热爱并熟悉本民族文化的专家学者担任，并吸纳了省内很多中青年学者参与编写工作，同时邀请了金炳镐、刘小萌、赵杰、吴元丰等众多享誉国内外的专家学者担任学术顾问。

2014年11月，原省民委主任阿汝汗主持召开《丛书》编写启动工作会议以来，先后召开了推进会、审评会和出版对接会，严格按照出版计划安排有序开展工作。省民委朴松烈主任、包力军副主任等领导一直高度关注《丛书》编撰工作，亲自审定书稿，并提出许多宝贵建议。编写期间，更得到了省政协、省委宣传部、省委统战部、省文化厅、省文联等相关部门领导的大力支持和帮助，也得到了省内民族自治地方和各民族乡（镇）、省民委机关处室、各地民委的全力配合。这套《丛书》列入了吉林省社科规划办重点委托项目，辽宁民族出版社吴昕阳副总编辑与张学林、佟强、李璜等编辑为《丛书》的顺利出版付出诸多心血。《丛书》在编写中，还借鉴吸收了有关专家的研究成果。各卷在撰写调研期间，得到了省内外众多倾心民族事业朋友们的热情帮助，提供了许多宝贵资料与图片，无法一一列举，在此一并表示衷心的感谢。《丛书》图片提供者参见《吉林少数民族风情》画册。

《丛书》的成功出版，不仅能让广大读者体察到时代和地域背景下吉林少数民族的现实生活，更是研究民族文化、了解民族工作的重要资料。

《吉林朝鲜族》由延边大学民族研究院朴今海院长主持。朴今海负责撰写第四、六、八章；李梅花负责撰写第三、五、九章；崔敏浩负责撰写第七章；王春荣和朴今海负责撰写第一、二章。毕淑梅参与了提纲策划修改，梁雪萍和田磊参与了书稿补充和图片的收集工作。最后由朴今海院长统稿审定。

《丛书》是在较短时间内编写的公益普及性民族读物，由于内容涉及面广，加之时间仓促，谬误和不足之处在所难免，在此深表歉意，恳请读者给予批评指正。

《吉林少数民族丛书》编委会

2016年5月11日